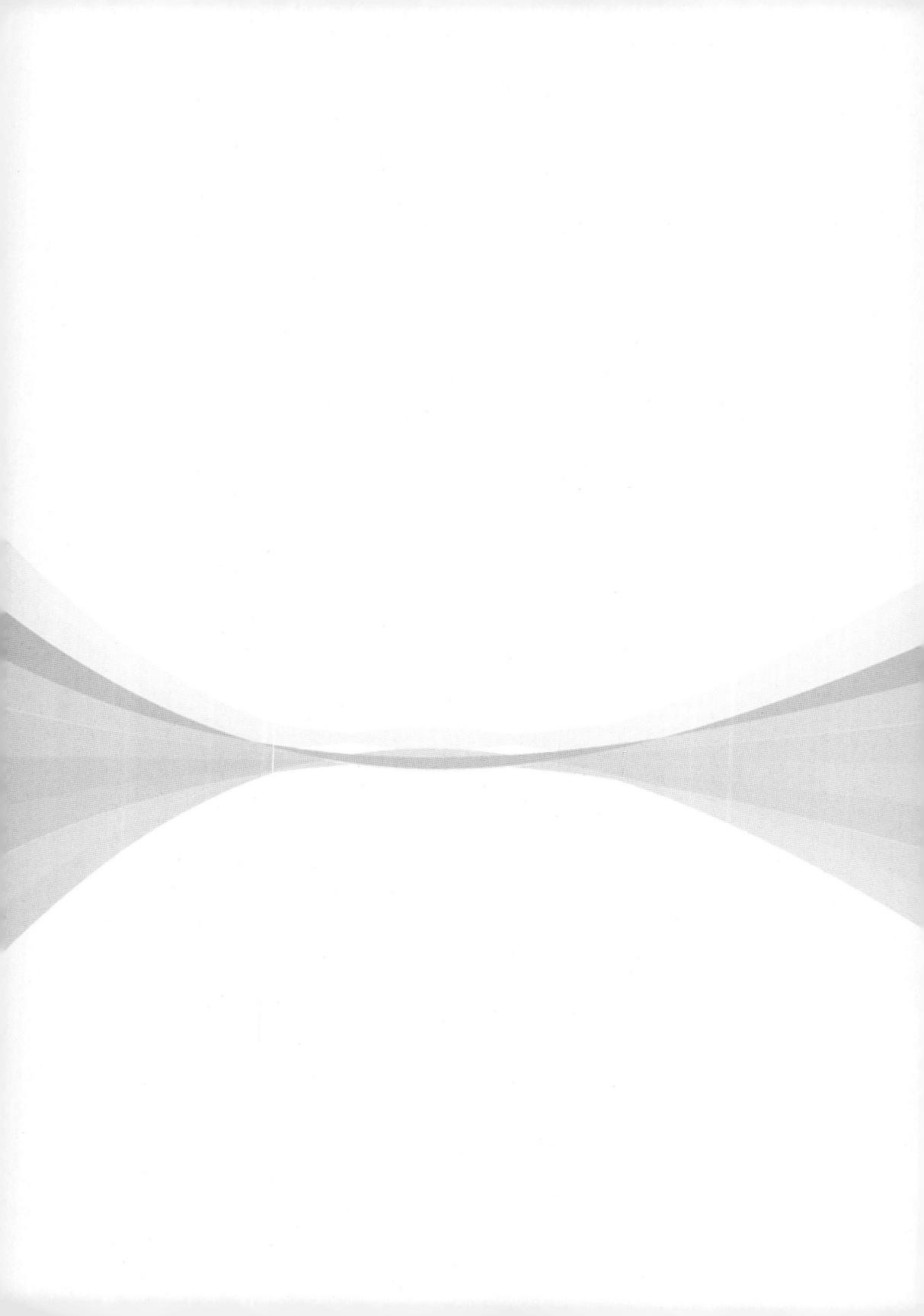

2021

黑龙江省社会科学学术著作出版资助项目

黑河地区满语元音实验研究

王　娣◎著

哈尔滨工程大学出版社

Harbin Engineering University Press

内 容 简 介

本书是学界首部以语音实验的方式,对濒危满语口语的元音系统进行全面系统研究的专著。本书依托声学实验,对满语口语的元音进行了定量的实验和分析,确定了音值,讨论了元音系统的分布格局和特点,探索了声学参数与声学分布之间的规律和联系,取得了重要的学术成果。

本书的研究思路和方法,对于实现满语语音合成与识别,推动濒危满语的智能化保护与研究,具有重要的理论与实践价值。同时,对于加强其他少数民族语言实验研究,推动民族语言学科建设发展也具有一定的参考意义。

图书在版编目(CIP)数据

黑河地区满语元音实验研究/王娣著. — 哈尔滨 :
哈尔滨工程大学出版社, 2021. 12
ISBN 978 - 7 - 5661 - 3324 - 3

Ⅰ. ①黑… Ⅱ. ①王… Ⅲ. ①满语 – 元音 – 研究 – 黑
河 Ⅳ. ①H221.1

中国版本图书馆 CIP 数据核字(2021)第 235713 号

黑河地区满语元音实验研究
HEIHE DIQU MANYU YUANYIN SHIYAN YANJIU

选题策划	邹德萍
责任编辑	卢尚坤　　王雨石
封面设计	佟　玉

出版发行	哈尔滨工程大学出版社
社　　址	哈尔滨市南岗区南通大街 145 号
邮政编码	150001
发行电话	0451 – 82519328
传　　真	0451 – 82519699
经　　销	新华书店
印　　刷	哈尔滨圣铂印刷有限公司
开　　本	787 mm×960 mm　1/16
印　　张	18.25
字　　数	362 千字
版　　次	2021 年 12 月第 1 版
印　　次	2021 年 12 月第 1 次印刷
定　　价	79.80 元

http://www.hrbeupress.com
E-mail:heupress@ hrbeu. edu. cn

总　　序

本著作在以往研究的基础上,针对满语元音研究的历史和现状,采用声学语言学的理论和方法,首次对黑河地区满语的单元音、复合元音、元音格局进行了较全面、系统的实验探索。研究内容如下:

单元音研究:根据黑河地区满语的实际情况,选择了大五家子(红色边疆农场)、坤河乡的蓝旗村、孙吴县的四季屯、逊克县的宏伟村四个满语点进行实验,运用 Praat 软件提取主要共振峰数据,用 Excel 对这些数据进行统计汇总,求出平均值,再以国际音标主要元音为标准被试,运用 Matlab 软件对数据进行标准化处理,做出声学元音图,以国际音标标准元音为参照,逐一进行实验和比较分析,对前人的一些研究成果进行验证并得出自己的观点。

复合元音研究:主要体现在两个方面,一是对复合元音的各成分声学特点进行实验。使用 Praat 软件提取语料样本的 F_1、F_2 数据,统计处理后计算出各组成成分的 F_1、F_2 平均值,运用 Matlab 软件做出声学分布图,再与相应单元音进行比较,逐一分析其声学特征,总结特点及规律。二是对复合元音主要共振峰走向及特征进行实验。18 个复合元音,每个取 5 个语音样本,将其起始点和末尾点按等时间序列选取 10 个测量点,从三维语图中提取其主要共振峰(F_1、F_2)数据,然后进行统计求平均值,做出主要共振峰动程图,观察共振峰在时间序列上的变化,分析该复合元音的动态变化特征。

元音格局研究:以当前元音格局研究的相关理论为指导,对黑河地区满语元音的格局进行探析,有助于系统认识黑河地区满语元音的发音规律和特点。首先对黑河地区满语元音主要共振峰数据求平均值,使用 Praat 软件对其进行归一化处理,求出元音 V 值,做出元音格局图,以此对黑河地区满语单元音和复合元音的格局进行考察和分析。

满语具有丰富的历史、文化内涵,目前仅有黑龙江省部分村屯的极少数满族老人尚能使用。本著作探索采用声学语言学的理论与方法,尝试驱动满语研究朝科学化、数字化、精细化发展,在推动满文档案解读与开发利用,深化满族史、清史、边疆史研究,增进民族认同,维护民族团结等方面具有重要的现实意义。

本著作运用实验语音学的理论和方法,对目标语言的元音与格局进行较全面、系统的定量和定性分析,目前国内外无人深入研究,尚属首次。

本著作的研究思路和方法、获得的客观的实验数据、得出的可重复性结论,对深化满语语音学及其他少数民族语言的实验研究,乃至推动我国民族语言体系建设和学科发展,具有积极的参考价值。

本著作实验所形成的黑河地区满语口语语料库,记录和保留了数字化形态的满语口语,对抢救、保护濒危语言,使其永久"鲜活"留存,继承和弘扬少数民族传统文化,具有一定的推动作用。

目　　录

绪　　论 ……………………………………………………………… 1

第一章　黑河地区满语概况 …………………………………………… 8

　　第一节　满族及其语言发展简述 ……………………………… 8

　　第二节　黑河地区满语的来源与分布 ………………………… 17

　　第三节　黑河地区满语的元音系统 …………………………… 22

　　本章小结 ………………………………………………………… 26

第二章　元音的实验研究 ……………………………………………… 27

　　第一节　元音实验概述 ………………………………………… 27

　　第二节　国际音标标准元音的声学描述 ……………………… 30

　　第三节　单元音的实验研究 …………………………………… 35

　　第四节　复合元音的实验研究 ………………………………… 41

　　第五节　元音格局的实验研究 ………………………………… 45

　　第六节　黑河地区满语元音研究的实验设计 ………………… 49

　　本章小结 ………………………………………………………… 52

第三章　黑河地区满语单元音的实验研究 ………………………… 53

　　第一节　黑河地区满语单元音实验概述 ……………………… 53

　　第二节　大五家子满语单元音实验研究 ……………………… 54

　　第三节　蓝旗村满语单元音实验研究 ………………………… 64

　　第四节　四季屯满语单元音实验研究 ………………………… 70

　　第五节　宏伟村满语单元音实验研究 ………………………… 76

　　第六节　黑河地区满语单元音的声学分析 …………………… 82

　　第七节　黑河地区满语单元音的声学讨论 …………………… 102

　　本章小结 ……………………………………………………… 107

第四章 黑河地区满语复合元音实验研究 ······················· 108

第一节 黑河地区满语复合元音实验概述 ··················· 108

第二节 黑河地区满语复合元音的声学特征研究 ··········· 109

第三节 黑河地区满语二合元音共振峰模式研究 ··········· 117

第四节 黑河地区满语三合元音共振峰模式研究 ··········· 142

第五节 黑河地区满语复合元音的声学讨论 ··············· 146

本章小结 ··· 148

第五章 黑河地区满语元音格局研究 ···························· 150

第一节 黑河地区满语元音格局实验概述 ··················· 150

第二节 黑河地区满语单元音格局研究 ····················· 152

第三节 黑河地区满语二合元音格局研究 ··················· 155

第四节 黑河地区满语三合元音格局研究 ··················· 163

第五节 黑河地区满语元音格局的讨论 ····················· 165

本章小结 ··· 169

结　　语 ··· 170

附　　录 ··· 173

后　　记 ··· 281

图表目录

表 1-3-1　黑河地区（大五家子）元音音位表 ················ 24

表 1-3-2　黑河地区满语复合元音简表 ················ 25

表 2-2-1　国际音标 16 个标准元音音值表 ················ 31

表 2-2-2　国际音标标准元音 F_1、F_2 数据平均值统计表 ················ 33

表 2-3-1　元音舌位与共振峰频率值关系表 ················ 37

表 2-5-1　元音格局 V 值与国际音标舌位对照表 ················ 47

表 2-5-2　元音舌位（舌尖）、唇形特征表 ················ 48

表 2-6-1　黑河地区满语发音人基本情况表 ················ 51

表 3-2-1　大五家子满语单元音 F_1、F_2 数据统计表 ················ 55

表 3-2-2　国际音标与大五家子满语共有元音 F_1、F_2 值统计表 ················ 56

表 3-2-3　国际音标与大五家子满语共有元音标准化 Y 值统计表 ················ 57

表 3-2-4　大五家子满语、美式英语、国际音标[a]共振峰对比表 ················ 59

表 3-3-1　蓝旗村满语单元音 F_1、F_2 数据统计表 ················ 65

表 3-3-2　国际音标与蓝旗村满语共有元音 F_1、F_2 数据统计表 ················ 66

表 3-3-3　国际音标与蓝旗村满语共有元音 Y 值统计表 ················ 66

表 3-4-1　四季屯满语单元音 F_1、F_2 数据统计表 ················ 71

表 3-4-2　国际音标与四季屯满语共有元音 F_1、F_2 数据统计表 ················ 72

表 3-4-3　国际音标与四季屯满语共有元音 Y 值统计表 ················ 73

表 3-5-1　宏伟村满语单元音 F_1、F_2 数据统计表 ················ 77

表 3-5-2　国际音标与宏伟村满语共有元音 F_1、F_2 数据统计表 ················ 78

表 3-5-3　国际音标与宏伟村满语共有元音 Y 值统计表 ················ 79

表 3-6-1　国际音标与满语点元音 F_1、F_2 平均值表 ················ 83

表 3 – 6 – 2　国际音标与满语点共有元音 Y 值表 ………………………… 84

表 3 – 6 – 3　黑河地区满语元音 F_1、F_2 数据统计表 ……………………… 89

表 3 – 6 – 4　国际音标与黑河地区满语共有元音 F_1、F_2 数据表 ……… 90

表 3 – 6 – 5　国际音标与黑河地区满语共有元音 Y 值表 ………………… 91

表 3 – 6 – 6　黑河地区满语元音 a 的 F_1、F_2 数据统计表 ……………… 92

表 3 – 6 – 7　黑河地区满语、美式英语、国际音标 a 共振峰值比较表 ………… 93

表 3 – 6 – 8　黑河地区满语元音 ə 的 F_1、F_2 值统计表 ……………… 93

表 3 – 6 – 9　黑河地区满语元音 i 的 F_1、F_2 值统计表 ……………… 94

表 3 – 6 – 10　黑河地区满语、美式英语、国际音标 i 共振峰值比较表 ……… 95

表 3 – 6 – 11　黑河地区满语元音 o 的 F_1、F_2 值统计表 ………… 95

表 3 – 6 – 12　黑河地区满语元音 u 的 F_1、F_2 值统计表 ………… 96

表 3 – 6 – 13　黑河地区满语、美式英语、国际音标 u 共振峰值比较表 …… 97

表 3 – 6 – 14　黑河地区满语元音 e 的 F_1、F_2 值统计表 ………… 97

表 3 – 6 – 15　黑河地区满语元音 ɛ 的 F_1、F_2 值统计表 ………… 98

表 3 – 6 – 16　黑河地区满语元音 y 的 F_1、F_2 值统计表 ………… 99

表 3 – 6 – 17　四个满语点与黑河地区满语元音离散率统计表 ………… 100

表 3 – 7 – 1　黑河地区满语点元音归纳表 ………………………………… 103

表 4 – 2 – 1　黑河地区满语复合元音各成分 F_1、F_2 值统计表 ……… 109

表 4 – 2 – 2　黑河地区满语复合元音中 a 与单元音 a 的 F_1、F_2 数据表 … 112

表 4 – 2 – 3　黑河地区满语复合元音中的 ə 与单元音 ə 的 F_1、F_2 数据表 …… 112

表 4 – 2 – 4　黑河地区满语复合元音中的 i 与单元音 i 的 F_1、F_2 数据表 …… 113

表 4 – 2 – 5　黑河地区满语复合元音中的 o 与单元音 o 的 F_1、F_2 数据表 …… 114

表 4 – 2 – 6　黑河地区满语复合元音中的 u 与单元音 u 的 F_1、F_2 数据表 …… 114

表 4 – 2 – 7　黑河地区满语复合元音中的 e 与单元音 e 的 F_1、F_2 数据表 …… 115

表 4 – 2 – 8　黑河地区满语复合元音中的 ɛ 与单元音 ɛ 的 F_1、F_2 数据表 …… 116

表 4 – 2 – 9　黑河地区满语复合元音中的 y 与单元音 y 的 F_1、F_2 数据表 …… 116

表 4 - 3 - 1　黑河地区满语前响二合元音 F_1、F_2 数据表 …………………… 117

表 4 - 3 - 2　黑河地区满语前响二合元音 F_1、F_2 数据表 …………………… 118

表 4 - 3 - 3　前响二合元音 ɑi 的 F_1、F_2 数据表 …………………………… 119

表 4 - 3 - 4　前响二合元音 əi 的 F_1、F_2 数据表 …………………………… 120

表 4 - 3 - 5　前响二合元音 ui 的 F_1、F_2 据表 ……………………………… 121

表 4 - 3 - 6　前响二合元音 ɑu 的 F_1、F_2 数据表 …………………………… 122

表 4 - 3 - 7　前响二合元音 əu 的 F_1、F_2 数据表 …………………………… 123

表 4 - 3 - 8　黑河地区满语后响二合元音 F_1、F_2 数据表 ………………… 124

表 4 - 3 - 9　后响二合元音 iɑ 的 F_1、F_2 数据表 …………………………… 125

表 4 - 3 - 10　后响二合元音 io 的 F_1、F_2 数据表 ………………………… 126

表 4 - 3 - 11　后响二合元音 iu 的 F_1、F_2 数据表 ………………………… 126

表 4 - 3 - 12　后响二合元音 ie 的 F_1、F_2 数据统计表 …………………… 127

表 4 - 3 - 13　后响二合元音 yɑ 的 F_1、F_2 数据统计表 …………………… 128

表 4 - 3 - 14　后响二合元音 ye 的 F_1、F_2 数据统计表 …………………… 129

表 4 - 3 - 15　后响二合元音 yɛ 的 F_1、F_2 数据统计表 …………………… 130

表 4 - 3 - 16　后响二合元音 uɑ 的 F_1、F_2 数据统计表 …………………… 131

表 4 - 3 - 17　后响二合元音 uə 的 F_1、F_2 数据统计表 …………………… 132

表 4 - 3 - 18　后响二合元音 uɛ 的 F_1、F_2 数据统计表 …………………… 133

表 4 - 3 - 19　后响二合元音 ue 的 F_1、F_2 数据统计表 …………………… 134

表 4 - 3 - 20　前响二合元音 əi 与 ui 的 F_1、F_2 数据表 ………………… 135

表 4 - 3 - 21　前响二合元音 ɑu 与 əu 的 F_1、F_2 数据表 ………………… 136

表 4 - 3 - 22　后响二合元音 iɑ 与 ie 的 F_1、F_2 数据表 ………………… 137

表 4 - 3 - 23　后响二合元音 uɑ 与 uɛ 的 F_1、F_2 数据对比表 …………… 138

表 4 - 3 - 24　后响二合元音 ye 与 yɛ 的 F_1、F_2 数据表 ………………… 139

表 4 - 3 - 25　后响二合元音 iɑ 与 uɑ 的 F_1、F_2 数据对比表 …………… 140

表 4 - 3 - 26　后响二合元音 uɛ 与 yɛ 的 F_1、F_2 数据表 ………………… 141

表 4 – 4 – 1　三合元音 uai、iau 的 F_1、F_2 数据表 ………………… 143

表 4 – 4 – 2　三合元音 uai 的 F_1、F_2 数据表 ………………… 143

表 4 – 4 – 3　三合元音 iau 的 F_1、F_2 数据表 ………………… 144

表 4 – 4 – 4　三合元音 uai 和 iau 的 F_1、F_2 数据对比表 ………… 145

表 5 – 2 – 1　黑河地区满语单元音 F_1、F_2 数据平均值表 ………… 152

表 5 – 2 – 2　黑河地区满语单元音 V 值表 ………………… 152

表 5 – 3 – 1　黑河地区满语二合元音 F_1、F_2 数据平均值表 ……… 155

表 5 – 3 – 2　黑河地区满语二合元音及单元音 V 值表 ……………… 156

表 5 – 3 – 3　以 a 为主要元音的二合元音 V 值表 ………………… 157

表 5 – 3 – 4　以 u、ə 为主要元音的二合元音 V 值表 ……………… 159

表 5 – 3 – 5　以 e、ɛ、o 为主要元音的二合元音的 V 值表 ………… 160

表 5 – 4 – 1　黑河地区满语三合元音 F_1、F_2 数据统计表 ………… 163

表 5 – 4 – 2　黑河地区满语三合元音 V 值表 ………………… 163

图 2 – 2 – 1　国际音标 15 个标准元音声学分布图 ………………… 33

图 2 – 3 – 1　国际音标定位元音简图 ………………… 36

图 2 – 5 – 1　V 值与元音位置关系图 ………………… 47

图 3 – 2 – 1　大五家子满语单元音声学分布图 ………………… 56

图 3 – 2 – 2　国际音标与大五家子满语共有元音声学对比图 ……… 57

图 3 – 3 – 1　蓝旗村满语单元音声学分布图 ………………… 64

图 3 – 3 – 2　国际音标与蓝旗村满语共有元音声学比较图 ………… 67

图 3 – 4 – 1　四季屯满语单元音声学分布图 ………………… 72

图 3 – 4 – 2　国际音标与四季屯满语共有元音声学比较图 ………… 73

图 3 – 5 – 1　宏伟村满语单元音声学分布图 ………………… 78

图 3 – 5 – 2　国际音标与宏伟村满语共有元音声学比较图 ………… 79

图 3 – 6 – 1　黑河地区满语点元音声学分布图 ………………… 83

图 3 – 6 – 2　国际音标与四个满语点满语共有元音声学比较图 …… 85

图 3 – 6 – 3　　黑河地区满语单元音声学分布图 ·············· 90

图 3 – 6 – 4　　国际音标与黑河地区满语共有元音声学比较图 ········· 91

图 4 – 2 – 1　　黑河地区满语复合元音各成分声学分布图 ·········· 111

图 4 – 3 – 1　　前响二合元音 ɑi 的主要共振峰折线图 ··········· 119

图 4 – 3 – 2　　前响二合元音 əi 的主要共振峰折线图 ··········· 120

图 4 – 3 – 3　　前响二合元音 ui 的主要共振峰折线图 ··········· 121

图 4 – 3 – 4　　前响二合元音 ɑu 的主要共振峰折线图 ··········· 122

图 4 – 3 – 5　　二合元音 əu 的主要共振峰折线图 ············ 123

图 4 – 3 – 6　　后响二合元音 iɑ 的主要共振峰折线图 ··········· 125

图 4 – 3 – 7　　后响二合元音 io 的主要共振峰折线图 ··········· 126

图 4 – 3 – 8　　后响二合元音 iu 的主要共振峰折线图 ··········· 127

图 4 – 3 – 9　　后响二合元音 ie 的主要共振峰折线图 ··········· 128

图 4 – 3 – 10　后响二合元音 yɑ 的主要共振峰折线图 ·········· 129

图 4 – 3 – 11　后响二合元音 ye 的主要共振峰折线图 ·········· 130

图 4 – 3 – 12　后响二合元音 yɛ 的主要共振峰折线图 ·········· 131

图 4 – 3 – 13　后响二合元音 uɑ 的主要共振峰折线图 ·········· 132

图 4 – 3 – 14　后响二合元音 uə 的主要共振峰折线图 ·········· 133

图 4 – 3 – 15　后响二合元音 uɛ 的主要共振峰折线图 ·········· 134

图 4 – 3 – 16　后响二合元音 ue 的主要共振峰折线图 ·········· 135

图 4 – 3 – 17　前响二合元音 əi 与 ui 的主要共振峰对比折线图 ········· 136

图 4 – 3 – 18　前响二合元音 ɑu 与 əu 的主要共振峰对比折线图 ········ 137

图 4 – 3 – 19　后响二合元音 iɑ 与 ie 的主要共振峰对比折线图 ········· 138

图 4 – 3 – 20　后响二合元音 uɑ 与 uɛ 的主要共振峰对比折线图 ········ 139

图 4 – 3 – 21　后响二合元音 ye 与 yɛ 的主要共振峰对比折线图 ········ 130

图 4 – 3 – 22　后响二合元音 iɑ 与 uɑ 的主要共振峰对比折线图 ········· 141

图 4 – 3 – 23　后响二合元音 uɛ 与 yɛ 的主要共振峰对比折线图 ········ 142

图 4 - 4 - 1　三合元音 uɑi 的主要共振峰折线图 ………………… 143

图 4 - 4 - 2　三合元音 iɑu 主要共振峰折线图 …………………… 144

图 4 - 4 - 3　三合元音 uɑi 和 iɑu 的主要共振峰对比折线图 ………… 146

图 5 - 2 - 1　黑河地区满语单元音格局图 ……………………… 153

图 5 - 3 - 1　黑河地区满语二合元音格局图 ……………………… 157

图 5 - 3 - 2　关于 ɑ 组成的二合元音格局图 ……………………… 161

图 5 - 3 - 3　关于 i 组成的二合元音格局图 ……………………… 162

图 5 - 3 - 4　关于 u 组成的二合元音格局图 ……………………… 162

图 5 - 4 - 1　黑河地区满语三合元音格局图 ……………………… 164

绪　　论

一、研究概述

　　语言是人类重要的交际工具,在人类的思想交流、文化传播和文明传承等方面发挥着重要的作用。语言的系统调查、深入研究与及时刊布,对于推动民族语言研究、繁荣民族文化、和谐民族关系、促进各民族的团结和进步具有重要的意义。语音是语言的物质外壳和客观载体,具有丰富的研究内涵。随着计算机信息技术的飞速发展,语音研究的方式和手段也逐步走向技术化和科学化,但满语语音研究仍以传统的文献整理和音感推断为主,主观因素较重,缺乏量化标准,易造成仁者见仁的偏差和争议。为此,在满语濒临消亡的严峻态势下,亟须创新研究思维,拓展研究视角,加快研究步伐,促进满语有效传承和绵延。本书在借鉴参考其他少数民族语言语音实验成果的基础上,首次系统地采用语音实验的方式对黑河地区满语元音,特别是复合元音和元音格局情况进行研究,在实验数据基础上分析讨论元音音值、声学规律与格局分布,得出客观可重复性的结论,对于创新满语语音研究方法、丰富研究对象、保留语音资料、服务教学实践、深化对满语语音规律的认识,乃至推动我国民族语言实验语言学学科体系建设和民族语言学学科的发展有着积极的意义。

　　1.拓展研究手段。本书在声学、语言学、统计学、描写语言学等相关理论的指导下,运用实验语音学的基本原理和方法,借助 Praat 语音分析软件和 Matlab 数据处理软件,对黑河地区满语的单元音、复合元音及元音格局情况进行了客观描写和系统阐释,能够更好地拓展研究视角、丰富研究手段。

　　2.审辨确定音值。本书对黑河地区的四个满语点的单元音及复合元音逐一进行了声学实验,获得了客观的实验数据,并通过标准化和归一化的处理方法,对实验数据进行了统计处理,做出声学元音图和元音格局图,以此为基础,对 8 个单元音和 16 个复合元音逐一进行声学分析,审辨确定音值,对一些传统研究成果进行了实验验证,对个别争议问题提出了自己的看法,得出了可重复性的实验结论。

　　3.提供研究参考。通过对黑河地区满语元音进行实验研究,突破传统的"口耳"之术,进一步揭示声学规律和语音特点,可为以往一些反复争议的问题提供客观、量化的实验数据佐证,将耳听的语音变为眼看的图形,以语音的可视化推动语音研究从主观观察转为客观分析,从静态局部描写转变为量化客观的把握,为深化满语语音学乃至我国少数民族语言实验研究提供了较高的参考价值。

4.服务教学实践。口语对于语言的交际应用及文化的传承具有重要的现实意义。当前满语的教学主要以书面语为主,但为了传承和研究祖国优秀多样的传统文化,口语也应成为教学的重要组成部分。本研究以口语语料为基础,借助语音软件提取相关数据,利用声学元音图分析满语元音的语音规律,获得了客观量化的数据和可重复性结论,可以为满语科研教学的改进及口语习得提供参考和借鉴。

5.保留语音资料。本书搜集和录制了较为丰富的语音资料,初步形成了黑河地区满语语音数据库,较好地记录和反映了此地满语的实际面貌,展示了满语的鲜活形态,有助于抢救、保护极度濒危的满语口语,加快满语语音数字化建设步伐。

二、国内外研究状况

国内外对满语语音的研究主要集中于书面语和口语的传统研究,众多的专家学者对满语语音的元辅音系统、音变情况及与其他语言的比较等方面进行了深入的研究和探讨,取得了丰硕的学术成果。

(一)关于满语语音的传统研究状况

国外的研究主要集中在书面语方面。德国语言学家穆麟德夫对书面满语进行了系统的研究,发明了满文转写方案,将满文由传统的音节形式转化为音素组合形式,这种方案目前仍在使用,在学习及研究满语方面发挥了重要的作用;他的《满语语法》,对书面语的语音系统进行了系统的分析和研究,是满语研究的基础性著作。俄国学者И.И.扎哈罗夫的《满语语法》对满语书面语语音系统进行了研究讨论。虽然西方学者在这方面研究较早,但日本和韩国后来居上,成果颇丰。日本服部四郎的《满语语音史资料》概括总结了满语语音研究的史料及价值;今西春秋的《满语 ū 音考》对满语书面语元音 ū 进行了考证和分析;早田辉洋的《满语元音体系》对满语书面语元音体系及结构特征做了系统论述,这些都是书面语语音研究的代表性成果。韩国的成百仁教授也做出了突出贡献,他的《关于满语元音和谐现象》《关于满语元音和谐现象——系统区别及区别特征》等学术论文,系统论述了满语书面语元音和谐的基本特征及规律,有着很高的学术价值。

国内的研究可分为书面语和口语两个方面。书面语的研究主要集中在语音结构、音变规则、元音和谐等方面。代表作有:清格尔泰的学术论文《关于满文字母第六元音的读音》,对满文第六字母的争议问题和使用情况进行了探讨。季永海的《满语元音和谐》、刘景宪的《论满语元音和谐律》《关于满语中性元音和谐问题的探讨》等学术论文,分别从不同角度对满语书面语元音和谐现象进行了探讨。哈斯巴特尔的《初论满语元音屈折现象》论述了满语元音变化规律、满语元音屈折性变化及原因等学术问题。另外,爱新觉罗·乌拉熙春的《满语语法》,季永海等人的《满语语法》,刘景宪、赵阿平、赵金纯的《满语研究通论》等学术专著,从不同角度对满语书面语的语音系统及其结构特征进行了研究。

口语的研究主要集中在元辅音系统、语音变化及争议音位等问题上,这方面穆晔骏教授做了大量的基础工作。20 世纪六七十年代,为摸清黑龙江地区满语口语的现状,了解和掌握口语语音的特点和规律,穆晔骏教授深入黑龙江省的阿城、双城等地,对当地的满语口语做了详细的田野调查和记录,先后在《满语研究》上发表了《阿勒楚喀满语语音简论》《拉林满语语音概论》等论文,对黑龙江地区现存的满语口语的语音特征、音变现象等问题展开了分析和讨论,是口语研究的基础性著作。

另外,清格尔泰的《满洲语口语语音》,对三家子满语口语的语音进行了系统的研究,具有很高的理论价值。

王庆丰的《满语研究》,将大五家子满语归纳为 8 个元音音位和 26 个辅音音位,对这些音位及变体进行了论述,并系统阐释了其语音、词汇、语法等内容,书后附有大五家子满语的日常会话、故事、传说等口语材料,是研究黑河地区满语的重要成果。

恩和巴图的《满语口语研究》,对三家子满语的语音、词汇进行了研究。作者根据调查材料将三家子满语归纳为 37 个元辅音位,对一些争议问题和语音变体进行了讨论,书中附有日常词汇、会话用语、民间传说等口语材料,是学习和研究三家子满语的重要教材。

季永海、白立元、赵志忠合著了《现代满语八百句》,书中将三家子满语口语的元辅音位归纳为单元音 6 个、复合元音 12 个、辅音 28 个,还列出了 806 条口语材料,比较全面地呈现了三家子满语的基本概貌,是学习满语口语的基础性教材。

爱新觉罗·乌拉熙春的《满洲语语音研究》,原是作者的博士论文,修改完善后以专著形式出版。书中对现代满语的地理分布及使用情况进行了总结,归纳出了 8 个元音音位和 27 个辅音音位,对黑龙江地区满语口语的元辅音系统进行了分析,并与书面满语进行了比较,提出了一些新的学术观点,为研究黑龙江地区满语口语提供了有益参考。

赵杰的《泰来满语音位解析》和《现代满语研究》以黑龙江省泰来县依布气村

满语为研究对象,归纳出 8 个元音音位和 24 个辅音音位,分析了这些音位及变体的分布环境,讨论了语音的历时演变情况,对词汇的构成成分、构词法等问题进行了探讨,是研究依布气满语的重要文献。

李兵的论文《满语元音系统的演变与原始阿尔泰语元音系统的重新构拟》,对大五家子满语元音系统的演变进行了分析讨论,认为大五家子满语和书面满语元音系统最为接近。论文对大五家子满语元音的主要特点、元音和谐、词干和附加成分元音之间的和谐关系进行了探讨,对大五家子满语元音系统的结构进行了分析。作者还把通古斯语的一些语言进行了比较,对通古斯语元音系统的演变进行了探讨,是目前满语实验研究的重要学术成果。

郑仲桦的论文《试论满语方言的小舌音》,通过将满语书面语、大五家子满语、依布气满语进行比较,认为满语方言的小舌音脱落主要是满语和汉语长时间、广泛的语言接触所导致的,是研究大五家子满语的重要文献。

以上研究成果,有的就某个问题进行专门的论述,对一些疑难和争议性问题进行分析和探讨;有的对满语口语的语音变化规律、元辅音音位进行归纳和论述,对一些音变问题进行研究和讨论,对于系统了解和掌握满语语音有着重要的学术价值。

(二)关于满语语音的实验研究状况

到目前为止,运用实验的方法对满语语音进行研究的成果很少,研究内容主要体现为对某些音位及争论问题的分析和验证,系统的实验研究尚未开展,这与蒙古语、藏语、维吾尔语等丰富的实验成果相比,还是一个缺憾。

国外相关的研究主要体现在韩国的周金源、高东昊等合著的《满语口语语料》中。书中对三家子满语口语词汇进行了记录整理,用实验仪器测定了一些语音的音质,解决了前人没有解决的一些问题。

国内的研究成果也不多见,目前仅有少量的几篇学术论文。一是尹铁超、张力的《满语元音 a 音值研究》,作者针对满语第一短元音转写为拉丁文 a,学界对其音值观点不一的问题,运用 Praat 软件对一些语料中的满语元音 a 音值进行了分析测定,通过共振峰数据及满语元音 a 的声学元音图,对满语元音 a 与其他基础元音 i、u 之间的关系进行了比较,认为"满语的元音系统符合世界语言基础元音结构,即含有基础元音 i、a、u,由于满语没有舌位更加靠近喉腔的元音,因此可将满语第一元音标识为[a]。"二是李兵、胡伟的《现代满语大五家子方言动词重音分布的声学分析》,论文针对现代满语词重音和节律结构研究薄弱的现状,对大五家子满语九类形态结构的动词进行了实验分析,从音强、音高、时长三个方面对 304 个样本词、近千个音节进行了详细的声学量化、统计和比照,对这九类动词的重音分布和主要声学特点进行了确认。三是黄彩玉、郭碧莹的《满语元音 ū 实验语音学考察》,作者针对学界关于满语元音 ū 的音值争议较大的问题,在元音格局相关理论的指导下,以实验数据及声学元音图为依据,对 ū 的音值及其变体进行了分析和讨论。作者通过实验认为,"在满语元音格局中,o、u、ū 都有独立的声学空间,音位区别较为明显,ū 为后、次高、展唇元音[ʋ],有与主要辅音相拼的[ʋ]和位于词头的[o]两个变体,并对变体的出现条件及使用环境进行了论述"。

综上所述,20 世纪以来,在中外众多学者的共同努力下,满语语音的传统研究取得了丰富的成果,提升了研究的新高度,但相关的实验研究成果却甚少,系统性的语音实验尚未展开。关于语音的传统研究和实验研究,两种方法各有优势。传统的语音研究主要从听音、记音入手,从发音器官的角度对语音进行描写,这种方法简便易行,是语音研究的基本方法,在语音研究方面发挥了重要作用,但也存在一些不足。例如人耳听辨能力有限,记音易受主观影响,即使专业人员也可能存在把握不准、精度不高等现象,导致一些争议反复出现,众说纷纭。随着计算机科学和软件技术的飞速发展,语音研究逐步科学化、技术化,语音实验研究应运而生,可以为解决争议提供一些思路和参考。语音实验借助语音分析软件和实验数据对语音进行分析和研究,一方面,通过实验语图可将耳听的语音变为眼看的图形,以语音的可视化提高描写的准确性;另一方面,语音实验建立在数据基础上,以客观的数据代替主观的记录,可以避免人为因素造成的误差,使研究具有客观性和可重复性。当前,在满语濒临灭绝的情况下,亟待创新研究视角,拓展研究方法,参考和借鉴汉语、蒙古语、藏语等语言的语音实验成果,对满语语音开展实验探索,进一步深化对满语语音规律的认识和掌握,推动满语语音研究开启新的征程。

三、研究方法

正确可行的方法是顺利开展研究的基础和关键,本书在描写主义语言学相关理论指导下,以语音实验为手段对黑河地区满语元音进行研究,综合采用了以下方法。

1. 描写分析法。描写主义理论是 20 世纪 20 年代美国学者在调查美洲印第安语的基础上形成的,对语言研究起到了积极作用。历史上,描写主义语言学的理论和分析方法,对调查和描写濒危的美洲印第安语发挥了重要作用,这些理论和方法对我国语言学的研究产生了深刻的影响,也是满语研究的基本方法。对于语音研究而言,语料素材是基础,然而一种语言的语料素材是无限的,不可能对其做到完全描写,但濒危语言的情况可能会有些不同。使用濒危语言的人员不多,语料素材非常有限,因此以有限的语料为研究样本,实现较为充分的描写则是可能的。

2. 田野调查法。田野调查又被称为实地调查,要求调查者面对面地调查和记录被调查人的发音,是获取语料和从事语音研究的基础。笔者对黑龙江省的三家子、大五家子、依布气村等地的满语研究文献进行了学习和总结,搜集整理了前人关于黑河地区满语口语的调查语料。此外,笔者还多次到孙吴县四季屯,对满语母语使用者何世环老人进行了口语调查,进一步充实和完善了本研究的语音资料。

3. 比较分析法。将两个或两个以上的同类或性质相近的事物,按同一法则进行对比分析就是比较分析法,是科学研究的基本方法之一。进行语音研究时,可将一些相近语言或同种语言的不同方言语音进行比较,分析相同点和差异性,进而总结语音特点和变化规律。本书将黑河地区不同满语点的元音进行对比分析,寻找总结规律,有利于更加深入了解满语元音的声学特征。

4. 数据分析法。本书根据黑河地区满语元音的特点,对实验语料进行认真的归纳整理,形成了黑河地区满语口语语料库。在此基础上,使用 Praat 软件对 8 个单元音和 18 个复合元音逐一提取主要共振峰 F_1、F_2 数据,用 Excel 对这些数据求得平均值,再以国际音标标准元音有关数据为标准被试,运用 Matlab 软件对实验数据进行标准化和归一化处理,做出声学元音图和元音格局图,对黑河地区满语元音的声学特征及分布规律进行探讨,相关实验结果都建立在具体的实验数据上,保证了客观性和可重复性。

四、研究语料特点及相关说明

当前能够熟练使用满语的母语者极少,样本语料获取比较困难,但在黑龙江大学满学研究院的大力支持下,本研究获得了较为丰富的满语口语语料。这些语料主要有两个来源:一是黑龙江大学赵阿平、郭孟秀教授的满语数字化项目中刘景宪、黄锡惠、季永海教授 1986 年在黑河地区的满语田野调查录音,地点是黑河地区的大五家子、下马场、坤河乡蓝旗村、孙吴县四季屯、逊克县宏伟村,发音人都是当时满语程度很好的母语使用者,录音清晰;二是 2017 年至 2018 年间笔者多次到孙吴县四季屯,对满语母语者何世环老人的录音资料。

1. 本书语料特点如下:一是满语点较多。语料中有 4 个满语点,均为黑河大五家子一带满语口语,同属于满语北部方言区,语音系统基本相同,能够反映出黑河地区满语的现状及特点。二是语料真实。语料均为现场录制,口语特征明显,录音清晰自然,能够以此开展语音实验。三是内容丰富。本书语料主要由满语单词、短语、句子和民间传说构成,内容都是生活中常见的动植物、生产劳动、生活用具及尼山萨满传说等,可以满足取样分析需要。

2.相关说明:本书的书面满语使用穆麟德夫转写,口语使用宽式国际音标记音,记音不过分追求详尽细致,只要能够根据实际情况说明问题和进行分析即可,其中国际音标加注[ ]表示。

五、遇到的问题及解决方法

目前,运用语音实验的方法对满语语音进行系统的研究尚未开始,由于没有现成的实验经验和可借鉴的研究成果,本书研究过程中不可避免地会遇到一些困难和问题,主要有以下几点:

1.样本人数的问题。对一种语言的方言进行语音实验,一般来说要选取20个以上年龄、性别、教育程度等不同的人员作为发音合作人,但目前黑河地区,乃至全国范围内,能够熟练使用满语的母语者极少。为了便于研究,笔者在自己录制的语料基础上,综合运用了前人田野考察的语音资料,其发音人都是满语程度较好的母语者,具有一定的代表性①。

2.语料的噪音问题。田野调查的特点决定了语料录制无法在录音棚内进行。因现实环境、条件、技术所限和发音合作人大多都已高龄,刘景宪等人及笔者进行田野调查时,录音都只能在发音合作人家中进行,部分语料不可避免地存在一些噪音干扰,但这些噪音大部分可以通过技术手段降低或消除,同时我们通过比较注意选取自然清晰的语料,进一步提高了实验的准确性。

3.实验数据的处理问题。实验数据处理是开展语音实验的基础,取值精确与否将会影响到实验结果的准确性。笔者能够熟练使用 Praat 语音分析软件和 Mat-lab 数据处理软件,对其功能及使用方式有着较为深入的理解,同时参考了汉语及其他少数民族语音实验的研究成果,探索了适合满语元音实验的方法进行数据取值和处理,确保数据的科学性和严谨性。

---

① 　本书的发音合作人共9人,详见第二章发音合作人情况统计表。

第一章　黑河地区满语概况

　　语言是人们交流思想、表达感情的基本手段,也是文明传播的主要工具,对社会的政治、经济及文化产生着重要的影响。语音是语言的表现形式,语言及其所承载的文化主要是通过语音进行交流和传播的,对一种语言的语音进行研究时,有必要对这种语言和所承载的文化进行梳理和归纳,以便更深入地了解语言和文化的发展规律及相互关系。黑河地区的满语是清初萨布素将军驻防八旗官兵及其后裔所使用的语言,目前在黑河地区沿黑龙江沿岸分布的满族聚居村屯中,仍有个别满族老人能够熟练使用这种语言,对这些即将消亡的语言进行研究,对于保护面临濒危的满语和满族传统文化具有十分重要的意义。

第一节　满族及其语言发展简述

　　满族是我国北方一个历史悠久的少数民族。2010 年第六次全国人口普查显示,满族人口数量约为 1041 万,在中国的少数民族中居第二位。[①] 历史上的肃慎是满族的祖先,周秦时期,他们就在祖国东北地区的白山黑水之间生息繁衍。随着历史的发展,在不同的历史时期有着不同的族称,到了明朝末年,皇太极改族称为满洲,标志着满族的正式形成。

　　清代,满族官员到各地任职,八旗驻防也遍布全国边关要略,满族分布全国,但大多数集中分布在东北三省,此外河北、北京、新疆等地也有大量满族人口分布,满族与汉族以及其他少数民族整体上处于大杂居、小聚居的局面。满族信仰萨满教,皇太极时期,对满族萨满教进行了改革与规范,使萨满教从无序走向有序,从民间走向宫廷,为有清一代的宗教信仰和政治统治发挥了重要的作用。对满族及满语发展演变的脉络进行整理梳理,无论是从历时语言学的角度摸清满语历史发展轨

---

① 　黑龙江省民委网站 2017.10.17　http://www.hljeac.gov.cn/system/201710/5886.html

迹,掌握语音变迁的规律和特点,进行古音构拟,还是对相近语言共时研究,为现代满语的共时研究拓宽思路,开拓视野,价值都颇高。综合满族发展的历史文献和民族学、考古学相关资料,满族的历史发展可简要概括为"四个时期":肃慎至靺鞨时期,渤海共同体时期,女真共同体时期和满洲共同体时期。满族语言的发展可概括为"四个阶段":从肃慎语到女真语的起源阶段,从女真语到满语的发展阶段,清代满语的鼎盛阶段和现代满语的衰退阶段。

一、满族的历史变迁

(一)肃慎至靺鞨时期

我国的东北地区是满族的故乡,从肃慎到满族,不同的历史时期以不同的族称见于史册记载。从肃慎至靺鞨并非直接传承发展,而是在不同的历史阶段,与周边民族进行发展融合,形成了一脉相承的历史渊源。

从文献记载可知,在传说中的虞舜时期,就有肃慎之名,《钦定满洲源流考》引《竹书纪年·五帝纪》载:"肃慎者,虞夏以来东北方大国也。"随着历史的发展,《三国志》《晋书》均有肃慎的记载。至于肃慎的地理位置和活动范围,从史书记载来看,仅可以推测出大致的方位。《史记正义》引《括地志》记载:"靺鞨古肃慎也……其国南有白山。"《括地志》所称的白山、不咸山,都是现在的长白山。从肃慎的南边有长白山可以推测,肃慎大致方位应在长白山以北、松花江以东的地区,这个位置在清代就是宁古塔将军的统辖区域。

汉晋时期,肃慎的后裔被称为挹娄。《后汉书》记载:"挹娄,古肃慎之国也。在夫余东北千余里,东滨大海,南与北沃沮接,不知其北所极。"《晋书》中也有关于"肃慎氏一名挹娄"的记载。由此可见,在汉晋时期,肃慎已经被称为挹娄了。根据史书和考古发现,当时挹娄大概分布在长白山以北、乌苏里江以东的地区。

南北朝时期,肃慎和挹娄后裔被称为勿吉。《魏书》中关于勿吉的记载较为详细:"勿吉国,在高句丽北,旧肃慎国也,邑落各有长,不相总一,其人劲悍,于东夷最强,……国有大水,阔三里余,名速末水。"速末水,也叫粟末水,指的是今天的松花江,满语为 sunggari ula,可能是当时勿吉语的音转,被史书用汉语记音为"速末"或"粟末",古音构拟为 sungma,女真语或满语时期可能变为 sunggari。从上述记载中可以明显地看出,勿吉应在长白山、松花江一带区域生活。

北齐至隋唐期间,随着靺鞨的兴起,勿吉逐渐被靺鞨取代,史书以靺鞨称之。《旧唐书·靺鞨传》记载:"靺鞨,盖肃镇之地,后魏谓之勿吉。"《金史·世纪》认为靺鞨就是勿吉:"靺鞨本号勿吉。勿吉,古肃慎地也。"靺鞨有七个较大的部落,被称为靺鞨七部,居住区域与勿吉大致相同。靺鞨的经济社会尚处于原始阶段,主要以渔猎和畜牧为生,间或有小部分的农业种植。南部地区的粟末靺鞨临近中原和高句丽,气候较为温暖,物产丰富,受中原与高句丽文化影响较大,发展得比较迅速。

(二)渤海共同体时期

7世纪初,靺鞨分为黑水和粟末两个部落联盟。武则天圣历元年(698),粟末靺鞨的大祚荣建立地方政权,国号为"震",唐开元元年(713),大祚荣被唐册封为忽汗州都督、左骁卫大将军、渤海郡王,并国号为"渤海"。《渤海国志长编》记载:"渤海部族本为粟末靺鞨,……(唐)开元元年,玄宗遣使册拜祚荣为渤海郡王,自是始去靺鞨之号。初,勿吉七部俱称靺鞨,其中之白山部,素附于高丽,伯咄、安车骨、号室等部,亦皆微弱。故其后所名渤海人者,实兼此诸部而言,不得以粟末一部专之也。"渤海国的主体成分是粟末靺鞨和高句丽,它们与周边其他部族联合起来形成了历史上的渤海共同体。唐朝统治时期,渤海国是唐王朝的羁縻州,受中央政府统辖,每个新的渤海王都要接受唐的册封,并向唐朝贡,史载渤海向唐朝贡一百余次。[①] 渤海共同体积极吸纳中原地区汉文化,与周边民族保持了友好互通的关系,渤海的经济发展较快,在东北地区具有一定的影响,被称为"海东盛国""渤海文化",在中国文化史上具有重要的地位。

925年,渤海被辽所灭,辽统治者将居住于上京龙泉府的靺鞨人迁到辽东和上京,但还是有一些渤海遗民留在了当地,在白山黑水之间繁衍生息。完颜阿骨打兴起后,"败辽兵于境上,获耶律谢十,乃使梁福、斡苔剌招谕渤海人曰:女直、渤海本同一家"。对渤海人进行招抚,吸引加入女真,很多渤海遗民归顺了女真,经过民族融合,成为女真共同体的组成部分。

(三)女真共同体时期

渤海灭亡后,黑水靺鞨部南迁,到达原渤海的故地定居下来,是后来女真人的主要来源,与历史上的肃慎、挹娄、勿吉等具有一脉相承的源流。《新唐书·黑水靺鞨传》记载:"黑水靺鞨居肃慎地,亦曰挹娄,元魏时曰勿吉。"辽代称靺鞨为女真,史料中有"女真""朱理真""诸申"等写法,大多是汉字音转不同而形成的记载。辽兴宗耶律宗真时,为了避讳将"女真"改为"女直",直至明末皇太极时期。《三朝北盟会编》有载:"女真,古肃慎国也。本名朱理真,番语讹为女真。本高丽朱蒙之遗,或以为黑水靺鞨之种,而渤海之别族三韩辰韩,其实皆东夷之小国也。"认为女真就

---

① 魏国忠,朱国忱,郝庆云.渤海史稿[M].北京:中国社会科学出版社,2006.

是肃慎的后裔。辽代将女真人分为"熟女真"和"生女真"。其中"熟女真"是指那些被编入辽籍的生活在东北南部的女真人,"生女真"是指生活在东北东部和北部地区,没有被编入辽籍的那部分女真人。《金史》较为详细地记载了女真的来源和族称:"唐初,有黑水靺鞨、粟末靺鞨,其五部无闻。黑水靺鞨居肃慎地,五代时,契丹尽取渤海地,而黑水靺鞨附属于契丹。其在南者籍契丹,号熟女直;其在北者不在契丹籍,号生女直。"生女真的主体由完颜十二部组成,是女真民族的主体,金王朝就是由生女真建立起来的。①完颜部最初居住在呼尔哈河(牡丹江)流域,渤海时完颜部南迁,到达今朝鲜咸镜道,后来又迁徙到仆幹水完颜部,被吸收为完颜部人,再迁至按出虎水,即为后世所称的按出虎水完颜部。② 按出虎水(今阿什河)流域也成为金的肇兴之地。1115 年,完颜阿骨打建立金国,标志着女真共同体的形成。女真共同体是由黑水靺鞨和一些其他部落的民众构成的,女真是古代我国东北地区的重要民族,对东北地区的发展及民族融合起到了重要的作用。1234 年,金被蒙古所灭,中原地区的女真人,有的留在了华北地区融合成为了汉人,也有的回到了东北故地,成为后来满洲共同体的主要来源。

(四)满洲共同体时期

元朝时期,东夏国统治区域内的女真人大大增加,明代后期崛起、建立后金政权,并组成满族共同体的正是这部分女真人。③ 明代女真人经过迁移融合,形成了三大部分,分布为建州女真、海西女真、野人女真。《明会典》记载:女真分为"建州女真""海西女真""野人女真"三部。建州女真分布在图们江、牡丹江及长白山一带,后来南迁到浑河流域定居下来。明朝设立了建州卫、建州左卫、建州右卫,加强对建州女真的管理,满洲共同体的主体主要是由这部分女真人构成的。海西女真生活在扈伦地区、海西江流域,有叶赫、哈达、辉发和乌拉四个大的部落,史称"扈伦四部"。野人女真是散居女真人的泛称,黑龙江流域、乌苏里江流域和松花江下游的江河及深山之中均有野人女真繁衍生息,经济和社会文化比较落后,主要以渔猎采集为生。野人女真部落众多,较大的有呼尔答部、瓦尔喀、窝集部,被称为东海三部。

明后期,女真"各部蜂起,皆称王争长,互相残杀,甚至骨肉相残,强凌弱、众暴寡"。在各部混战中,建州女真逐渐发展壮大,建州女真的首领努尔哈赤创建了八

①　李德山. 东北古民族与东夷渊源关系考论[M]. 长春:东北师范大学出版社,1996.

②　张博泉,魏存成. 东北古代民族考古与疆域[M]. 长春:吉林大学出版社,1998.

③　董万仑. 东北史纲要[M]. 哈尔滨:黑龙江人民出版社,1987.

旗制度"出则为兵,入则为民;出则备战,入则务农"。在有效组织动员女真人员、统一女真过程中发挥了巨大的作用。努尔哈赤经过二十多年征战,统一了女真各部,于万历四十四年(1616)建立了后金,是女真人建立的第二个政权。皇太极即位之后,为了笼络汉人,获得汉人的认同及支持,于后金天聪九年(1635),皇太极发布谕旨:"我国原有满洲、哈达、乌喇、叶赫、辉发等名。向者无知之人往往称为诸申(女真),夫诸申之号,乃席北超墨尔根之裔,实与我国无涉。我国建号满洲,统绪绵远,相传奕世,自今以后,一切等人,止称我国满洲原名,不得仍前妄称。"改后金为满洲,满族正式出现在中国历史的舞台上,而满文的创制改进,标志着满洲共同体的形成。满洲共同体主体是由女真人构成的,还吸收融合了部分汉人、蒙古人、锡伯人及其他的民族人员。天聪十年(1636),皇太极即位建立清朝,是全国性的统一的多民族王朝。清朝的建立推动满族和中原文化的积极融合,使肃慎民族发展到满族时达到了最高时期。① 中华人民共和国成立后,满族作为中国的 56 个民族之一,与其他各民族一样平等地参与国家各项事务的管理。国家还在满族聚居区内成立了多个满族自治县和 200 多个满族乡镇,满族的自治权利得到了有效的保障。

由满族的发展演变可以看出,满族的族源体系来源是复杂多元的,当时各部落之间社会经济、文化发展不平衡,经过漫长的历史演变和民族融合,一些以原有民族为主体的部族,和其他民族进行融合,形成了新的民族共同体。相关史料表明,远古时期,肃慎、挹娄就与周边夫余、沃沮进行了频繁的交流融合,渤海灭亡后,迁徙到辽东地区的靺鞨与汉族、契丹族也发生了较为深入的融合,金至明末的上百年间,迁到东北地区女真人融合了其他民族,成为东北地区的主体民族。

民族间的交往、交流、交融是民族发展的内生动力和主要力量。从肃慎到满族,不是单纯的沿袭和继承,而是肃慎系民族与各民族在历史的迁徙、碰撞、渗透、交流、融合,形成了我中有你、你中有我的复杂的多元复合的民族体系,是民族交往、交流和交融的生动实践。在漫长的历史发展中,满族与汉族、蒙古族、锡伯族等民族互相学习、互帮互助,逐渐形成了新的民族共同体——满族,推动了中华民族的向前发展。

二、满族语言的发展演变

满族的语言从远古时期的肃慎语到现在的满语,虽然具有一脉相承的特点和痕迹,但并非是简单的传承,而是经过了不同时期的发展演变,形成了现代的满语。

---

① 张博泉,魏存成. 东北古代民族考古与疆域[M]. 长春:吉林大学出版社,1998.

（一）从肃慎语到女真语的起源阶段

同民族的发展变迁一样，女真语与肃慎语也有着历史的渊源关系，肃慎语到女真语的发展历程，体现了肃慎系民族的发展历程。从远古的肃慎、挹娄到勿吉、靺鞨时期，由于年代久远，相关资料极少，这些部族的语言状况究竟如何，史书上没有明确记载，仅能从极为有限的文献中略知一些线索。史料表明，肃慎系民族发展到挹娄、勿吉时期，已有了自己的语言。《后汉书·东夷传》记载："挹娄……言语不与夫余、高句丽同。"《魏书·勿吉》记载："勿吉……于东夷最强，语言独异。"由此可以看出，挹娄、勿吉的语言不同于汉族，也不同于夫余和高句丽，很可能是一种自成一体的语言体系。当时这些部族尚处于原始社会时期，社会组织结构比较简单，可以推测他们的语言系统及语法结构不是十分复杂，词汇也不是很多，大多是日常生活中的狩猎、采集等词汇。由于史料记载语焉不详，关于挹娄、勿吉的语言的语系归属，语音、语法特点等具体信息则不得而知，有待进一步发掘新史料，进行新探索。到了靺鞨时期，由于渤海与唐关系密切，官方交往频繁，我们可以推测靺鞨的官方语言可能是汉语，应有一定数量的汉语借词，但靺鞨的民间语言，由于缺乏相应的史料记载，具体情况无从了解。

女真共同体形成后，女真各部的语言也得到了统一，女真语成为女真人共同使用的语言，就连后来加入的兀惹、阿里眉等部"衣装、耕种、屋宇、言语与女真人异，铁骊言语稍通阿里眉等国"，随着女真的扩张发展，统治区域到达华北和西北地区，时间长达 120 年之久，女真语的使用范围也从松花江流域扩展到淮河以北的广大地区。这一时期的女真语得到了快速的发展，吸收了大量的汉语词汇，为创建女真文字，推动社会发展奠定了基础。

当时很多中原地区的汉人都学会了女真语，有的还可以操熟练的女真语和女真人进行对话。朝堂之上，一些汉人官员也学会了女真语，女真语和汉语成为当时的主要交际工具。金统治的中、后期，由于受汉文化影响，进入中原地区的女真人汉化程度日益加深，女真语的使用率逐渐下降，范围日益缩小。金世宗时期，金统治者采取了很多办法巩固女真语的地位，但影响微乎其微，女真语已经不可阻挡地衰落下去，到了 1190 年以后，中原地区基本不再使用女真语，仅剩东北地区的女真人还在使用。

（二）从女真语到满语的发展阶段

1234 年蒙古灭金后，女真语逐渐被汉语所取代。中原地区的女真人大多被同化为汉人,部分融入了蒙古人,留住东北的女真人,构成了元代女真人的主体。① 蒙古统治者没有强迫他们学习使用蒙古语,因此女真语在东北地区得以保存,到了明代,形成了建州方言、海西方言、东海方言和野人女真四种方言,成为清代满语的主要来源。女真语与满语差别不大,爱新觉罗·乌拉熙春认为女真语与满语在语法结构方面基本一致,其区别主要体现在词汇和语音上。女真语中与满语完全相同的词约占全部词汇量的百分之七十,其余的约占百分之三十,还总结了女真语和满语语音方面的六种不同的情形。② 从词汇上来看,满语词汇比女真语丰富,狩猎、采集、早期社会组织等相关的词汇较多,反映了满族早期的社会经济特点。

清代满语与世界上其他语言一样,也是在长期的社会发展中逐步完善的,随着满族入主中原,成为统治阶级,满语所承担的日常交际和民族文化交流的功能日趋繁重,使得满语的词汇不断丰富,语义含义不断扩展,逻辑日益严密,成为满族成员之间,以及满汉、满蒙等其他民族交流的重要工具。满语在形成和发展过程中,由于部落交往及经济文化发展的不平衡等因素,产生了语音、词义的差异,形成了不同的方言。满语方言,是满族早期部落经济的产物。在较为原始的渔猎经济时代,语言得不到频繁的沟通,发音差异显著,经过漫长的历史时期,作为方言的语言,得以保留下来③。穆晔骏先生将满语方言分为南音、东音、北音、西音四种方言,其中盛京南满方言就是南音,嫩江萨哈连方言就是北音,宁古塔北海方言就是东音,京语就是西音。④ 瀛生先生对明代的女真语各方言进行了研究,指出了明代女真语到清代的发展演变。他提出,女真东海方言中,清代居留故土者为东音,入关者参与西音的构成;黑龙江方言清代居留故土者为北音,入关者参与西音的构成;海西方言清代与建州语合一;建州女真语是满语书面语的来源,居留故土者为南音。⑤ 其中京音就是西音,由于受汉语影响较大,吸收汉语词汇较多,比东音、北音更加丰富,内容更加充实,成为清代的宫廷用语。处于东北地区的其他三个方言,由于周边少数民族众多,交错杂居,联系紧密,受影响较大,更多保留了满语的原始质朴特色。

---

① 孙进己.女真史[M].长春:吉林文史出版社,1987.

② 金广平,金启琮,爱新觉罗·乌拉熙春.爱新觉罗三代满学论集[A].呼和浩特:远方出版社,1996.

③ 穆晔骏.阿勒楚喀满语语音简论[J].满语研究,1985(7):5.

④ 瀛生.满语口语语音典[M].北京:华艺出版社,2014.

⑤ 同上。

(三)清代满语的鼎盛阶段

清代是满语完善成熟时期,清统治者对满语的推广使用极为重视,天聪八年(1634),皇太极谕:"朕闻国家承天创业,未有弃其国语,反习他国之语者。弃国语而效他国,其国亦未有长久者也。"当时的东北地区,满语得到了广泛的使用,王公诸大臣无不弩强善射,国语纯熟。①

入关后,为了保持满族的民族特色,弘扬尚武精神,防止被汉化,皇太极连发上谕进行告诫:"昔金熙宗循汉俗,服汉衣冠,尽忘本国言语,太祖太宗之业逐衰……诸王贝勒务转相告诫,使后世无变祖宗之制。"清统治者强力推行"国语骑射",满语被定为"国语",连官员的升迁、教育、政府公文等都需要使用满语满文完成,还采取诸多项措施提高满语的地位。一是将汉著译为满语。皇太极令人大量翻译汉籍,借此提升满人的文化素养,达海将汉文《刑部会典》《素书》《三略》《万宝全书》,以及《通鉴》《六韬》《孟子》等翻译成了满文。② 二是设学堂教习满语文。顺治元年(1644)设立八旗官学,教授"清文、骑射"。乾隆时皇子们"既入书房,作诗文,每日皆有课程,未课毕则又有满洲师傅教国书、习国语及骑射等事"。③ 顺治十年(1653)设立宗学,选满、汉的进士、举人教习年满 10 岁的亲王、郡王等人,入学者"分习清、汉书,兼骑射"。并在各地设立官学、义学教习满语。三是改衙署官职为满语。清初,很多统治机构和官名从明朝承袭而来,职官名称满汉兼用。顺治十五年(1658)七月,谕吏部:"自古帝王,设官分职,共襄化理,所关甚巨,必名义符合,品级划一,始足昭垂永久,用成一代之典"。④ 下谕将属官机构改为满语,禁止使用汉语。例如,将内阁改为 dorgi yamun,翰林院为 bithei yamun,六部尚书为 aliha amban,六部的侍郎为 ashan i amban,理事官为 weile icihiyara hafan,副理事官为 aisilakv,主事为 ejeku hafan,司务为 takvrabure hafan,等等,这些统治机构和职官名称的更改,使得满语的运用领域和范围得到了极大的扩展。四是对满语进行规范。清统治者组织人员编撰了大量的满语工具书,规范了满语的语音、词汇及用法。其中,康熙年间编撰的《大清全书》,对满语的规范和运用起到了重要的作用。此外,《御制增订清文鉴》《御制清汉对音字式》等满语工具书的编撰刊行,极大地推动了满语文的使用和发展。五是军事操练使用满语。清初八旗兵丁的操练呼号均由满

①　昭链.啸亭杂录[Z].北京:中华书局,1980.
②　清太宗实录·卷十二,天聪六年七月庚戌条。
③　赵翼.檐曝杂记[Z].北京:中华书局,1982.
④　清世祖实录卷十三[Z].北京:中华书局,1985.

语完成,西安到宣统年间,还在使用满文口令进行操练。①

清朝统治者的这些努力,一定程度上促进了满语的推广和使用,但也无法阻挡满语衰退的脚步,在远比自身文化发达的汉文明的影响下,关内身处汉语言的包围中,满汉接触日益密切,满人学习汉文化、汉语的倾向更为明显,到了清中后期,满语以极快的速度走向了衰落。

(四)现代满语的衰退阶段

清道光年间,关内大部分地区的民众和官员采用汉语为交际语言,满语已被弃用,无可置辩地走向了衰亡。而东北地区是满族的世居之地,满语的状况要比关内好一些。为了保留满族语言文化风俗的完整性,清政府封禁东北地区,修筑柳条边禁止汉人进入。在此后的相当一段时期内,东北地区尤其是黑龙江地区,由于与汉人接触较少,较为完整地保持了满语的原始、古朴特点。随着沙俄的入侵打破了东北地区的宁静,为了抗击侵略者,清廷派大批八旗将士来到黑龙江流域屯垦戍边,他们的语言也被带到了黑龙江流域,缩小了满语北音方言与东音方言的差别。清后期,随着东北封禁政策的逐步减弱和解除,大批的中原汉族人来到东北地区,有的甚至到达宁古塔、卜魁等地。除此之外,还有大批的流人被流放到宁古塔等地,汉人的增多、汉文化的传播使得东北地区的满语由南向北开始衰退,到了清朝末期,很多地方的汉人超过了满族人数,满语的使用人数越来越少,汉语逐渐成为日常交际语言。

辛亥革命后,满语失去了政治的保障,大多数满洲旗人不敢再讲满语,满语正式退出了历史的舞台,但满语并没有消失。直至今天,在嫩江流域的三家子及黑龙江流域的四季屯等村屯,还有一些满族老人能够熟练使用满语进行交流,满语从兴盛到面临消亡,为人们留下了诸多的现实慨叹与历史思考。满语消亡后,北京地区的汉语普通话和东北地区的汉语方言中还有满语的印记,一些满语的语音和词汇被保留下来,为现代汉语的形成和发展做出了贡献。

---

① 辽宁省编辑委员会.满族社会历史调查:民族问题五种丛书[M].沈阳:辽宁人民出版社,1985.

第二节 黑河地区满语的来源与分布

一、黑河地区满语的历史来源

满语是满族使用的语言,起初主要在东北地区使用,是满族人的主要交际工具。后金时期,统治者非常重视本族语言的使用与推广。清初入关时,王公诸大臣无不弯强善射,国语纯熟。[①]入关后,满语被定为"国语",统治者大力推行"国语骑射"政策,要求满人会"国语"、精骑射,规定官员升迁、政府公文等都必须使用满语和满文。此外,清政府设立了很多官学和义学教授满语。顺治元年(1644),在北京设立八旗官学讲授"清文"和"骑射"。乾隆时期,要求各皇子"既入书房,作诗文,每日皆有课程,未课毕则又有满洲师傅教国书、习国语及骑射等事"。[②]将满文和骑射作为基本的技能和必备的素质,须熟练掌握和运用。在清政府的重视和努力下,满语得到了大范围的推广,就连各地驻防八旗的军事操练也使用满语进行,西安地区的驻防八旗直到宣统年间还在使用满文口令。[③]但随着入关后,满汉接触融合的进一步加深,很多满人对历史悠久、博大精深的汉文化产生了浓厚的兴趣,向其学习的倾向甚为明显,一定程度上影响了满语的绵延,并使之出现衰退现象。虽采取了一系列措施,但终究无法阻挡满语衰退的脚步,清灭亡后满语正式退出了历史舞台。

2009年,满语被联合国教科文组织列为极度濒临灭绝的语言。目前,仅黑龙江省的一些偏僻村屯极少数满族老人还能够使用满语进行交流,这些满语是清初萨布素驻防八旗及其后裔的语言。当年萨布素抗俄胜利后,参加抗俄作战的八旗官兵沿嫩江黑龙江沿岸驻扎下来,并把家属也迁了过来。"这些八旗兵及后裔的居住地及当时黑龙江水师营驻扎停泊的地方,后来发展为沿江分布的满族聚居村屯,其语言就是黑龙江现代满语的主要来源"。[④]

① 昭梿.啸亭杂录[M].北京:中华书局,1980.

② 赵翼.曝杂记[M].北京:中华书局,1982.

③ 辽宁省编辑委员会.满族社会历史调查:民族问题五种丛书[M].沈阳:辽宁人民出版社,1985.

④ 王娣.萨布素驻防八旗对黑龙江现代满语的作用与影响[J].黑龙江民族丛刊,2018(8):103.

为防范沙俄入侵东北领土,康熙二十一年(1682),清政府抽调八旗官兵在黑龙江的东岸修建瑷珲城。瑷珲与黑河相距七十里,西至小兴安岭一百八十里,因有水名瑷珲,故此得名。1683 年,清政府设立黑龙江将军、副都统、协领、佐领等官镇守。深为有济。①时任宁古塔副都统的萨布素被任命为黑龙江将军,其驻地就在黑龙江东岸的瑷珲城。为方便驻守,两年后萨布素"修木杖城垣设有四门"。②在江下游修建了瑷珲新城,并迁将军衙门于此地。此后,从宁古塔、吉林乌拉抽调的八旗官兵及一些当地人也在瑷珲驻扎。康熙二十八年(1689),萨布素"从水师营抽调一部分汉人编设了两个汉军牛录"。③当时将军衙门辖有驻防八旗、水师营、火器营等兵力,其中"水师营领催八名,水手四百一十九名,船只九十余只,停泊于黑龙江城南七十里的托里尔锋河(今黑河市下马场)"。④官兵们"每年二八月间各演操四十日,事毕则散归农,每年如例"。康熙二十八年(1689),中俄签订《尼布楚条约》,为了确保东北边境平安,对沙俄形成武力震慑,清政府决定在黑龙江沿江要隘之地长期屯兵设防。为此,萨布素命令官兵将家眷迁到驻防地附近,"自由选择水草丰腴的地方居住,但不能离开所驻重镇一百里的距离"。⑤特别是操练季节更是不准随便离开,并规定"外出 100 里以上者,必须向长官报告,否则要挨'五鞭子'"。⑥定居之后,"官兵主要负责驻防城及辖区安全,家属以种田为生"。⑦ 黑河地区的大五家子、下马场、四季屯等村屯都是这样形成的,他们从宁古塔、乌拉等地带来的满语成为当地的通用语言,辛亥革命后被保留至今。

二、黑河地区满语的地理分布

在黑龙江省,两江流域(黑龙江流域、嫩江流域)是满语的主要分布地区。爱新觉罗·乌拉熙春根据这些地方满语的分布及发展情况,将其分为嫩江满语和黑龙

①　清实录(五).圣祖实录(二)卷一一二[Z].北京:中华书局,1985.

②　清史稿[Z].北京:中华书局,1977.

③　谢春河.清初瑷珲驻防八旗研究[J].满语研究,2006(1):42.

④　万福麟,张伯英,崔重庆.黑龙江志稿卷二十九[M].哈尔滨:黑龙江人民出版社,1992.

⑤　金启琮.满族的历史与生活:三家子屯调查报告[M].哈尔滨:黑龙江人民出版社,1981.

⑥　满都呼,段瑞渊,宋肃樱,等.满族社会历史调查:黑龙江省爱辉县大五家子乡大五家子村满族调查报告(节选)[M].北京:民族出版社,2009.

⑦　周喜峰.论清朝前期黑龙江地区的驻防八旗[J].求是学刊,2009(6):139.

江满语①。嫩江满语主要分布在嫩江流域的沿江村屯,代表性的是齐齐哈尔富裕县三家子满语;黑龙江满语分布在黑龙江流域的沿江村屯,代表性的是黑河地区大五家子满语。黑河地区满语属于满语北方方言,即乌拉熙春所称的黑龙江满语,主要分布在黑龙江沿岸的大五家子满族乡(红色边疆农场)、孙吴县沿江满族达斡尔族自治乡及其他的一些满族聚居村屯,这些地方的满族大部分是萨布素驻防八旗官兵及水师营的后代。目前,黑河地区沿江的满族村屯,如大五家子(红色边疆农场)、下马场、蓝旗村、黄旗营子、小乌斯力村、卡伦山、四季屯等仍有个别满族老人能够使用满语进行交流。其中,大五家子(红色边疆农场)、蓝旗村、四季屯、宏伟村具有一定的代表性。

1. 大五家子(红色边疆农场)。大五家子乡位于黑河市瑷珲区东南部,有大五家子村、下马场、蓝旗村、甄民村四个自然村,原属爱辉县,1958—1967 年曾成立满族自治乡,现为红色边疆农场场部和第七生产队。大五家子形成于清康熙年间,因村里关、臧、杨、吴、富五个姓氏的人最多而得名,是萨布素驻防八旗形成的村屯。乌拉熙春认为,"大五家子由于萨布素驻防旗人的缘故,基本形成于康熙年间"。②大五家子原是满语基础最好的村落之一,1946 年之前,全村居民基本都使用满语进行交流。1964 年,王庆丰等学者对大五家子满语进行田野调查时,村里主要以满语为交际语言。1986 年季永海等人来此调查时,村里还有很多人能够讲满语。2003 年,郭孟秀来此调查时,仅剩个别满族老人能说满语。③但近十多年来,这里的满语以极快的速度消亡,目前已基本没有能够熟练使用满语的母语者了。

2. 蓝旗村。蓝旗村是原大五家子乡的一个自然村,约建于康熙二十六年(1687),是雅克萨之战胜利后移驻此地的正蓝旗官兵形成的。1984 年 5 月,以原西岗子镇的坤河、富拉尔基、蓝旗村、新民屯、红旗和爱辉镇的黄旗营子等 6 个生产大队为基础,成立了坤河达斡尔族满族乡,蓝旗村为该乡的村屯之一。蓝旗村的满语和大五家子情况相近,但来此处进行满语调查的人员却不多,1986 年,刘景宪等人来此进行过满语田野调查,对研究该地的满语具有重要的意义。

3. 四季屯。四季屯是孙吴县东北部黑龙江右岸的一个沿江村屯。据目前屯中仍能熟练使用满语的何世环老人讲,屯中张、富、关、臧四个姓氏的人最多,原叫四

①　爱新觉罗·乌拉熙春.满洲语语音研究[M].东京:东京玄文社,1992.

②　爱新觉罗·乌拉熙春.现代满语方言使用者的历史渊源[Z].呼和浩特:远方出版社,1996.

③　郭孟秀.黑河地区满语使用现状调查研究[J].满语研究,2003(2):83.

家子屯,后因"春夏秋冬"四季而更称为四季屯,原是萨布素驻防官兵的一个屯垦点。据孙吴县志记载:"康熙二十三年(1684),一些吴姓的八旗兵从宁古塔迁移到现在四季屯的地方,同年一批何姓人家从宁古塔移居于今东、西霍尔莫津屯。"爱新觉罗·乌拉熙春提出,"四季屯由康熙年间的驻防旗人形成,四季屯的历史,至迟到康熙末年"。[①] 20 世纪 60 年代,满语是村里的日常语言,后迁入的汉人也会说满语。1986 年,刘景宪、季永海、白立元、黄锡惠来此调查时,该地满语情况还保留得很好。2003 年,据郭孟秀调查,村里仅剩十多位满族母语者能够使用满语进行交流,但熟练程度已大不如从前。[②]随着时间的流逝,这些老人大多都已去世,目前仅有何世环一人能够熟练使用满语。从 20 世纪 80 年代至今,众多学者来此进行满语田野调查时,大部分都是由何世环老人配合完成的。2003 年吉林省中国满族说部集成编委会采录了何世环老人说的满语《尼山萨满传》,并于 2007 出版了《满族口头遗产传统说部丛书》,随书附带一张光盘,向国内外展示了满语的鲜活形态,为研究满语口语提供了珍贵的资料。

4. 宏伟村。宏伟村旧称渔亮子,是逊克县车陆乡紧邻黑龙江的满族村屯。逊克县于光绪三十二年(1906)置县,二十六年(1900)"庚子俄难"中幸存的江东六十四屯难民来此定居,满语被带到此地。宣统二年(1909),黑龙江发生水灾,五十多户灾民移居到逊河、车陆等地,灾民们所用的满语也被带到当地。宏伟村满族人较多,大多数是葛、臧、关、吴等姓氏,20 世纪五六十年代时,村里很多人,包括孩童都能使用满语交流,后因改革开放和学校的教学普及汉语,便都改用汉语了。1987年,刘景宪等人来此进行满语考察时,满语保存尚好。2003 年,郭孟秀来此调查时,仅剩 70 岁以上的个别满族老人能讲满语,但平时都已不说了。[③] 目前,该地满语已基本消亡。

从上述几个满语点的情况来看,满语在黑河地区早已失去了交际功能,并出现传承断代的现象,已濒临消亡。黑河地区满语从清初驻防八旗时期的兴盛到当前濒危的境地,是各种社会环境因素影响和制约的共同结果。

1. 民族的接触融合。民族的接触直接导致了各民族不同文化的碰撞与交流。明末女真人南迁后,与汉民族接触和交往逐渐增多,一些女真人开始学习汉族的语

---

① 爱新觉罗·乌拉熙春.现代满语方言使用者的历史渊源[Z].呼和浩特:远方出版社,1996.

② 郭孟秀.黑河地区满语使用现状调查研究[J].满语研究,2003(2):85.

③ 郭孟秀.黑河地区满语使用现状调查研究[J].满语研究,2003(2):87.

言及风俗文化。清入关后,满汉两个民族开始了大范围深层次的接触交往,很多满人被汉文化同化,到清末时期,熟练使用汉语言、族际通婚已成为普遍现象。在汉文化的吸引和感召下,众多满人放弃了满语,直接转用汉语,最终导致了满语被弃用。

2. 时代的发展变迁。改革开放后,大量的汉族人口进入了黑河地区,人口的增多和汉语的广泛使用打破了这里封闭的满语格局。在时代大潮的冲击下,很多当地人走出了原来的生活圈,见到了外面的精彩世界,开放意识越来越强,希望发展经济、过上幸福生活的信念使他们积极主动学习汉语,融合汉文化,满语对他们已是"无用",甚至是"障碍"。在这样的社会大环境下,除了一些研究机构和专家学者外,很少有人愿意再学习和使用满语,因此,该地区的满语使用者越来越少,逐渐退出了历史舞台。

3. 交际环境的消亡。黑龙江地区的满语能够保留到现在,偏僻的地理环境和封闭的语言环境是重要的因素。随着社会的发展和科技的进步,很多时代内容和科技知识都是满语无法承载的。日常生活中,汉语充当了重要的载体和媒介,使得满语失去了语言交际与文化承载的功能。而在那些偏远的满族村屯,满语则只在一些高龄的满族老人间使用,随着这些老人的逝世,整个满语的交际环境已不复存在,满语成为了一种"死"的语言,消亡已是大势所趋。

4. 语言认同感的消失。当今社会发展日新月异,新事物层出不穷,科技深刻地改变着人们的生活,网络、微信、微博等快捷、方便的新型交流方式得到了广泛的运用,不仅拉近了人与人之间的距离,也是当今社会知识和情感传递的主要渠道。作为一门失去交际功能的语言,很少有年轻人对其感兴趣,更谈不上主动学习和使用,满族年轻一代对满语认同感的丧失,直接导致了满语传承断代、后继乏人。

三、黑河地区满语的调查情况

当前黑河地区满语的田野调查大多是围绕大五家子一带展开的。1985 年,满都呼等 4 人对大五家子进行了民族调查。调查显示,当时 50 岁以上的人通用满语,特别在家庭内讲得更为普遍。40～50 岁的人满汉语通用……10 岁以下的既听不懂满语,又不会说,已通用汉语了。[①] 20 世纪 80 至 90 年代,刘景宪、季永海、黄锡惠、赵阿平等学者对此地的满语口语情况进行了考察,特别是 1986 年,刘景宪等人

---

①　满都呼,段瑞渊,宋肃樱,等.满族社会历史调查:黑龙江省爱辉县大五家子乡大五家子村满族调查报告(节选)[M].北京:民族出版社,2009.

做了比较系统的口语调查,走访了多位能够熟练运用满语交流的满族老人,进行了详细的记录和录音,较好地反映了当时的满语状况。2003 年,郭孟秀等人对该地的大五家子、孙吴县沿江满族达斡尔族自治乡、逊克县车陆乡宏伟村等 7 个地点的满语状况进行了调查,形成了《黑河地区满语使用现状调查研究》。报告显示,20世纪 60 年代中期以前,该地区的满语仍有很大的使用范围,后来随着汉人迁入和满语程度好的老人去世,便甚少有人使用了。[①] 2017 年至 2018 年,笔者对黑河地区进行满语田野调查时发现,目前该地区仅剩四季屯一位满族母语者能熟练使用满语。通过上述调查可知,黑河地区的满语已退出历史舞台,基本无人再用其沟通交流,但仍有人具备使用交际的能力。

第三节　黑河地区满语的元音系统

一、元音的概念与发音特征

元音是与辅音相对的语音学概念。语音学上,元音是指气流通过口腔而不受阻碍发出的音,元音与咽腔、口腔、鼻腔等有着十分密切的关系,口腔中舌位的改变引起声腔形状的改变,形成了不同的元音。有学者认为元音"只受口腔开合、舌体升降或嘴唇圆展的节制和共鸣,气流出声门以后,在口腔的通道上受不到发音器官任何部位的阻碍"。[②]这种说法从生理方面说明了元音的形成特征,但也存在一些不足,例如无法去除个别类似元音的辅音,对一些擦化的舌面元音和舌尖元音不能充分涵盖。Ladefoged 从音系学出发,提出"元音是占据一个音节的核心位置并且发音时没有阻碍的音"。[③]《国际语音学会手册》认为,"声道闭合或者接近闭合状态的音是辅音,声道打开状态的音是元音,只要气流经过口腔没有受到任何阻碍的音就是元音"。[④]这些定性较为客观和全面,能够体现出元音的特点,还能够涵盖一些特殊的元音。

二、满语元音的分类

为了更加清楚地说明各种元音之间的区别,做到细致的描写,需要对元音的种

①　郭孟秀.黑河地区满语使用现状调查研究[J].满语研究,2003(2):82.
②　罗常培,王均.普通语音学纲要[M].北京:商务印书馆,1981.
③　彼特·赖福吉.语音学教程[M].北京:北京大学出版社,2011.
④　国际语音协会.国际语音学会手册[M].江荻,译.上海:上海教育出版社,2008.

类进行区分。这方面的标准和方法很多,不同的学者有着不同的见解,本书针对满语元音的特点,综合林焘、王理嘉的《语音学教程》,Ladefoged 的 *Vowels and Consonants* (2001),孙锐欣的《元音的实验和计算研究》,朱晓农的《语音学》和王庆丰、爱新觉罗·乌拉熙春等学者关于满语语音的研究成果,把满语的元音分为以下几类。

1. 根据发音时舌的前后位置将元音分为前元音、中元音、后元音。

前元音:发音时舌体自然平展,舌尖轻触下齿发音。例如,大五家子满语 ilan(三)、itçime(染布)、borori(秋)等词中的 i。

中元音:发音时舌中部隆起,稍显紧张,然后气流从口腔流出发音。例如,汉语拼音的 a、英语的 i。

后元音:发音时舌根部隆起贴近软腭发音。例如,大五家子满语 ulin(财产)、xuxur(大五家子)、tumun(万)、duin(四)等词汇中的 u。

2. 根据发音时唇形的圆展可将元音分为圆唇元音和不圆唇元音。

圆唇元音:发音时嘴唇前凸呈现出圆形。例如,大五家子满语 omo(池子)、xodoŋ(快)、botʂo(颜色)、orxo(草)中的 o。

不圆唇元音(展唇元音):发音时嘴唇形状自然,呈扁平的形状。例如,大五家子满语 emi(母鸡)、evəme(玩耍)、velə(工作,干活)中的 e。

3. 根据发音时舌位的高低可将元音分为高元音、半高元音、半低元音、低元音。例如,大五家子满语中 ytʂame(痒)、çygia(牛角)、molydzə(毛驴)、çyʂgu(褥子)中的 y。

4. 根据元音组合的数目可将元音分为单元音和复合元音。

单元音:发音过程中音质没有发生改变的元音,如大五家子满语 ama(父亲)、maʁala(帽子)、dalba(旁边)、bira(河)、aʁdzən(雷)中的 a、ə。

复合元音:发音过程中音质发生改变的元音,包括二合元音、三合元音、四合元音等。大五家子满语 faitqu(锯子)、məixə(蛇)、tuizin(铜)中的 ai、əi、ui 都是二合元音;大五家子满语 biau(表)、miau(庙)中的 iau 都是三合元音。

三、黑河地区满语的单元音

黑河地区满语属于满语北部方言,主要以大五家子满语为代表。根据王庆丰、刘景宪及笔者的调查,本书对大五家子(红色边疆农场)、坤河乡蓝旗村、孙吴县沿江乡四季屯和逊克县车陆乡宏伟村等满语点的语料进行了总结归纳。因这几个满语点距离较近,元音系统基本相同,可以将其归纳为 8 个元音音位:a、ə、i、o、u、ɛ、e、y,详见表 1-3-1。

表 1 - 3 - 1　黑河地区（大五家子）元音音位表

序号	元音	舌位描写	例词	备注
1	ɑ	前、低、展唇元音。 比国际音标[ɑ]要往前一些，并比[ɑ]高一些，其舌位大概位于[A]与[ɑ]之间。	ɑmba(大,大的) ania(年)	
2	ə	后、次高、展唇元音。 该元音介于国际音标[ɛ]与[ɯ]、[ɣ]之间。	əɣə(坏,不好) əmkəŋ(一、一个)	
3	i	前、高、展唇元音。 音值与国际音标[i]的发音一致。在辅音 dz、ts、s、dʐ、tʂ、ʂ、ʐ 之后读作舌尖元音：ɿ、ʅ。	iɣan(牛,丑) ilatçe(第三)	
4	o	后、次低、圆唇元音。介于国际音标[o]和[ɔ]之间,舌位近似于[ɔ]。	oɣo(胳肢窝) omol(孙子)	
5	u	后、高、圆唇元音。 有时在小舌辅音和前化、弱化的影响下读为 ʊ、o、y。	urgun(喜) uʔgo(肺)	
6	ɛ	前、次低、展唇元音。	ɛxoto(爱辉) gukumbɛ(秋千)	
7	e	前、次高、展唇元音。 有时与二合元音 əi 的发音相近。	bətʂənəme(拌嘴,吵架) saɣale(黑)	
8	y	前、高、圆唇元音。 有时书面语中的 i 受前后圆唇元音的影响,在口语中读为 y。	lydzə(驴) nyniaɣa(鹅)	

四、黑河地区满语的复合元音

黑河地区满语的复合元音比较复杂,数量也较多,但相关研究成果却鲜见。本书根据王庆丰的研究和有关调查材料,将其归纳为 16 个二合元音：ai、əi、ui、au、əu、ia、io、iu、ie、yɑ、ye、yɛ、ua、uə、uɛ、ue(其中,前响二合元音 5 个：ai、əi、ui、au、əu；后响二合元音 11 个：ia、io、iu、ie、yɑ、ye、yɛ、ua、uə、uɛ、ue；三合元音 2 个：uai、iau,详见表 1 - 3 - 2。

表 1-3-2 黑河地区满语复合元音简表

复合元音			例词
二合元音	前响二合元音	ai	maidzə 小麦 daifu 大夫,医生
		əi	bəi 碑(文) əivme 玩
		ui	tuiɣe 云,云彩 tuire 冬天,冬
		au	pau 炮,大炮 dzauləme 照(镜子)
		əu	tsəuçar 抽屉 ləu 楼
	后响二合元音	ia	bia 月亮 niama 人
		io	gio 狍子 xonio 羊,绵羊
		iu	muniu 猴子 niuɣo 狼
		ie	jelie(肥)肉 nieɣə 鸭子
		ya	kyaŋdoləme(拳)打 yan ʂuai 元帅
		ye	yebiŋ 月饼
		yɛ	nyɛnyme 嚼(东西) tçyɛləme 揣(面)
		ua	xuazəŋ 纸 uazʃme 活(过来)
		uə	guəizɣəuŋ 胃 dzuə taŋŋo 二百
		uɛ	kuɛtçirme 打呼,打鼾 uɛlame 结成(冰)
		ue	sueme 和面 nuŋŋue 椴树

表 1 - 3 - 2(续)

复合元音		例词
三合元音	iɑu	dʐiɑu 窖 liɑu 料(喂马的料)
	uɑi	suɑiɕiɑn 甩弦(捕鱼的用具) yan ʂuɑi 元帅

本章小结

本章结合有关文献资料对黑河地区满语的历史来源进行了探讨,认为黑河地区满语主要来源于清初萨布素驻防八旗兵丁及其后裔的语言,因其驻地位置及人口的发展变迁,使得黑河地区满语主要分布在嫩江、黑龙江流域沿岸聚居的部分满族村屯。针对当前黑河地区满语濒危的现状,本书从民族的接触融合、时代的发展变迁、交际环境的消亡、语言的认同感消失等方面对满语从清初的兴盛到当前的濒危进行了探讨,认为满语濒危是各种社会环境因素影响和制约共同作用的结果。为了后续研究的需要,本章在前人研究的基础上,结合实际田野调查的语料,将黑河地区满语的元音音位归纳为 8 个:ɑ、ə、i、o、u、ɛ、e、y,复合元音 18 个,其中二合元音 16 个,三合元音 2 个。

第二章　元音的实验研究

第一节　元音实验概述

一、实验语音学及其发展

语音学是专门对人类语音进行研究的学科。传统的语音学利用舌的高低、前后和唇形的圆展进行研究,这种方法为语音学研究发挥了重要的作用,但也存在一定的不足,"人耳听辨语音的能力有限,即使是经过严格训练的语音学家,所记录的也只能是他所听到的声音的主观印象"。①为提高语音研究的客观性和精确度,19世纪初,一些语音学家运用实验仪器对语音展开研究,经过发展完善和实践运用,形成了实验语音学,当前在语音的研究方面发挥着越来越重要的作用。实验语音学可以理解为"靠仪器的帮助精密分析发音生理和物理现象的学科"②。它的研究内容主要有三个方面:"一是人的发音机制;二是语音在空气中传播的物理特性;三是语音被人耳接收后形成听觉和理解等过程,这一系列的语音产生过程构成一整套'言语链环'"。③

实验语音学的发展历程,学界根据不同的标准将其分为不同的阶段。吴宗济、林茂灿按时间顺序把实验语音学的发展分为五个时期。④王理嘉将其分为三个阶段:"以生理实验为主的阶段、以声学实验为主的阶段和实验语音学的全面发展阶段"。⑤还有的以标志性事件为依据,将其分为肇始期、发展期、革新期和现代期四个

①　林焘,王理嘉.语音学教程[M].北京:北京大学出版社,1992.
②　罗常培,王均.普通语音学纲要[M].北京:商务印书馆,1981.
③　曹建芬.什么是实验语音学:语言学百题[M].上海:上海教育出版社,1983.
④　鲍怀翘,林茂灿.实验语音学概要(增订版)[M].北京:北京大学出版社,2014.
⑤　王理嘉.实验语音学与传统语音学[J].语文建设,1989(1):55-57.

发展阶段。①

本书对实验语音学的发展概况进行了总结和归纳,以时间为标准,将实验语音学的发展分为三个时期。

1. 启蒙奠基时期。这是实验语音学的萌芽时期,主要以生理实验为主,研究者借助医学上的浪纹计、假腭、喉头镜等仪器对人体发音部位的发音气流、声带动作等进行测量,深化了对元音特征和有关规律的认识,并形成了至今仍在使用的元音舌位图,对元音声学特征的研究具有重要的意义。

2. 仪器实验时期。科技的发展为语音实验提供了丰富的实验仪器,从 20 世纪 60 年代起,研究者们开始大量使用仪器进行语音实验。例如,运用肌电仪测量发音时肌肉的细微变化,利用 X 光电影摄像机拍摄发音部位的连续动作,等等。实验仪器的大量运用,使实验语音学得到了较大的发展,语音实验中被广泛运用的语图仪就是这个时期发明的。语图仪可以将声音转换为语图,使耳听变为眼看,推动了语音研究从主观观察走向客观分析。

3. 信息技术时期。随着计算机技术、软件技术的发展,计算机在语音研究方面得到了广泛的应用,促进了实验语音学的全面发展,实验语音学成为涉及生理学、心理学、计算机科学等多领域的综合性学科,众多的专家学者通过现代信息技术与语音实验的结合,揭示了大量的语音现象,为语音研究的深入开展提供了条件。

从上述发展历程可以看出,实验语音学是伴随着科技的发展而发展的,大量实验仪器的发明及计算机信息技术的进步,使得语音的研究突破了传统的"口耳"之术,通过实验仪器定量分析和大量实验数据的处理,使得语音研究从主观观察转为客观分析,从静态局部描写转变为量化客观的把握,极大地推动了语音研究的发展。目前,语音实验在汉语普通话及方言语音的研究方面得到了普遍的运用,但在少数民族语言及有关争议问题等方面的研究还需要加强,相信随着实验语音学的深入发展,语音实验能够成为少数民族语言语音研究的重要手段和得力助手。

二、元音实验的软件及方法

当前,元音实验主要是使用语音分析和数据处理软件对元音进行分析和研究,常用的软件主要有 Speech Analyzer、Matlab、Lab View、Praat 等。

Speech Analyzer 软件是一款免费的语音分析软件,使用该软件可以检测基频、分析语图、添加标注等,这款软件刚推出时在语音研究方面发挥了重要的作用,后

---

① 贾洪伟. 实验语音学史考:兼谈"口耳之学"与实验语音学技术在田野调查中的功用[J]. 安庆师范学院学报,2014(6):125 – 126.

来由于功能不够齐全,软件开发缓慢,现在使用的人已经不多了。

Matlab 软件是美国 Mathworks 公司推出的科学计算软件,具有强大的数据处理能力,在矩阵分析、数学建模等方面得到了广泛的运用。该软件可以对语音实验数据进行处理,也可以用于信号的静态分析。使用该软件时,可以直接运用其提供的功能,也可以根据实验需要设计脚本程序实现特定功能。

Lab View 软件是一款图形化的编程工具,由美国的 National Instruments 公司开发,可以运用该软件搭建虚拟语图仪,实现对语音的实时分析。

Praat 软件是当前运用最广泛的语音实验软件,由荷兰阿姆斯特丹大学开发,该软件可以对语音进行分析和标注,获得音高、时长、共振峰频率等数据,生成语图和表格供实验者进行研究和分析。

一个完整的元音实验,主要是通过录音、元音实验、数据处理和数据分析等步骤实现的。

1. 录音。录音是进行元音实验的基础和前提,可以运用数码录音笔或计算机软件进行,语料录制完毕后,要及时对录音文件进行标记,以便进行语音实验时使用和存档。

2. 元音实验。对所录语料进行实验是元音实验的核心部分,至关重要。数据测量的精确与否、实验分析是否合乎实际都能够对实验结果造成重要的影响。因此,进行元音实验时,一是要注意选用合适的实验工具,科学设计实验步骤;二是要注意标明有关实验条件;三是要及时、认真记录实验结果,认真分析讨论,确保实验的客观准确。

3. 数据处理。进行元音实验,实验数据是关键。所有的实验分析和取得的结果都建立在实验数据上,离开了实验数据,语音分析和讨论就无从进行,因此要如实记录实验数据。进行数据处理时,可以运用一定的数学方法,使之能够更好地为实验服务,使实验更具有说服力。

4. 实验分析。元音实验时,可以在实验开始前进行合理预期或提出合理假设,而后运用实验数据进行定量分析,再对预期或假设进行验证,并与实验结果相比较,得出符合实际的实验结论。

三、元音实验的应用

近年来,计算机信息技术的发展越来越快,语音实验软件也得到了广泛运用,实验语音学已经进入新的发展阶段。当前,元音实验的应用主要有三个方面。

1. 共振峰的研究。共振峰频率是体现元音本质、反映元音特点的数据。在汉语元音共振峰研究方面,有的学者很早就开始进行了。20 世纪 60 年代,L. R. Brotzman 测量了汉语元音的共振峰数据。Howie 使用语图仪对北京话元音的共振峰进行了测量。吴宗济通过语音实验,对普通话的元音和辅音频谱进行了测算,给出了具体的测算方法、元音声位图和一些共振峰数据。张家际、齐士钤、吕士楠设计了一种新的获取共振峰数据的方法,求得了普通话 10 个单元音的 F_1 和 F_2 的均值。孙锐欣也在其博士论文中提出了多发音人元音共振峰数据的标准化解决方案,不但提供了计算的过程,还讨论了算法的优点和应用实例。这些成果对元音共振峰的提取和测量具有很好的指导意义。

2. 语图的研究。语图是一种语音频谱图,是通过语图仪或计算机软件做出的,语图上能够显示共振峰杠,以此表现语音的声学特征。鲍怀翘从发音生理的角度对 5 位发音人普通话单元音的调音器官的舌位等进行了初步的研究。吴宗济主编的《汉语普通话单音节语图册》给出了普通话元音前三个共振峰的数据及声位图。杨顺安的论文《从声学语音学的角度对普通话元音音位系统的初步研究》对元音的共振峰数据进行了测量,绘制了声学元音图,对普通话元音音位系统做了研究和分析。

3. 元音的定位研究。鲍怀翘、阿西木的《维吾尔语元音声学初步分析》一文运用语图仪绘制了三维语图和 JOOS 声学元音图,对维吾尔语每个元音的第一、第二共振峰进行了测量和分析,对维吾尔语元音进行定位。呼和在《蒙古语元音的声学分析》一文中,对这一实验方法也进行了较为全面的论述。

虽然当前元音实验研究的成果较多,相关的研究也较深入,但总的来看,整体水平还有待进一步提高,相关技术标准仍需细化。下一步,还需要建立更多的少数民族语言语音数据库,提高实验分析能力和经验,规范实验流程和技术标准,不断推进元音实验研究的深入开展。

第二节　国际音标标准元音的声学描述

一、国际音标标准元音概况

"标准元音系统是通过'元音空间'对元音进行描写的,'元音空间'包含了元音产生的舌位关系,用'元音四边形'来表示"。[①]为了描述元音,人们将元音高低四度和前后两度的 8 个点作为元音的标尺,分别用[i]、[u]、[e]、[o]、[ɛ]、[ɔ]、[a]、[ɑ]表示,这 8 个元音就是标准元音,也被叫作"主要正则元音",是描写其他元音的参考和依据。此外,还结合唇的圆展定义了 8 个"次要正则元音",加上央、

① 　国际语音协会.国际语音学会手册[M].江荻,译.上海:上海教育出版社,2008.

高元音[ɨ]和[ʉ],形成了 18 个标准元音。实际应用中又增加了 3 个元音,共计 21
个元音,按照一定的规则排列后形成了国际音标标准元音。关于标准元音的音值,
《国际音标语音学会手册》(2008)按照舌位的高低、前后和圆展给出了具体的描
写,并附有国际音标符号计算机编码。①为了便于国内的研究使用,林焘、王理嘉用
北京话和汉语方言例字对 21 个常用的国际音标元音音值逐一进行了描写,其中的
16 个标准元音音值如表 2 – 2 – 1。

表2－2－1　国际音标16个标准元音音值表②

序号	元音	舌位描写	例词	备注
1	[i]	前、高、不圆唇	北京"衣"[i]	
2	[e]	前、半高、不圆唇	厦门"提"[t'e]	
3	[ɛ]	前、半低、不圆唇	北京"灭"[miɛ]	
4	[a]	前、低、不圆唇	北京"安"[an]	
5	[y]	前、高、圆唇	北京"鱼"[y]	
6	[ø]	前、半高、圆唇	苏州"南"[nø]	
7	[œ]	前、半低、圆唇	广州"靴"[hœ]	
8	[ə]	央、中、不圆唇	北京"恩"[ən]	
9	[ɯ]	后、高、不圆唇	合肥"楼"[nɯ]	
10	[ɣ]	后、半高、不圆唇	北京"鹅"[ɣ]	
11	[ʌ]	后、半低、不圆唇	松江"脱"[t'ʌ]	
12	[ɑ]	后、低、不圆唇	北京"肮"[ɑŋ]	
13	[u]	后、高、圆唇	北京"乌"[u]	
14	[o]	后、半高、圆唇	成都"哥"[ko]	
15	[ɔ]	后、半低、圆唇	广州"火"[fɔ]	
16	[ɒ]	后、低、圆唇	苏州"卖"[mɒ]	

　　需要指出的是,国际音标标准元音不是某种具体的语言,而是描述元音的标尺
和参照,可以以此为参照对元音进行定位和描写,本书将使用其中的 16 个常用元
音(本书简称"国际音标",下同)为参照,对黑河地区满语元音进行声学实验。

①　国际语音协会.国际语音学会手册[M].江荻,译.上海:上海教育出版社,2008.
②　林焘,王理嘉.语音学教程(修订版)[M].北京:北京大学出版社,2013.

二、国际音标标准元音的声学实验

对元音进行实验研究,需要确定一个参考的标准,国际音标标准元音就是描述元音的标尺和参照。1967 年,ladefoged 测量了语言学家 Daniel Jones 等所发的标准元音 F_1 和 F_2 数据,认为“前元音的 F_1、F_2 和 F3 是彼此分离的,后元音的 F_1、F_2 常常合并或者差距很小,由于发音人的生理条件不同而具有人际差异,这些共振峰数值可供参考”。① 2009 年,孙雪采用元音格局的方法“对一些学者发出的国际音标主要元音进行了研究,与 26 种自然语言的主要元音声学特征进行了对比,对国际音标元音在不同条件下的声学特性进行了归纳分析,认为国际音标元音的原则、设计、使用和观念符合人类语言的共同规律,为人类所有类型的语音分析得以被广泛理解提供了必需的资源”。②由于实验发音人都是中外著名的语言学专家,母语是不同的语言,因此实验结果具有一定的代表性,可以作为国际音标标准元音的参考数据。

实验时,为了准确说明元音各共振峰之间的相互关系,可以采取多人发音计算平均值的方法,避免人为因素的影响。20 世纪 50 年代,G. E. Peterson 和 H. L. Barney 对 76 个美国人英语元音的共振峰频率进行了平均值计算。③吴宗济对男、女和儿童等 12 位发音人的普通话元音进行了测量,得出了普通话单元音共振峰频率平均值,④为普通话元音实验提供了重要的参考。为了给黑河地区满语元音实验提供参照,本书以孙雪论文中 11 位中外学者所发的 15 个国际音标单元音共振峰数据为参考,并采用多人发音计算平均值的方法,对这些数据进行了平均值计算,以此对黑河地区满语元音进行实验分析。这些数据只是国际音标主要元音的参考数据,不代表国际音标标准元音的具体数值。有关数据见表 2 – 2 – 2⑤。

① 鲍怀翘,林茂灿.实验语音学概要(增订版)[M].北京:北京大学出版社,2014.

② 孙雪.国际音标符号系统之元音声学特征分析[D].天津:南开大学,2009.

③ PETERSON G E,BARNEY H L. Control methods used in a study of the vowels[J]. Reprinted from the Journal of the Acoustical Society of America,1952(2):175 – 184.

④ 吴宗济.普通话元音和辅音的频谱分析及共振峰的测算[J].声学学报,1964(1):33 – 40.

⑤ 注:元音 ə 的 F_1、F_2 数据仅为服部四郎所发的一组数据,其他 10 位中外学者所发国际音标中无单元音 ə 的 F_1、F_2 数据,为了开展研究,本书参考孙雪论文内其他 26 种语言中含有单元音 ə 的 7 种语言的数据,并做了平均值计算,仅作为黑河地区满语单元音 ə 的参考,不代表国际音标主要元音 ə 的实际数据。

表 2 - 2 - 2　国际音标标准元音 F_1、F_2 数据平均值统计表①

	i	e	ɛ	a	ɑ	ɔ	o	u	y	θ	œ	ɒ	ʌ	ɣ	ɯ	ə
F_1(Hz)	277	420	623	846	694	520	407	310	291	404	566	667	598	455	334	525
F_2(Hz)	2 278	2 149	1 848	1 371	984	784	684	647	2 032	1 705	1 517	898	1 097	1 112	1 209	1 502
样本数	11	11	11	11	10	11	11	11	11	11	11	11	11	11	11	8

三、国际音标标准元音的声学分布

根据表 2 - 2 - 2 中的数据,利用 Matlab 软件,做出国际音标主要元音的声学分布图(图 2 - 2 - 1)如下:②

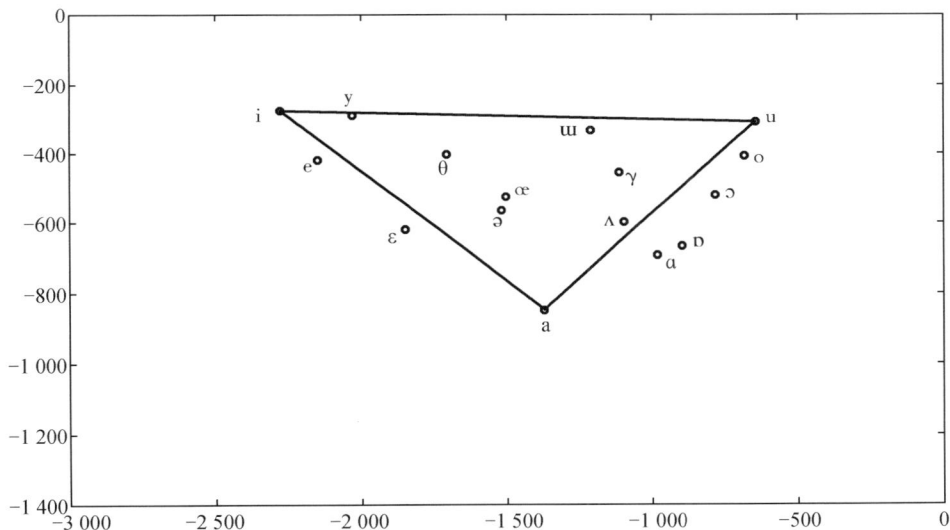

图 2 - 2 - 1　国际音标 15 个标准元音声学分布图

从图 2 - 2 - 1 中可以看出,在不考虑唇形圆展的情况下,11 位学者所发的 15 个主要元音中,[i]、[a]、[u]三个元音分别位于声学元音图的顶点位置,是三个顶点元音,其中[i]位于图中最前、最高位置,是前、高元音;[a]位于图中前方最低位置,是前、低元音;[u]位于图中最后、最高的位置,是后、高元音。其他 13 个元音

---

① 孙雪. 国际音标符号系统之元音声学特征分析[D]. 天津:南开大学,2009.

② 相关程序见附录 G1。

（含元音ə）①分别分布在以[i]、[a]、[u]为顶点组成的三角形内部或附近。

从前后维度看：前元音7个，分别为[i]、[e]、[ɛ]、[a]、[y]、[ø]、[œ]；后元音8个，分别为[ɯ]、[ɤ]、[ʌ]、[ɑ]、[u]、[o]、[ɔ]、[ɒ]。这里需要指出的是[ə]的位置，《国际音标手册》关于[ə]的描述是央元音，但图中[ə]的位置明显靠前，比[a]和[œ]还要靠前，达到了前元音的位置；从高低维度看：高元音4个，分别为[i]、[y]、[ɯ]、[u]；半高元音4个，分别为[e]、[ø]、[ɤ]、[o]；半低元音4个，分别为[ɛ]、[œ]、[ʌ]、[ɔ]；低元音3个，分别为[a]、[ɑ]、[ɒ]。[ə]的参考位置为中元音。

由表2－2－2和图2－2－1可知，国际音标15个主要元音的声学分布具有以下特点。

1. 如果将元音[i]、[a]、[ɑ]、[u]连起来，其连线基本形成了一个四边形，而元音[i]、[a]、[u]的连线则接近等腰三角形，[i]和[u]的连线基本水平。[i]的F_1（277 Hz）和[u]的F_1（310 Hz）相差83 Hz，说明二者F_1值相差不大，舌位比较接近。

2. 15个元音中，[a]的F_1（846 Hz）是16个主要元音中F_1最大的，[u]的F_2（647 Hz）是15个元音中F_2最小的，[a]处于最低位置，[u]处于最后位置。由共振峰数据及图可知，[i]、[a]、[u]分别位于图中前高、前低、后高位置，其中，[i]在前高顶点，[u]在后高顶点，[a]在最低顶点，并接近[i]、[u]连线的中点。

3. 前高元音[y]（F_1 = 291 Hz，F_2 = 2 032 Hz）和[i]（F_1 = 277 Hz，F_2 = 2 278 Hz）相比，F_1之差为14 Hz，F_2之差为246 Hz，可知[y]在[i]稍低、稍后的位置上，二者的舌位高低相差很小，前后距离较近。[a]（F_1 = 694 Hz，F_2 = 984 Hz）和[ɒ]（F_1 = 667 Hz，F_2 = 898 Hz）相比，F_1之差为27 Hz，F_2之差为86 Hz，说明二者的高低和前后相差都不大，[ɒ]在[a]的稍高、稍后的位置。[ɯ]和[u]的F_1之差为24 Hz，F_2之差为562 Hz，高低相差不大，[u]稍高于[ɯ]，但前后框差较大，[u]的舌位位于最后的位置，[ɯ]则相对靠前。

4. 除了三个顶点元音外，[e]和[ɛ]靠近[i]、[a]的连线，[e]的舌位较高，属于半高元音，而[ɛ]的舌位相对低一些，属于半低元音。[ø]位于[i]、[a]连线的前三分之一处，舌位相对较高，属于前、半高元音。[œ]、[ə]接近[i]、[u]连线的中点位置且靠前一些，[ə]的舌位比[ɛ]稍高，[œ]的舌位高低与[ɔ]相近。[ɤ]和[o]、

① 由于元音[ə]的共振峰数据是由26种语言中7种含[ə]元音的语言中统计而来的，不是11位学者所发的国际音标主要元音，因此元音[ə]的位置仅供参考，在分析中不做具体体现（下同）。

[ʌ]和[ɔ]分别在[a]和[u]连线的两侧。[o]和[ɣ]比[ʌ]和[ɔ]稍高。[ʌ]和[ɔ]分别处于[a]和[u]连线的三分之一和三分之二位置处,[ɣ]在[a]和[u]连线的中点稍上位置。[o]的位置较高,接近[u]。

5. 整体来看,15 个元音所占的总体区域较大,除了后高元音[u]较靠后,[e]、[ø]、[ɛ]、[o]和[ɔ]较高,其中[e]、[ø]、[o]高低相近,[ɛ]、[ɔ]、[ɣ]高低相近,[ʌ]稍低些,各元音之间分布比较均匀。

第三节　单元音的实验研究

一、元音的生理特征

关于单元音的传统研究主要是通过舌位的高低、前后和唇的圆展三个生理参数来实现的。1867 年,A. M. Bell 在 *Visible Speech* 中提出了用舌头位置的高低和前后作为标准划分元音,在高低维度上将舌位划分为高、中、低三度,在前后维度上将舌位划分为前、央、后三度,形成了 9 个基本舌位对元音进行描写。同时还使用了圆唇和展唇,使元音的描写和研究更加精确和系统。1877 年,Sweet 在 *A Handbook of Phonetics* 中,提出了 Bell – Sweet 理论[①],对 Bell 的舌位模型进行了修改和完善,使之能够区分 72 个元音。描写元音的三个生理参数中,唇在口腔的外部,只有圆、展两种活动状态,易于观察和描写,而舌在口腔内部,不便于观察和描写,但舌是发出元音的关键部位。面对这种情况,20 世纪初,英国语言学家 Daniel Jones 把一条细金属链放在舌面上,以显示舌头的轮廓,然后他发出不同的元音,请友人用 X 光对着他的口腔拍照,他把照片集中起来进行对照整理,将舌高点连在一起,以显示发元音时舌头在口腔的具体位置,Daniel Jones 根据这些照片设计出了元音舌位图。

由 Daniel Jones 的元音舌位图可知,发出不同的元音时,舌头在口腔内不同位置活动,但活动范围是有限的,近似于一个不等边四边形,用 i、u、a、ɑ 代替四边形的四个顶点,在这个范围内舌就可以发出不同的元音。为了提高描写的精度,Daniel Jones 把舌的上下活动分成"高、半高、半低、低"四度,前后分为"前、后"两度,这样舌的上下和前后活动就可以形成八个点,这就是八个定位元音(图 2 – 3 – 1)。定位元音只表示相应的舌位,不属于具体的语言。研究中可以此为参照进行描写,

---

①　鲍怀翘,林茂灿. 实验语音学概要(增订版)[M]. 北京:北京大学出版社,2014.

为其他元音提供依据和参考。

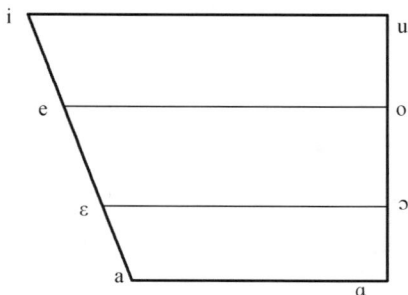

图 2 - 3 - 1　国际音标定位元音简图

20 世纪初,Paul Passy 和 Daniel Jones 又将舌面移动的"高""半高""半低""低"四度,与舌头移动的"前、央、后"三个维度结合起来,形成了 12 个基本舌位,加上唇的圆展两个状态,构成了描述元音的基本舌位参数。1888 年,国际语音学协会公布了"国际语音字母"(IPA),是记录、描写和分析语音的一套精密符号,由元音和辅音两部分组成,其中元音部分就是标准元音的舌位图[①],人们可以通过元音舌位图实现对元音的描写和分析。

传统的元音研究方法直观形象、简单易行,能够说明发元音时舌头的位置与唇形状态,对于元音的研究具有重要的意义。但从另一角度来看,也存在一些不足:一是这种方法借助舌头和唇的生理位置对元音进行描写,主要依靠研究者的观察,对于舌位的具体位置和唇的形态缺乏量化标准,只能概略描述,易造成误解和偏差,难免出现智者见智的现象,导致争议反复出现。二是这种方法对元音的描写和研究,获得的大多是文字描述性的成果,缺乏具体的数据支撑,无法对元音进行深入研究。实验语音学出现后,可获得精确的和可重复的实验数据,能够对元音进行定量分析和描写,将语言描述性的成果变为客观量化的实验结果,可以为解决争议问题提供借鉴。

二、元音的声学特征

元音的声学研究主要表现为元音共振峰与舌位的关系。人们使用语言交流时,气流从开闭的声门通过后成为浊音流,舌头在口腔位置的变化改变了口腔的形

---

① 　国际语音协会.国际语音学会手册[M].江荻,译.上海:上海教育出版社,2008.

状,使气流在口腔中产生不同的共振,形成了不同音色的元音,唇的圆展变化也能使元音的音色发生变化。语音实验发现,发元音时在频谱图上每个频谱都有三个振幅比较强的频率区,在频谱上呈峰状,称为共振峰。[①]

共振峰是元音声学特性的具体表现,与舌在口腔的活动及唇的状态有着密切的关系。Ladefoged 认为"描述元音最好的方法不是描述元音的发音,而是描述元音的声学性质"。关于如何对元音的声学性质进行描写,鲍怀翘、林茂灿认为"前三个共振峰与元音音色有着密切的联系,第一、第二共振峰 F_1、F_2 对舌位、唇形的改变特别敏感,语音学上常把 F_1、F_2 作为描写元音音色的依据"。[②] 经过大量的语音实验发现,元音实验就是依靠前两个共振峰 F_1、F_2 识别元音的,其数值与舌位的高低、前后有着密切的关系,具体如表 2 - 3 - 1 所示。

表 2 - 3 - 1　元音舌位与共振峰频率值关系表

共振峰值 ＼ 舌位	高	低	前	后
F_1	小	大		
F_2			大	小

元音共振峰与舌位对应关系是元音实验的基础。孙锐欣在其博士论文中提出:"元音舌位主要是通过第一共振峰 F_1 和第二共振峰 F_2 的频率高低来界定的,F_1 和 F_2 的频率是研究元音的主要参数"。[③]需要指出的是,上述对应关系不是绝对的,不能将元音舌位图上元音之间的距离机械地(成比例地)与声学元音图上的距离进行比较。只要两种图上的元音排列(高低、前后)的次序是对称的,那么以上关系就可以成立,就具有实际使用的价值,[④]元音实验就是在元音共振峰与舌位的对应关系上开展的。

三、实验数据的处理

进行元音实验,获取共振峰数据是关键。随着计算机及软件技术的发展,可以直接运用 Praat 软件提取共振峰数据并做出语图。如何提取元音的共振峰,孙锐欣

①　林焘,王理嘉. 语音学教程(增订版)[M]. 北京:北京大学出版社,2013.

②　鲍怀翘,林茂灿. 实验语音学概要(增订版)[M]. 北京:北京大学出版社,2014.

③　孙锐欣. 元音的实验和计算研究[D]. 上海:复旦大学,2008.

④　鲍怀翘,林茂灿. 实验语音学概要(增订版)[M]. 北京:北京大学出版社,2014.

提出:"不能简单地测量一个时间点的共振峰频率,而是至少测量两个时间点的共振峰频率,一般可以在遵循 Ladefoged 的选点原则的基础上,选择起始和结束时刻时间点的频率值"。①因此,提取元音的共振峰时要"充分考虑到发音人的生理、心理状态的差异或语境的不同而可能出现的误差",②对此可以进行多次测量,而后取平均值,这样可以有效地消除随机误差。

实验数据是进行声学分析的基础和关键,科学合理的数据处理方式是获得正确实验结果的重要保证。要结合实验需要,合理选取符合实际的数据处理方式,以便进行声学分析和讨论,可以采用归一化和标准化的方法对实验数据进行处理,使之更具有可比较性和统计意义,获得正确的、符合实际的实验结果。

1. 实验数据的归一化。③ 归一化是一种简化计算的方式,通过变换,把数据映射到区间 $[0,1]$ 或 $[-1,+1]$ 内进行处理,将包含量纲的表达式变为无量纲的表达式,成为一种数学纯量,便于比较和归纳。但数据归一化时,由于没有比较的基准,只是通过公式把样本数据进行等比例化,因此归一化后的数据是一个比例值。"元音实验中,通过对元音共振峰数据的归一化处理,元音的格局被抽象出来了,元音格局图中各个元音的相互关系很清楚,但元音格局分布区域的大小'看不出来了'"。④需要指出的是,对共振峰数据进行归一化,虽然能够抹去不同语言和发音人的差异,但也会造成个体和顶点位置的元音无法比较,这也是归一化一个显著的特点。关于这种情况,可以使用数据的标准化进行解决,孙锐欣对这些方法进行了研究,提出可以利用矩阵的 K - L 变换来实现对数据的标准化处理。⑤

---

① 孙锐欣. 元音的实验和计算研究[D]. 上海:复旦大学,2008.

② 同上。

③ 元音共振峰数据的归一化算法:1. 将测到的元音共振峰值转换成 Bark 值(相关的转换公式是 Schroeder 等学者于 1979 年提出的). $Bark = 7\ln\{(f/650) + [(f/650)^2 + 1]^{1/2}\}$(吴宗济、林茂灿. 实验语音学概要[M]. 北京:高等教育出版社,1989.);2. 运用石峰 2004 年提出的 V 值公式把 Bark 值换算成 V 值. $V_1 = [(B_1x - B_1\min)/(B_1\max - B_1\min)] \times 100$. $V_2 = [(B_2x - B_2\min)/(B_2\max - B_2\min)] \times 100$. (时秀娟. 汉语方言元音格局的系统性表现[J]. 方言,2006(4):323-331.)注:$B_1\max$ 是发音人所发元音 F_1 平均值中最大值的 Bark 值,$B_1\min$ 是 F_1 平均值中最小值的 Bark 值,B_1x 是 F_1 平均值的 Bark 值。V_2 照此思路即可求得。如果有多位发音人,将所有发音人的 V_1、V_2 求平均值即可,最后根据求出的 V_1、V_2 值做出 V 值图。(运用公式所处理的数据都是经过统计整理后的平均值数据,不是原始的测量值)。

④ 时秀娟. 汉语方言元音格局的系统性表现[J]. 方言,2006(4):323-331.

⑤ 孙锐欣. 元音的实验和计算研究[D]. 上海:复旦大学,2008.

2. 实验数据的标准化。[①] 标准化是指将数据按一定的比例缩放到指定的区间,以便进一步对数据的特征进行分析。与归一化相比,"标准化最大特点就是先确立比较的基准,而后进行转换和比较,使一些有用的量纲保留下来,体现个体之间的差异。标准化是采用 K－L 变换完成的,通过 K－L 变换获取模式相同而大小不同数据组间的关系,再利用这种关系进行数据标准化"。[②] 标准化后既保留了数据间的关系,还保留了数据的量纲,解决了元音格局中顶点元音不能比较的问题,对于元音的数据处理具有重要的意义。

四、元音舌位图与声学元音图

元音实验中,元音舌位图和声学元音图是两个非常重要的图形,是元音实验分析的基础。元音舌位图是运用 X 光照相的方法对每个元音的舌位状态进行拍照,以硬腭为基准将这些照片重叠在一起,然后用直线连接这 8 个舌位的最高点形成图形,图中各元音的位置仅代表舌位的大致范围,并不是发元音时的实际位置。元音舌位图有 8 个定位元音,不属于任何一种语言,但可以作为测定其他语言元音的"标尺"。实验获得元音主要共振峰数据后,以 F_1 为纵坐标、F_2 为横坐标、右上角为坐标零点,以线性、对数或其他标度为坐标刻度,做出的图形就是声学元音图。该图是在元音共振峰数据基础上形成的,对元音舌位的描写比传统的元音舌位图更为精确,已成为元音分析的重要手段。实际上,元音舌位图和声学元音图之间也有着密切的关系,元音舌位图反映的是发元音时舌位的生理空间,声学元音图反映

---

① 标准化处理方法步骤如下:第一步,选定不同被试元音模式的端点元音。根据 L. Rabiner、H. Juang 的意见,选择元音 a、i、u 为端点元音对元音模式进行标准化处理。如果有 n 个被试,可以得到 n 组元音 a、i、u 的共振峰数据,对此求出平均值,使 F_1、F_2、F_3 的值与三维坐标系中的 X、Y、Z 坐标轴对应起来,这样每个被试都有 3 个三维向量。(1)求出各被试的 3 个三维向量协方差矩阵。(2)求出协方差矩阵的最大特征值,得到的 n 个最大特征值用 Ei 表示,其中 $i \in [1, n]$。(3)在 n 个被试中选择最大特征值最接近 n 个被试最大特征值平均数的那个被试作为标准化的基准,设为 S,也可以指一个被试作为标准化的基准。(4)比较余下的 $n-1$ 个被试与 S 的协方差矩阵最大特征值,得到 Pi = Ei/ES,其中 Ei,$i \in [1, n]$,并且 i 不等于 S。Pi 是多人数据标准化的基础。第二步,运用 Pi 进行标准化处理。如果 n 个被试中有 m 个元音,每个元音选取几个时间点的 F_1、F_2、F_3 的频率值,与三维坐标系的 X、Y、Z 坐标轴相对应,多个测量点的频率依次排列构成 $6X_1$ 或 $9X_1$ 的向量。对 n 个被试而言,m 个元音的向量组成 $6Xm$ 或 $9Xm$ 的矩阵 Ki,$i \in [1, n]$,即为元音矩阵,最后对 S 之外的 $n-1$ 个被试的元音矩阵 Ki,$i \in [1, n]$,并且 i 不等于 S。Ki 的坐标处于几何中心原点。(孙锐欣. 元音的实验和计算研究[D]. 上海:复旦大学,2008.)

② 孙锐欣. 元音的实验和计算研究[D]. 上海:复旦大学,2008.

的是元音的声学空间,利用声学元音图可以把元音及其变体区别开来。因此这两种图形结合起来可以深入探讨元音的声学特性与生理特征,对元音进行综合分析和讨论。常用的声学元音图有以下几种。

1. Joos 声学元音图。1948 年,Joos 提出以 F_2 为横坐标的对数刻度,F_1 为纵坐标对数(或线性)刻度做出声学元音图,该图将元音的 F_1、F_2 与舌位的高低、前后联系起来,较好地实现了与元音舌位图的对称性。通过 Joos 声学元音图,人们对元音的认识开始由生理特征转向声学特征。[①]

2. Ladfoged 声学元音图。1976 年,Ladfoged 以 F_1 的线性标度作为纵坐标,以 $F_2 - F_1$ 的对数标度作为横坐标,做出声学元音图。"这种声学元音图呈平行四边形状,使得高元音与半高元音之间的距离缩短了,并且拉大了低元音之间的距离,因而比较类似于元音舌位图"。[②]

3. Fant 声学元音图。1958 年,Fant 把"元音共振峰的频率值转化为美值(M),而后以 F_1、F_2 的美值线性标度作为横、纵坐标,绘制成了一种新型的声学元音图。该图使各元音距离与听觉距离更加接近,但是制图时需要根据相应的语音系统转换 F_2 值"d[③]

4. Summerfield 声学元音图。1985 年,Summerfield 等人制作了一种新型的声学元音图。他们以 $F_1 - F_0$ 值的巴克尔标度为 X 轴、$F_3 - F_2$ 值为 Y 轴、$F_2 - F_1$ 值为 Z 轴,形成了一种三维的声学元音图,使元音的声学研究进入三维阶段。[④]

上述图形中,Joos 型声学元音图因与元音舌位图具有很好的对应关系而得到了广泛的使用。马丁·裘斯提出"尽管不同的人所发的同一个元音的共振峰频率不同,但是每个人所发的各个元音在声学元音图上的相对位置基本上是稳定的。人的大脑正是以这种相对位置为背景来感知语音的"。以此可以确定元音在声学图上的相对位置。本书借助 Praat 软件提取共振峰数据,运用 Matlab 软件做出 Joos 声学元音图对元音进行声学分析。同时,为了便于研究,本书采用传统语音学的"高－中－低""前－央－后"术语进行论述。

① JOOS,MATIN. Acoustic phonetics[J]. Language,1948(24):1－136.

② LADEFOGED P. The phonetic spceification of the language of the world[J]. UCLA Working Paper in Phonetics,1976(31):3－21.

③ FANT G. Acoustic analysis and synthesis of speech with applications to Swedish[J]. Ericsson Technies,1959(5):3－108.

④ 孙雪. 国际音标符号系统之元音声学特征分析[D]. 天津:南开大学,2009.

第四节　复合元音的实验研究

一、复合元音的概念与分类

复合元音是由两个或两个以上元音组成的,发音时以一个元音为主,从一个元音滑到另一个元音。关于复合元音的概念和特征,中外很多学者做了深入的研究,具有代表性的有以下几种观点。罗常培、王均提出:"复合元音是一个元音向另一个元音的方向滑动,一般来说只有一个成分是成音节的,不能把它看做两个或三个元音相加的总和"。①瞿霭堂认为:"复元音的几个元音中,有一个是主体和响点所在,主体元音前后的元音都有依附的性质,都读得轻、短,同主体元音读得响而长形成鲜明的对比"。② Ladefoged 和 Maddieson 认为:"复合元音有两个独立的目标值,为了与长元音相区别,规定二合元音有两个不同的目标值"。③特拉斯克提出:"复合元音作为单个音节的核心成分,由起始元音以不同的平滑程度过渡到后接元音,两个成分中有一个比较突出,有一个比较不突出,比较不突出的一个或是在前的滑音,或是在后的滑音"。④从以上论述中可以看出,在组成复合元音的各成分中,地位是不相等的,发音时体现了从一个元音向另一个滑动的特点。复合元音可以划分为以下几种类型。

1. 依据开口度及音强的变化分类。特拉斯克依据两个元音开口度及音强的渐变过程,把二合元音分成四类:渐开二合元音(或后响二合元音),即后一个成分比前一个成分开口度大的二合元音;渐闭二合元音(或前响二合元音),即第二元音比第一元音更闭;渐强二合元音,即第二个成分音强较强,比较突出的二合元音;渐弱二合元音,即第二成分的音强较弱,不太突出的二合元音。⑤

2. 根据各成分的特征分类。谢尔巴认为"二合元音可分为真性、假性两种,真性二合元音的两个成分同样紧张清晰,假性二合元音只有一个成分紧张清晰,另一

①　罗常培,王均.普通语音学纲要(修订版)[M].北京:商务印书馆,2004.

②　瞿霭堂.藏语韵母研究[M].西宁:青海民族出版社,1991.

③　LADEFOGED, PETER. World voice: foreign linguistic translation series · classical works [M]. UK:Professional Publishing Group,1996.

④　R. L. 特拉斯克.语言学和音系学词典[K].北京:语文出版社,2000.

⑤　同上。

个成分不太紧张清晰"。①田阡子在其博士论文中提出:"假性复合元音的一个元音响度高,发音时紧张清晰,是主元音,另一个元音发音时响度低,不能完全达到目标值音质,而只是一种向目标值滑动的趋势,居于次要的地位"。②

3. 根据各成分音强强弱分类。假性复合元音可以根据各组成元音的开口度大小、音强弱等特征,分为前响复合元音(主元音在前)、后响复合元音(主元音在后)。前响复合元音的第一个元音响亮度大,音长较长,而第二个元音则较短较弱。后响复合元音的第一个元音较短较弱,但第二个元音却响亮度较大,音长较长。宝玉柱、孟和宝音认为:"后响复合元音,也叫升二合元音,指的是在复合元音中最响的部分即'音响峰',或一个具体成分的音长出现在开头的滑音之后,降二合元音的最响部分首先出现,然后出现滑音"。③

二、复合元音的声学特征

杨顺安、曹剑芬等以北京话的复合元音为样本进行了声学实验,分析了北京话中13个复合元音的语图模式和动态声位图,指出复合元音主要元音的音值受后接尾音的影响,声调的变化一般不会引起复合元音实际音色的变化。④同时"分析了普通话二合元音的动态变化特性,认为其主要体现于元音共振峰(主要是 F_1 和 F_2)的滑移之中"。⑤此外,还有一些学者利用实验的方式对复合元音的性质进行了研究和探讨,这些成果为深入研究复合元音的声学性质提供了参考。大量的语音实验发现,复合元音具有以下声学特点。

1. 音质的连续性。一般情况下,复合元音表现出单音节的特性,其音质具有连续性,各个组成成分都是在一个音节中出现的,如果以两个以上的音节形式出现,就不是复合元音。复合元音发音时舌头是滑动的,音质是连续变化的,这些可以从复合元音的语图上体现出来。语图上,二合元音的共振峰有明显的滑移段,首尾元音间没有明显的界限,反映出复元音舌位滑动的特点。三合元音的语图则体现了舌位在三个点之间滑动,大部分三合元音的中间元音舌位较低,舌位先降后升,中间改变了一次方向,前后两个共振峰的滑移段方向相反。以二合元音[ia]为例,发

---

① 罗常培,王均.普通语音学纲要(修订版)[M].北京:商务印书馆,2004.

② 田阡子.东亚语言复合元音的类型及其渊源[D].北京:中国社会科学院研究生院,2009.

③ 宝玉柱,孟和宝音.蒙古语正蓝旗土语复合元音研究[J].民族语文,2008(4):69 – 70.

④ 杨顺安,曹剑芬.北京话复合元音的实验研究[J].中国语文,1984(2):75 – 77.

⑤ 杨顺安,曹剑芬.普通话二合元音的动态特性[J].语言研究,1984(4):22.

音时从[i]到[a]舌位逐渐下降,音质逐渐变化,其中还有一些过渡音,而不是发完[i]音后直接发[a]音。

2. 共振峰的动态性。复合元音是一种动态变化的元音,分析它们的动态特性,无论是研究语音的理论,还是语音识别和语音合成,都是很有必要的。①从生理角度看,单元音发音时,口腔的形状和舌头的位置是保持不变的;而复合元音发音时,口腔的形状和舌头的位置则是处于变化状态的,这种区别可以借助语图利用共振峰反映出来。从语图上看,单元音的共振峰基本没有变化,共振峰横杠保持平稳状态,而复合元音的共振峰杠则随着频率的变化呈现出动态变化的特征,实验中可以利用这个特征对复合元音进行描写和分析。

3. 各成分的不平等性。组成复合元音各成分的地位是不相等的,其中一个成分占据主要地位,另外的成分则居于次要地位。吴宗济认为:"复合元音两个极点目标值在音质特性上表现出非对称性特点。一个元音目标值的音强比较强,是主元音;另一个元音目标值音强比较弱,处于滑音的地位"。②例如,实验发现前响元音的"后一个"元音或后响元音的"前一个"元音达不到相应的单元音的程度,而是主要元音距离相应单元音音值较近,次要元音距离相应单元音音值较远,主要元音和次要元音表现为非对称性。整个二合元音的主要音段和次要音段整合在一起,使得二合元音成为一个完整的元音音段。

三、复合元音的实验原理与数据测量

实验表明,复合元音发音时,第一共振峰 F_1 的频率值与舌位高低有关,舌位高 F_1 的频率值就小,舌位低 F_1 的频率值就大;第二共振峰 F_2 的频率值与舌位前后有关,舌位靠前 F_2 的频率值就大,舌位靠后 F_2 的频率值就小。实验中可以通过测试所得的共振峰频率值绘制折线图,直观地反映舌位的动态过程。③ 这方面,诸多的汉语普通话复合元音声学研究成果为我们提供了参考,可以以复合元音的 F_1 值作为纵坐标,F_2 值作为横坐标,做出声学元音图,对复合元音进行分析和讨论。

关于复合元音共振峰数据的测量,孙锐欣提出:"如果是二合元音,那么关键点就是开始和结束的点;如果是三合元音,那么关键点就是开始和结束的点外加中部的拐点。可以把元音性不强的韵头看作整个复合元音的组成部分,但是对汉语的后响复合元音和中响三合元音的测量应该在韵头结束的地方作为第一个测量时间

① 杨顺安,曹剑芬.普通话二合元音的动态特性[J].语言研究,1984(1):15.

② 吴宗济.汉语普通话单音节语图册[M].北京:中国社会科学出版社,1986.

③ 高春燕.哈尼族学生普通话复合元音调查分析[J].红河学院学报,2017(5):1.

点,在韵腹开始的地方作为第二个测量时间点"。①贝先明也给出了具体的测量方法:"就单元音而言,一般是该元音的中间位置。如果是二合元音,就得在韵母的靠前、靠后的适当位置选择测量点;如果是三合元音,就得在韵母的靠前、靠后及中间所在的适当位置选择测量点"。②

四、复合元音的声学分析

国外关于复合元音的声学研究从 20 世纪 60 年代就开始了,其中 Lehiste、Holbrook、Gay、Peeters 等学者走在了前列。Lehiste、Holbrook、Gay 在声学实验的基础上把美国英语二合元音划分为开始、过渡和收尾三个阶段,并取得了相应的数据,为二合元音声学研究提供了很好的思路和方法。③④⑤ Peeters 对荷兰语和德语的一些二合元音进行了声学合成,改变了它们的时间结构,获得了它们的动态模式。国内复合元音的实验研究开始得也比较早,其中汉语普通话复合元音的实验成果较多。吴宗济运用声学元音图对汉语普通话的复合元音进行了研究和讨论,杨顺安、曹剑芬分析了普通话的 9 个二合元音的声学特征和动态特性,此外,还有学者从复合元音组成元音的性质及共振峰模式等角度对复合元音进行了论述,加深了对复合元音特点和规律的深入了解和掌握。通过对相关研究成果的梳理,可知目前关于复合元音的实验研究方法主要有以下几种。

1. 语图分析法。这是复合元音实验研究的基本方法,也是比较直观的研究手法。运用 Praat 语音分析软件对样本语料进行处理,生成三维语图,借助语图可以观察到复合元音能量、振幅的大小,以及共振峰模式和发音变化趋势等内容。

2. 共振峰描写法。对复合元音的共振峰按等时间序列测量,将每个测量点的数据连接起来做出复合元音的主要共振峰动程图,观察共振峰在时间序列上的变化,根据主要共振峰数据及动程图分析该复合元音的动态变化特征,通过对复合元音的共振峰模式、时间结构进行研究,总结出复合元音共振峰规律及特点。

3. 成分分析法。依托声学元音图,将复合元音各成分与相应单元音进行比较,观察其在声学分布图中的位置及分布,逐一分析各组成元音的声学特征,总结有关

---

①　孙锐欣. 元音的实验和计算研究[D]. 上海:复旦大学,2008.

②　贝先明,向柠. 实验语音学的基本原理与 Praat 软件操作[M]. 长沙:湖南师范大学出版社,2016.

③　LEHISTE J,PETERSON G J. Acous soc Am[J]. Educational &Professional Group,1961(31):268 – 277.

④　HOLBROOK A,PAIBANKE G J. Speech hearing[J]. Res,1962(5):38 – 58.

⑤　GAY T J. Acous soc am[M]. Professional Publishing Group,1968(6):44.

声学规律,对复合元音中各组成元音的声学特点进行分析讨论。

本书对黑河地区满语复合元音进行实验时,注重借鉴当前复合元音实验研究成果,采用上述研究方法,将黑河地区满语复合元音共振峰数据与相应单元音数据进行比照,观察共振峰走势,尝试探析其特点,总结相关规律。

第五节　元音格局的实验研究

元音的实验研究中,元音格局研究是一个重要的组成部分,通过对元音的格局进行系统的和有层次性的研究,能够从音系学和音位学方面系统认识元音的特性,更加清晰、直观地认识元音的声学特点和变化规律,同时也可为语言科研教学的改进和二语习得提供实验参考。

一、元音格局的研究

元音格局是元音的系统表现,每一种语言的元音都能够形成自己的格局。石锋教授认为:"每一种语言和方言都有各自的语音格局。语音格局是语音的系统性表现,包括语音的切分、语音的定位系统、音位变体的表现和描写、不同音位的分布关系等"。①元音格局是语音格局研究的一个方面,它将语音学与音系学的研究方法结合起来,通过语音实验的方式,把元音的空间分布情况用声学元音图表示出来,这样能够直观、清晰地体现各元音的层次、分布及系统性关系。石锋在论文《北京话的元音格局》中"对北京话元音的定位系统、内部变体的表现及其整体的层级关系进行了考察"。②目前,在众多学者的努力下,元音格局的研究有了比较成熟、系统的研究方法,取得了丰富的成果,其中有关汉语及少数民族语言元音格局的研究成果较多。2010 年,石锋等人对有关理论和方法做了系统的总结、归纳和梳理,提出语音格局是考察各语言语音的定位和分布情况,对各语音单位间的联系与组合进行研究的重要方法,③推动了语音格局理论和语音实验向前发展。

关于元音格局的研究和分析,主要是通过元音格局图(元音 V 值图)实现的。元音格局图是在元音共振峰数据归一化基础上形成的,可以对"元音空间分布情况进行考察,获得各元音在元音空间中的相对表现,从而淡化不同发音人的个性差

①　石锋.北京话的元音格局[J].南开语言学刊,2002(1):30－36.

②　同上。

③　石锋,冉启斌,王萍.论语音格局[J].南开语言学刊,2010(1):1.

异,突显同一语言元音系统的共性特征"。① 元音格局图反映了元音的分布情况,根据 V 值可以确定元音在元音格局图中的位置,呈现出各元音间声学和生理上的对应关系。实验中,"可以通过不同层次的元音分布图,考察同一元音音位内部变体的表现,以及不同元音之间的分布关系等,有助于深入分析元音的分合与变化"。②

二、元音格局的实验方法

声学元音图可以直观地反映元音系统的格局情况,由于发音人间个体差异较大,如果将发音人数据放在一个元音格局图中,将不利于分析和比较。这种情况下,可以对元音的共振峰数据进行归一化处理,过滤不同发音人间的差异,保留元音的相对关系和共性特征,以便于比较和分析。V 值是共振峰数据的归一化体现,能够反映元音间的相对分布情况。2004 年,石峰提出了求元音 V 值的算法,阐述了语料选取及数据分析的主要原则和相关问题,提出"数据归一化后能够便于在不同发音人之间,不同语言或方言之间,以及不同作者的测量数据和分析结果之间进行对照比较,得出客观可靠的结论"。③ 时秀娟、贝先明、向柠等人对此进行深入研究后,形成了较为成熟的元音格局研究成果。④⑤

归一化后的 V 值与元音舌位具有较好的对应关系,综合石峰、时秀娟、孙雪、贝先明、向柠等的研究成果⑥⑦⑧⑨,归纳出 V 值与元音舌位对照表(表 2 - 5 - 1)。

① 石峰,冉启斌,王萍. 论语音格局[J]. 南开语言学刊,2010(1):6 - 8.
② 梁磊. 声调格局与元音格局的研究综述[J]. 当代外语研究,2011(5):18 - 23.
③ 石峰,时秀娟. 语音样品的选取和实验数据的分析[J]. 语言科学,2007(2):23 - 33.
④ 时秀娟. 汉语方言元音格局的系统性表现[J]. 方言,2006(4):323 - 331.
⑤ 贝先明,向柠. 实验语音学的基本原理与 Praat 软件操作[M]. 长沙:湖南师范大学出版社,2016.
⑥ 石峰,时秀娟. 语音样品的选取和实验数据的分析[J]. 语言科学,2007(2):23 - 33.
⑦ 时秀娟. 汉语方言元音格局的系统性表现[J]. 方言,2006(4):323 - 331.
⑧ 孙雪. 国际音标符号系统之元音声学特征分析[D]. 天津:南开大学,2009.
⑨ 贝先明,向柠. 实验语音学的基本原理与 Praat 软件操作[M]. 长沙:湖南师范大学出版社,2016.

表 2－5－1　元音格局 V 值与国际音标舌位对照表

V 值 舌位前后	V₁		V₂		
	V₁ 值范围	舌位高低	舌位高低	V₂ 值范围	舌位前后
前元音	0～20	高元音	高元音	0～20	后元音
	20～80	中元音		20～80	央元音
	80～100	低元音		80～100	前元音
央元音	0～25	高元音	中元音	0～30	后元音
	25～75	中元音		30～70	央元音
	75～100	低元音		70～100	前元音
后元音	0～30	高元音	低元音	0～40	后元音
	30～70	中元音		40～60	央元音
	70～100	低元音		60～100	前元音

向柠、贝先明将 V₁、V₂ 与元音的高低前后位置关系抽象成下图(图 2－5－1)。

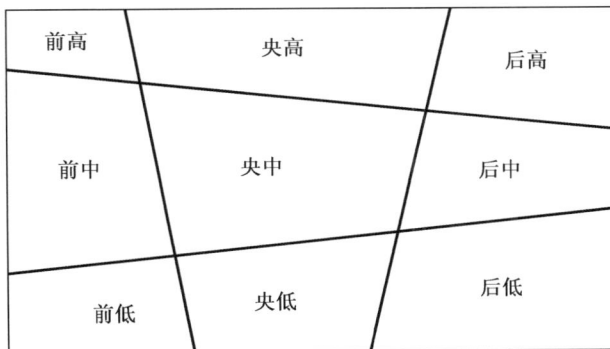

图 2－5－1　V 值与元音位置关系图①

图 2－5－1 中,高低前后区域大致可以对应元音舌位的高低前后,根据归一化后的 V 值数据,以 V₂ 为 X 轴坐标,V₁ 为 Y 轴坐标,右上角为坐标圆点,运用 Praat 软件可以做出元音格局图。利用图 2－5－1 的 V 值与元音位置关系,根据表 2－5－2,

---

① 　贝先明,向柠.穗、港、奥三地粤语单元音的声学比较分析[J].武陵学刊,2013(2):114－121;贝先明,向柠.实验语音学的基本原理与 Praat 软件操作[M].长沙:湖南师范大学出版社,2016.

可以找出相对应的国际音标值对元音进行实验分析。

表 2 - 5 - 2　元音舌位(舌尖)、唇形特征表①

前后位置 高低位置			1	2	3	4	5	6	7	8	9	10
			舌面						舌尖			
			前		央		后		前		后	
			不圆	圆	不圆	圆	不圆	圆	不圆	圆	不圆	圆
1	高	高	i	y	ɨ	ʉ	ɯ	u	ɿ	ʮ	ʅ	ʯ
2		次高	ɪ	ʏ				ʊ				
3	中	半高	e	ø	ɘ	ɵ	ɤ	o				
4		中	E		ə							
5		半低	ɛ	œ	ɜ		ʌ	ɔ				
6	低	次低	æ		ɐ							
7		低	a	ɶ	A		ɑ	ɒ				

三、元音格局的应用

目前,运用语音格局理论对元音格局进行研究,主要有三个方面的成果。

1.汉语语音格局的研究。这方面的成果主要有石峰的《北京话的元音格局》《普通话元音的再分析》《语音格局的分析方法》等论文,时秀娟的论文《汉语方言元音格局系统性的表现》和专著《汉语方言的元音格局》,刘雅男的论文《天津话的元音格局》,王萍的博士论文《普通话单字调和元音的统计性研究》。通过对汉语元音格局进行描写和研究,可以从系统和层级上加深对汉语普通话及方言语音的了解和认识。

2.少数民族语言语音格局的研究。时秀娟对一些少数民族语言的元音格局研究后提出:"元音格局中的元音是音位性的,并立足于语音学与音系学的结合,具有较强的解释力和延伸性,可用来研究少数民族语言及众多汉语方言的元音格局,具有类型学的意义"。②这方面的成果主要有石锋、刘劲荣的论文《拉祜语的元音格局》,通过对拉祜语的元音格局情况进行研究,探讨了其元音音位的分布、音位变体和结构形式。蔡荣男的博士论文《傣语的声调格局和元音格局》及《泰语元音格局

---

　　①　贝先明,向柠.实验语音学的基本原理与 Praat 软件操作[M].长沙:湖南师范大学出版社,2016.

　　②　时秀娟.元音格局研究方法的理解与阐释[J].山东大学学报,2005(3):63.

的分析》一文,以语音实验为基础,分析了傣语、泰语的声调和元音的格局,对有关规律及共性特征进行了探讨,解释了傣语中有争议的音值问题。易斌的博士论文《现代维吾尔语元音的实验语音学研究》,以维吾尔语元音为研究对象,运用元音格局的研究方法,在实验数据的基础上对一些争议问题进行了分析和验证,对元音和谐现象进行了系统论述。

3.语音格局的接触比较研究。陈莹在论文《闽南方言与英国英语的音位系统对比——语音软件 Praat 的应用分析》中,对闽南方言和英国英语两种语音系统进行了对比,分析了其元音音位和格局情况。贝先明、石锋的论文《方言的接触影响在元音格局中的表现——以长沙、萍乡、浏阳方言为例》,通过对比研究长沙、萍乡和浏阳三地的元音格局,发现了一些方言的元音格局分布模式。石锋、温宝莹的《中、日学生元音发音中的母语迁移现象》论文,通过对中、日学生元音发音的对照比较,考察了"语言学习中母语的迁移在元音发音上的表现,分析了汉语和日语的元音格局,为语言教学的改进提供了实验依据"。[①]石峰、时秀娟的论文《俄汉学生元音发音比较研究》,"利用声学元音图对比分析了二语习得者母语和目的语的元音格局,系统考察了俄语和汉语在元音格局上的差异,以及由此带来的母语元音的正、负迁移在第二语言语音习得上的表现"。[②]

上述学术成果推动了元音格局研究的深入开展,特别是关于方言的语音格局研究,以可验证的共振峰数据对元音的格局进行研究分析,可为一些方言的元音格局特点及时进行补充和完善,为其他语言元音格局的研究拓展思路和提供方法。但至目前为止,元音格局的研究大多数是针对汉语、傣语、维吾尔语等语言开展的,关于满语元音格局方面的系统研究尚未开始。本书将参考上述成果和方法,对黑河地区满语元音格局进行初探,希冀有助于系统认识满语元音的整体格局及分布规律。

第六节　黑河地区满语元音研究的实验设计

一、研究设想及实验流程

本书依托满语元音的传统研究成果,运用语音实验的方式,借助语音分析软件

---

①　石锋,温宝莹.中、日学生元音发音中的母语迁移现象[J].南开语言学刊,2004(2):1.

②　石锋,时秀娟.俄、汉学生元音发音比较研究.[M].中国广播电视出版社,2004.高玉娟.语音格局研究疏略[J].渤海大学学报(哲学社会科学版),2006(4):38.

和数据处理软件对黑河地区满语元音进行研究分析。相关设想如下：根据实验目的设计发音字表，寻找合适的发音人进行录音，并结合前人满语田野调查语料①形成黑河地区满语语料库，以此为基础进行语音实验。实验由五个步骤构成：

    1. 设计录音字表；

    2. 发音合作人及录音；

    3. 语料的切分与标注；

    4. 提取并处理实验数据；

    5. 基于实验数据的分析和讨论。

二、设计发音字表

笔者进行田野调查时，结合刘景宪、赵阿平、赵金纯的《满语研究通论》，王庆丰的《满语研究》中的常用词汇制成发音字表。考虑到发音合作人年龄较大，字表的词汇量不是很多，且大多为日常用语，共计 600 多个，详见字表附录。

三、发音合作人及录音

发音合作人是语音实验顺利开展的有效保证，选取合适的发音合作人也是需要一定条件的：一是要土生土长，能够说地道的本地方言；二是要有一定的文化程度和生活阅历，至少要具有小学或者中学文化程度的中老年人；三是要注意根据性别选取一定数量的发音合作人，使发音具有代表性。1986 年，刘景宪等学者去黑河地区进行满语田野考察时，满语母语使用人数较多。2017—2018 年，笔者去黑河地区进行考察时，仅有孙吴县四季屯的何世环老人能够熟练使用满语，其他人都已去世。笔者和刘景宪等学者的发音合作人相关情况如表 2-6-1 所示。

理想情况下录音应在具有良好的隔音性和封闭性的语音实验室内进行，并尽量降低周围噪音对语音的影响。由于现实条件所限，刘景宪等人及笔者的田野调查都是在发音合作人家中进行的，虽然存在一些噪音，但可通过人为和技术手段减少或消除其影响，录音还是比较清晰易辨的。笔者录音时，语音采样率为 11 025 Hz，16 位单声道。录音开始前，首先向发音人讲解发音材料和发音规则，对存在的

---

① 黑龙江大学赵阿平、郭孟秀教授负责的"满语口语调查资料的数字化处理"项目中刘景宪等人 1986 年黑河地区的田野调查录音。虽然当时录音环境比较简陋，但发音人都是满语的母语使用者，发音清楚、录音清晰，语料质量较高。对语料进行标注时，剔除重复和模糊不清的部分，注重选择语音清晰和具有代表性的词汇作为分析语料，本书使用时注明来源并表示由衷的感谢。

问题及时进行调整和纠正。当时考虑到何世环老人已高龄,对录音时间进行了适当控制,每录 20 分钟休息 10 分钟,对不够满意的录音及时进行重录;录音结束时认真保存了录音记录并及时备份。

表 2 – 6 – 1　黑河地区满语发音人基本情况表①

编号	姓名	民族	职业	录音地点	录音人	录音内容	录音时间	录音时年龄
1	富俊山	满族	农民	黑河大五家子	季永海黄锡惠	尼山萨满	1986.8	75 岁
2	吴存有	满族	农民	黑河大五家子	刘景宪	词汇	1986.8	69 岁
3	富俊岭	满族	农民	坤河乡蓝旗村	刘景宪	词汇、短语	1986.8	76 岁
4	莫春芳	满族	农民	坤河乡蓝旗村	刘景宪	词汇、短语	1986.8	76 岁
5	富雅君	满族	农民	孙吴县四季屯	刘景宪等	词汇	1987.7	
6	何世环	满族	农民	孙吴县四季屯	刘景宪等	传说、词汇	1987.7	60 岁
					王娣等	词汇、句子、传说	2017.8	90 岁
7	富素荣	满族	农民	逊克县宏伟村	刘景宪等	词汇	1987.7	
8	祁锦方	满族	农民	逊克县宏伟村	刘景宪等	词汇	1987.7	
9	孟秋英	满族	农民	逊克县宏伟村	刘景宪等	句子、日常用语	1987.7	

四、语料标注与提取实验数据

对于实验语料,本书运用 Audition 软件对录音样本进行切分,删除发音人的口误及模糊不清的录音,对一些不太清晰的录音进行人工辨析和手动切音,以保证切音效果。同时使用 Praat 软件提取共振峰数据和制作语图,并对录音语料进行标注。标注分为三层:第一层为满语口语层(KY),填入实际语料的国际音标;第二层为满语书面语层(SMY),填入实际语料的书面语转写字母;第三层为汉字层(HZ),填入语料的对应汉字,空白处不进行标注。

---

① 有些发音合作人的相关情况在刘景宪等人的语料中没有体现,故本书也没有体现,在此谨向这些满族老人表示深深的敬意。

五、基于实验数据的分析和讨论

本书依据语音实验获得数据,综合运用声学元音图、共振峰折线图及元音格局图进行论述。具体为:

1. 基于实验数据的分析。将所获得的实验数据,运用矩阵理论和 K - L 变换转换为基准后进行标准化处理,实现数据的"去差别化",并用 Matlab 程序做出声学元音图,对黑河地区满语元音进行综合分析和讨论。

2. 基于元音格局的分析。运用元音格局理论和数据归一化公式,对实验数据进行归一化,以归一化后的 V 值制作元音格局图,对黑河地区满语元音的格局情况进行系统考察和分析。

3. 基于共振峰模式的分析。选取一定的实验语料作为样本,等时间序列获得共振峰数据,运用 Excel 进行统计,做出共振峰折线图,通过共振峰走势对其进行描写和探讨。

本章小结

实验语音学借助实验仪器对语音进行研究,在语音研究的客观精确及可重复性方面起到了积极的作用,是进行语音研究的重要方法。本章分别对实验语音学发展概况、元音的实验研究概况和元音格局研究等内容进行了总结归纳,并参考当前元音实验成果和满语实际,分五个步骤对黑河地区满语的元音实验进行了设计。

实验数据是进行语音实验及声学分析的基础,为了便于统计和分析,本章重点介绍了实验数据的处理方法,主要为数据的标准化处理和归一化处理,也是本书的实验基石。数据的标准化首先是确定比较的基准,将那些待比较的数据转化到这个参照系内而不消去其度量值,再进一步对元音共振峰数据的特征进行分析。本书运用 Matlab 软件对共振峰数据进行标准化处理并做出声学元音图,借此对黑河地区满语元音进行论述。数据的归一化主要是经过变换,把数据映射到一定的区间范围内进行处理,使数据处理和比较更加便捷。本书运用 Praat 软件实现对共振峰数据的归一化处理,求出元音 V 值后对黑河地区满语元音格局进行研究,希冀能系统掌握相关特点和规律。

此外,为了便于实验开展,本书对 15 个国际音标标准元音的主要共振峰数据进行了平均值运算(相关数据来自孙雪的论文),并运用 Matlab 软件对其进行了标准化处理,做出国际音标标准元音的声学元音图,为后续研究奠定了基础。

第三章　黑河地区满语单元音的实验研究

黑河地区满语属于满语北方方言。本章结合黑河地区满语实际情况，在相关田野调查语料的基础上，选择了黑河地区的大五家子（红色边疆农场）、坤河乡的蓝旗村、孙吴县沿江乡的四季屯、逊克县车陆乡的宏伟村四个满语点为研究对象，以此对黑河地区满语单元音的声学特征进行分析和探讨。

第一节　黑河地区满语单元音实验概述

一、黑河地区满语单元音的实验内容

传统的满语元音主要是通过舌位的高低、前后和唇的圆展三个生理特征进行研究的，简便易行，却只能对元音进行概略描述，无法实现定量研究和可重复描写。实验语音学出现后，人们通过大量的实验发现元音的前三个共振峰与舌位的高低、前后和唇的圆展关系密切，可以相互对应，因此使元音的定量分析成为可能。本章在前人关于黑河地区满语单元音传统研究的基础上，借鉴汉语及蒙古语、维吾尔语、藏语等少数民族语言元音的实验研究成果，运用 Praat 软件提取元音的主要共振峰 F_1、F_2 数据，使用 Excel 对这些数据进行汇总，以国际音标标准元音为标准被试，运用 Matlab 软件对这些数据进行标准化处理，做出声学元音图，对黑河地区满语单元音进行实验分析，对一些传统研究成果进行验证并得出自己的结论，希冀能够更加深入地了解和掌握满语元音的特点和规律。

二、黑河地区满语单元音的实验方法

四个满语点是清初萨布素驻防八旗兵及其后裔的居住地，也是当时黑龙江水师营驻扎停泊的地方。目前，该地为黑河满族的主要聚居村屯，仍有个别满语母语者能够使用满语进行交流，其口语资料亦为以往的调查搜集所保留。四个满语点

地理位置相距不远,其口语具有基本相似的元音系统,在当前满语濒危的情况下,这些满语点具有一定的代表性。本章根据黑河地区满语的实际,采取以点带面的方式,对四个满语点元音的实验数据进行汇总取平均值,以此作为黑河地区满语元音的实验数据。这样做虽然不太精确,但在一定程度上可以概略探析黑河地区满语的语音规律。本章对四个满语点语料中含 ɑ 的 369 条语料、含 ə 的 270 条语料、含 i 的 266 条语料、含 o 的 363 条语料、含 u 的 242 条语料、含 e 的 328 条语料进行实验,[①]逐一提取这些语料的各元音的主要共振峰 F_1、F_2 数据,汇总后取得平均值,以国际音标共有元音为标准被试,进行标准化处理得到 Y 值[②],做出黑河地区满语与国际音标共有元音的声学对比图进行实验分析。

第二节　大五家子满语单元音实验研究

关于大五家子满语的元音系统,王庆丰将其归纳为 8 个元音,分别为 ɑ、u、i、o、y[③]、ɛ、ə、e。本章以大五家子满语单元音为重点,对其进行声学分析,对蓝旗村、四季屯和宏伟村三个满语点的单元音做简要声学分析。[④]

一、大五家子满语单元音实验数据及声学分布

通过实验,获得大五家子满语单元音的主要共振峰 F_1、F_2 数据如表 3 - 2 - 1 所示。

根据表 3 - 2 - 1 中数据,运用 Matlab 软件做出大五家子满语单元音声学分布图如图 3 - 2 - 1。

---

① 　上述语料中因元音位置处于词首、词中和词尾的区别,字表和语料有重复的现象,但不影响元音共振峰数据的测量。需要指出的是,由于含 ɛ 和 y 的语料较少,四个满语点仅有 53 条和 32 条,因此关于 ɛ 和 y 的实验及分析仅供参考,待有关语料丰富后再对其进行深入研究。

② 　Y 值表示共振峰数据处理以后的数值。

③ 　由于目前大五家子已没有满语母语者,本书仅得到 1 条含有单元音 y 的录音语料,因此本次实验中,关于 y 的数据仅作为参考,不做分析使用。

④ 　文中的实验数据的值是经过统计整理的平均值,而不是原始的测量值,本书所有的原始数据测量值附后。

表3-2-1　大五家子满语单元音 F₁,F₂数据统计表

共振峰＼元音	α F₁	α F₂	ə F₁	ə F₂	i F₁	i F₂	o F₁	o F₂	u F₁	u F₂	e F₁	e F₂	ε F₁	ε F₂	y F₁	y F₂
最大值(Hz)	951	1 337	543	1 261	429	1 876	572	1 067	439	1 177	498	1 818	699	1 769		
最小值(Hz)	708	1 255	427	1 115	325	1 725	473	972	328	1 010	394	1 711	592	1 688		
范围(Hz)	708 ~ 951	1 255 ~ 1 337	427 ~ 543	1 115 ~ 1 261	325 ~ 429	1 725 ~ 1 876	473 ~ 572	972 ~ 1 067	328 ~ 439	1 010 ~ 1 177	394 ~ 498	1 711 ~ 1 818	592 ~ 699	1 688 ~ 1 769		
平均值(Hz)	810	1 302	481	1 192	369	1 792	515	1 025	387	1 121	452	1 767	665	1 729	358	1 785
标准差	48.2	18.7	27.3	36.5	24.3	37	23.2	22.9	27.2	45.2	26.2	26.2	37	22.8		
样点数(个)	126	126	109	109	88	88	110	110	104	104	152	152	18	18	1	1
离散度	5.90%	1.4%	5.70%	3.10%	6.50%	2.00%	4.50%	2.20%	7.00%	4.00%	5.80%	1.40%	5.50%	1.30%	1	1

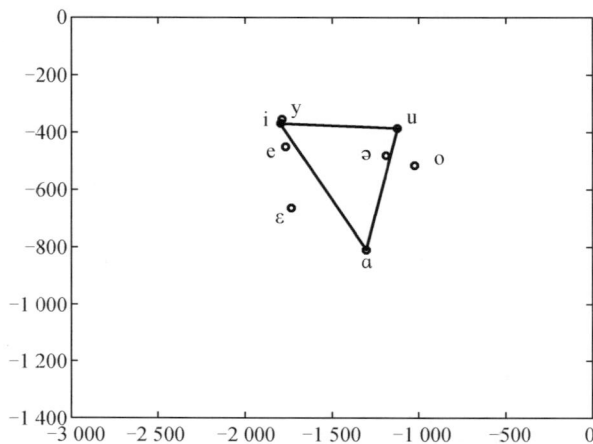

图 3 - 2 - 1　大五家子满语单元音声学分布图[①]

二、大五家子满语单元音实验数据的标准化处理

由于人际差异的存在,不同的发音人在发音时可能引起元音音值的差别,因此需要对实验数据进行标准化处理,使之更具有统计性和可比性。本次实验的两个被试分别为国际音标标准元音和大五家子满语的单元音,标准被试为国际音标标准元音(Y 值是其本身,数据的标准化不影响数据的量纲,因此标准化后的 Y 值单位仍是 Hz,下同。)。国际音标标准元音和大五家子满语有 8 个共有元音,分别为 α、u、i、o、y、ε、ə、e,主要共振峰 F_1、F_2 的数据见表 3 - 2 - 2。

表 3 - 2 - 2　国际音标与大五家子满语共有元音 F_1、F_2 值统计表

		i	e	ε	a	ɑ	ɔ	o	u	y	θ	œ	ɒ	ʌ	ɣ	ɯ	ə
国际音标 单位:Hz	F_1	277	420	623	846	694	520	407	310	291	404	566	667	598	455	334	525
	F_2	2 278	2 149	1 848	1 371	984	784	684	647	2 032	1 705	1 517	898	1 097	1 112	1 209	1 502
	样本数	11	11	11	11	10	11	11	11	11	11	11	11	11	11	11	8
大五家子 单位:Hz	F_1	369	452	665	810			515	387	358							481
	F_2	1 792	1 767	1 729	1 302			1 025	1 121	1 785							1 192
	样本数	88	152	18	126			110	104	1							109

---

① 　本节相关程序见附录 D1。

由表 3 - 2 - 2 中所列的国际音标与大五家子满语共有元音 F_1、F_2 的实验数据,运用 Matlab 软件求得其特征值为[33 260　351 330]、[20 957　98 967]。

根据模式特征值,以国际音标主要元音为基准,运用 Matlab 软件对两个被试的共有元音的 F_1、F_2 的实验数据进行标准化运算,得到的数据用 Y 值表示,实验数据如表 3 - 2 - 3 所示。

表 3 - 2 - 3　国际音标与大五家子满语共有元音标准化 Y 值统计表

		i	e	ɛ	a	o	u	y	ə
Y_1	国际音标	277	420	623	846	407	310	291	525
	大五家子	292	396	664	847	475	314	278	433
Y_2	国际音标	2 278	2 149	1 848	1 371	684	647	2 032	1 502
	大五家子	2 182	2 135	2 063	1 258	736	917	2 168	1 051

根据表 3 - 2 - 3 数据,运用 Matlab 软件,做出国际音标与大五家子满语共有元音声学对比图如下(图 3 - 2 - 2)。

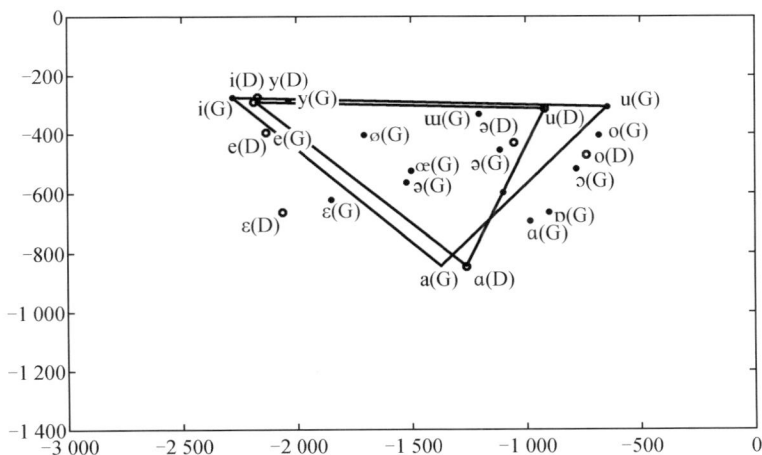

图 3 - 2 - 2　国际音标与大五家子满语共有元音声学对比图[①]

① 图中,圆点“·”代表国际音标标准元音,圆圈“o”代表大五家子满语点的单元音;a(G)表示国际音标标准元音的[a],ɑ(D)表示大五家子满语点单元音 ɑ,其他元音的标示与此相同。

三、大五家子满语单元音的声学分析

总体来看,大五家子满语元音三角形比国际音标的要小,大五家子满语元音 i 位于国际音标[i]之后稍靠下位置,u 在[u]的前面,而 ɑ($F_1 = 810$ Hz,$F_2 = 1\ 302$ Hz)则位于国际音标[ɑ]($F_1 = 694$ Hz、$F_2 = 984$ Hz)的前面,[a]($F_1 = 846$ Hz,$F_2 = 1\ 371$ Hz)的靠后位置,并略靠近[a]。

从图 3 - 2 - 1 可以看出,大五家子满语 8 个单元音中,i(369 Hz、1 792 Hz)的 F_1 是 F_1 值中最小的,F_2 是 F_2 值中最大的;ɑ(810 Hz、1 302 Hz)的 F_1 是 F_1 值中最大的;u(387 Hz、1 121 Hz)的 F_1 是后元音中 F_1 值最小的。根据 F_1 越大舌位越低,F_1 越小舌位越高和 F_2 越大舌位越靠前,F_2 越小舌位越靠后的规律,可知 i、ɑ、u 三个元音在 8 个元音中位于顶点位置,是 3 个顶点元音,其中 i 位于最前、最高处,是前、高元音;ɑ 位于图中略前最低处,是低元音;u 位于图中后、最高处,是后、高元音。其他 5 个元音分布在以 i、ɑ、u 为顶点组成的三角形内部或附近。8 个单元音中,前元音 4 个,分别为 i、e、ɛ、y[①];后元音 4 个,分别为 ə、o、u、ɑ。高元音 3 个,分别为 i、u、y;次高元音 2 个,分别为 ə、e;中元音 1 个为 o,次低元音 1 个为 ɛ,低元音 1 个为 ɑ。具体声学特点如下。

1. 元音 ɑ:王庆丰认为,"大五家子满语 ɑ 是后、低、不圆唇元音,与国际音标[ɑ]相比,要往前一些,并比[ɑ]高一些,舌位大概位于[A]与[ɑ]之间,与书面语 a 的发音一样"。[②]尹铁超、张力测得"a 的 F_1 的平均值为 920 Hz,F_2 的平均值为 1 344.5 Hz,并将其与汉语[a]、美式英语[ɑ]进行了比较,认为满语元音 a 为前、低、不圆唇元音,可将其标识为[a]"。[③]需要指出的是,尹铁超、张力的实验语料由大五家子、三家子和书面满语三部分组成,故实验数据与本节大五家子的略有差别。对于满语元音 ɑ 的音值,其他学者也提出了自己的看法,总体来看,这些观点基本一致。例如,李兵提出:"在已知的现代满语诸方言里,大五家子满语和书面满语元音系统最为接近。ɑ 位于前元音和后元音之间,是低、不圆唇元音"。[④]爱新觉罗·乌拉熙春认为:"当节首辅音是发音部位靠后的腭化辅音的场合,ɑ 的舌位虽然

---

① 由于 y 的样本数过少,y 的数据仅做参考,本节下同。

② 王庆丰. 满语研究[M]. 北京:民族出版社,2005.

③ 尹铁超,张力. 满语元音 a 音值研究[J]. 满语研究,2016(2):14 - 16.

④ 李兵. 满语元音系统的演变与原始阿尔泰语元音系统的重新构拟[J]. 民族语文,1999(3):17.

前移,但并不像 a 那样靠前,相当于 A 的位置,多见于黑龙江满语"。① 爱新觉罗·乌拉熙春所指的黑龙江满语就是爱辉大五家子一带的满语,可以作为大五家子满语元音 ɑ 的参考。

通过对大五家子满语元音含有 ɑ 的 126 个样本语料进行实验测得的 F_1、F_2 数据统计(表 3 – 2 – 1)可知,ɑ 的第一共振峰的最大值与最小值分别为 951 Hz 和 708 Hz,二者之差为 243 Hz;第二共振峰的最大值与最小值分别为 1 337 Hz 和 1 255 Hz,二者之差为 82 Hz;F_1 的平均值为 810 Hz,F_2 的平均值为 1 302 Hz。第一共振峰 F_1 与第二共振峰 F_2 均值的差为:$F_2 – F_1 = 492$ Hz。大五家子满语、美式英语、国际音标[ɑ]共振峰对比见表 3 – 2 – 4。

表 3 – 2 – 4　大五家子满语、美式英语、国际音标[a]共振峰对比表

元音 a	大五家子满语		美式英语		国际音标	
共振峰	F_1	F_2	F_1	F_2	F_1	F_2
共振峰值(Hz)	810	1 302	710	1 100	846	1 371
频率差(Hz)	492		390		525	

我们以国际音标标准元音和美式英语元音 a 为参照进行比较。由表 3 – 2 – 4 可知,元音 a 的频率差顺序为:国际音标 > 大五家子满语 > 美式英语,国际音标[a] 的频率差最大,根据彼特·赖福吉"舌位前后与第一第二共振峰的差最为相关,频率之差越小,元音越靠后"②的规律可知,国际音标[ɑ]最为靠后,美式英语元音 a 最为靠前,大五家子满语元音 ɑ 居中。

由图 3 – 2 – 2 和表 3 – 2 – 3 可知,大五家子满语元音 ɑ($Y_1 = 847$ Hz,$Y_2 = 1$ 258 Hz)位于国际音标[ɑ]($Y_1 = 694$ Hz,$Y_2 = 984$ Hz)的前且靠下、[a]($Y_1 = 846$ Hz,$Y_2 = 1$ 371 Hz)的后且下的位置,前后维度与[ɯ]($Y_1 = 334$ Hz,$Y_2 = 1$ 209 Hz)相近。由于[a]为前元音,[ɯ]为后元音,且 ɑ 在前后维度上与[ɯ]更接近,高低维度与[a]接近,由此可认为 ɑ 是后、低元音。又因为 ɑ 与[a]的 Y_2 之差小于 ɑ 与国际音标[ɑ]的 Y_2 之差,说明虽然 ɑ 为后元音,但舌位发生了前移,到达了央元音附近,与[A]的位置比较接近。[A]为央、低、不圆唇元音,北京话"啊"发音与其类似,参考[A]的音值,也可将大五家子满语 ɑ 认定为后、低元音,但相比也说明其发

①　爱新觉罗·乌拉熙春.满洲语语音研究[M].东京:东京玄文社,1992.

②　彼特·赖福吉.语音学教程[M].张维佳,译.北京:北京大学出版社,2011.

生了前移且接近央元音。由于[A]是汉语的标音符号,不是国际音标的标音符号,本书没有找到关于[A]的F_1、F_2参考数据,无法进行精确比较,这里结果仅为概略分析,仅供参考。综上,可认为 ɑ 是后、低、不圆唇元音[①],位于国际音标[a]之后、[ɑ]之前,相当于[A]的位置。从上述实验来看,结果与王庆丰、尹铁超、李兵等学者的研究成果基本相同。虽然王庆丰将 ɑ 看作为[ɑ],认为"是后、低、不圆唇元音,但同时也指出了该元音要比国际音标[ɑ]向前并高一些"[②]。爱新觉罗·乌拉熙春认为"ɑ 要靠后一些,但是在黑龙江满语中也有前移的现象"[③],这与实验结果基本吻合,说明了大五家子满语元音 ɑ 虽然为后元音,但发生了前移。

2. 元音 ə:王庆丰认为"大五家子满语元音 ə 是后、次高、不圆唇元音,音值介于国际音标[ə]与[ɯ]、[ɤ]之间,与书面语 ə 的发音相同,在词内受前后 i 的影响有时发 e 音,例如:ənie(ənie)母亲、jəjə(jəje)爷爷等"[④]。李兵认为,"ə 的来源主要是书面满语的 ə、ɑ 和 u。其中来自书面满语 u 的 ə 是 u 在唇辅音后异化的结果;来自书面满语 ɑ 的 ə 是 ɑ 舌位升高的结果。ɑ 和 ə 从舌根是否后缩的对立开始朝着舌位高低对立的方向演变,具体地说,ɑ 仍然是低元音,ə 已经向高元音的方向发展"[⑤]。

本节实验中,通过对含有 ə 的 109 个语料样本的 F_1、F_2 统计(表 3 - 2 - 1)可知,该元音的第一共振峰的最大值与最小值分别为 543 Hz 和 427 Hz,二者之差为 116 Hz;第二共振峰的最大值与最小值分别为 1 261 Hz 和 1 115 Hz,二者之差为 146 Hz;F_1 的平均值为 481 Hz,F_2 的平均值为 1 192 Hz;F_1 与 F_2 的均值之差为:$F_2 - F_1 = 711$ Hz。由图 3 - 2 - 2 和表 3 - 2 - 3 可知,ə($Y_1 = 433$ Hz,$Y_2 = 1\ 051$ Hz)与[ɤ]($Y_1 = 455$ Hz,$Y_2 = 1\ 112$ Hz)、[ɯ]($Y_1 = 334$ Hz,$Y_2 = 1\ 209$ Hz)相比,Y_1 值的大小比较为:[ɤ] > ə > [ɯ];Y_2 值大小比较为:[ɯ] > [ɤ] > ə。从前后维度看,[ɯ]位于最前,[ɤ]居中,ə 略靠后;从高低维度看,ə 位于[ɯ]、[ɤ]之间。由于[ɯ]是后、高元音,[ɤ]是后、半高元音,由此可认为大五家子满语元音 ə 是后、次高元音[⑥]。实验结果与王庆丰、李兵等学者的观点一致,可认为 ə 是后、次高、不圆

① 由于语料有限,本书不考虑元音唇的圆展问题,对于唇的圆展以王庆丰《满语研究》中的为准,相关内容参阅其书第 4 - 5 页,下同。

② 王庆丰. 满语研究[M]. 北京:民族出版社,2005.

③ 爱新觉罗·乌拉熙春. 满洲语语音研究[M]. 东京:东京玄文社,1992.

④ 王庆丰. 满语研究[M]. 北京:民族出版社,2005.

⑤ 李兵. 满语元音系统的演变与原始阿尔泰语元音系统的重新构拟[J]. 民族语文,1999(3):17.

⑥ 注:由于国际音标 [ə]仅供参考,因此不和[ə]进行比较。

唇元音。

3. 元音 i:王庆丰认为,"i 与国际音标[i]或书面语的 i 一样,是前、高、不圆唇元音。i 在舌尖辅音 dz、ts、s 后或翘舌辅音 dʐ、tʂ、ʂ、ʐ 之后相应读作 ɿ、ʅ,有时也可受其他音的影响发 e 音,如 dʐɿbən(dziben)资本,tsʅdian(tsidian)词典,dʐʅma(dzima)芝麻等"。① 通过对含有 i 的 88 个语料样本的 F_1、F_2 统计(表 3 - 2 - 1)可知,i 的第一共振峰的最大值与最小值分别为 429 Hz 和 325 Hz,二者之差为 104 Hz;第二共振峰的最大值与最小值分别为 1 876 Hz 和 1 725 Hz,二者之差为 151 Hz;F_1 的平均值为 369 Hz,F_2 的平均值为 1 792 Hz。由图 3 - 2 - 2 和表 3 - 2 - 3 可知,i(Y_1 = 292 Hz,Y_2 = 2 182 Hz)与[i](Y_1 = 277 Hz,Y_2 = 2 278 Hz)的 Y_1 值相比,i>[i],说明 i 比[i]略靠下,但比[ɯ](Y_1 = 334 Hz)高;Y_2 值相比,i<[i],说明 i 在[i]的靠后位置,但比[e](Y_2 = 2 149 Hz)靠前。由于[i]是前、高、不圆唇元音,i 与之位置相近,又因[e]是前元音,[ɯ]是高元音,由此可认为 i 是前、高、不圆唇元音,位于国际音标[i]的靠后稍靠下的位置,实验结果与王庆丰的观点一致。

4. 元音 o:王庆丰认为,"o 与国际音标[ɔ]相比,介于[ɔ]和[o]之间,比书面语 o 的舌位低一些,是后、次低、圆唇元音。在小舌辅音后发与 ɔ 或 ʊ 相近的音。如,oqo(oqʊ)"。②李兵将其音位归纳为 ɔ,认为"ɔ 主要来自书面满语的 o、a、u 和 ʊ"。③爱新觉罗·乌拉熙春也将其归纳为 ɔ,认为"o 是和 a 一样,是个很靠后的元音,特别是在词首位置和小舌辅音后面的场合"。④

通过对含有 o 的 110 个语料样本的 F_1、F_2 统计(表 3 - 2 - 1)可知,该元音的第一共振峰的最大值与最小值分别为 572 Hz 和 473 Hz,二者之差为 99 Hz;第二共振峰的最大值与最小值分别为 1 067 Hz 和 972 Hz,二者之差为 95 Hz;F_1 的平均值为 515 Hz,F_2 的平均值为 1 025 Hz。由图 3 - 2 - 2 和表 3 - 2 - 3 可知,o(Y_1 = 475 Hz,Y_2 = 736 Hz)与[o](Y_1 = 407 Hz,Y_2 = 684 Hz)、[ɔ](Y_1 = 520 Hz,Y_2 = 784 Hz)相比,Y_1 值的大小为:[ɔ]>o>[o];Y_2 值大小为:[ɔ]>o>[o]。o 与[o]的 Y_1 值相差 68 Hz,与[ɔ]的 Y_1 值相差 45 Hz;o 与[o]、[ɔ]的 Y_2 值分别相差 52 Hz 和 48 Hz。从前后维度看,o 位于[ɔ]的略后位置,在[o]的前面。从高低维度看,o 位于[o]的下方,[ɔ]的上面,分布位置相差不大。由于 o 和[ɔ]的分布十分相近,李兵和乌拉熙春将其归纳为[ɔ]也是有道理的。国际音标[o]是后半高元音,[ɔ]是后

---

① 王庆丰.满语研究[M].北京:民族出版社,2005.

② 同上。

③ 李兵.满语元音系统的演变与原始阿尔泰语元音系统的重新构拟[J].民族语文,1999(3):17.

④ 爱新觉罗·乌拉熙春.满洲语语音研究[M].东京:东京玄文社,1992.

半低元音,o 位于[ɔ]和[o]即半高和半低之间,综上,可认为 o 是一个后、中、圆唇元音,比[o]略低,但要高于[ɔ]。实验表明,大五家子满语 o 上升到了中音区,成为后、中元音。

5.元音 u:王庆丰认为,"u 是后、高、圆唇元音。在受小舌辅音以及前化和弱化唇化的影响下,读作 ʋ、o、y 的情况时有发生。例如 duin(dyn)四,tuiɣe(tyɣe)云等"。[1]李兵提出,"书面满语的 ʋ 和 u 在大五家子满语里已经合并为 u,u 主要来自书面满语的 u、ʋ、ə、o"。[2]乌拉熙春认为,"词首位置的 u 不是一个纯粹的圆唇元音,发音时上齿和下唇的摩擦比较显著,而非词首位置的 u,这种特征则不是很明显"。[3]

通过对含有 u 的 104 个语料样本的 F_1、F_2 统计(表 3-2-1)可知,该元音的第一共振峰的最大值与最小值分别为 439 Hz 和 328 Hz,二者之差为 111 Hz;第二共振峰的最大值与最小值分别为 1 177 Hz 和 1 010 Hz,二者之差为 167 Hz;F_1 的平均值为 387 Hz,F_2 的平均值为 1 121 Hz。由图 3-2-2 和表 3-2-3 可知,u(Y_1 = 314 Hz,Y_2 = 917 Hz)和国际音标[u](Y_1 = 310 Hz,Y_2 = 647 Hz)的 Y_1 值相比,u > [u],相差为 4Hz,表明[u]比 u 略高;Y_2 值相比,u > [u],表明 u 在[u]的靠前位置。u 与[ɯ](Y_1 = 334 Hz,Y_2 = 1 209 Hz)的 Y 值相比,u 的 Y_1、Y_2 值都小于[ɯ]的 Y_1、Y_2 值,表明 u 比[ɯ]略高且后。由于[u]、[ɯ]都是后、高元音,由此可认为 u 是后、高、圆唇元音,实验结果与王庆丰的观点一致。

6.元音 e:王庆丰认为,"e 为前、次高、不圆唇元音,e 的发音有时与二合元音 əi 相近。例如,evəme(evəməi)玩耍,velə(vəilə)干活,工作等"。[4]爱新觉罗·乌拉熙春认为,"两江满语的 e 出现在词首及 tʃ、ʃ、j 的后面,指出 e 为前、半高、不圆唇元音"。[5]

通过对含有 e 的 152 个语料样本的 F_1、F_2 统计(表 3-2-1)可知,该元音的第一共振峰的最大值与最小值分别为 498 Hz 和 394 Hz,二者之差为 104 Hz;第二共振峰的最大值与最小值分别为 1 818 Hz 和 1 711 Hz,二者之差为 107 Hz;F_1 的平均值为 452 Hz,F_2 的平均值为 1 767 Hz。由图 3-2-2 和表 3-2-3 可知,e(Y_1 = 396 Hz,Y_2 = 2 135 Hz)和国际音标[e](Y_1 = 420 Hz,Y_2 = 2 149 Hz)的 Y_1 值相比,

---

① 王庆丰.满语研究[M].北京:民族出版社,2005.

② 李兵.满语元音系统的演变与原始阿尔泰语元音系统的重新构拟[J].民族语文,1999(3):17.

③ 爱新觉罗·乌拉熙春.满洲语语音研究[M].东京:东京玄文社,1992.

④ 王庆丰.满语研究[M].北京:民族出版社,2005.

⑤ 爱新觉罗·乌拉熙春.满洲语语音研究[M].东京:东京玄文社,1992.

e<[e]，相差为 24 Hz，说明 e 比[e]略高；Y_2 值相比，e<[e]，相差 14 Hz，说明 e 比 [e]位置略靠后，但比[y]（Y_1 = 291 Hz，Y_2 = 2 032 Hz）靠前且低。由于[e]是一个前、半高元音，[y]是前、高元音，由此可知 e 是一个前、次高元音，要比爱新觉罗·乌拉熙春所指的两江满语 e 的半高位置还要高些。实验结果与王庆丰的观点一致，可认为 e 是前、次高、不圆唇元音，位于国际音标[e]的后而略上的位置。

7. 元音 ɛ：王庆丰认为，"ɛ 是前、次低、不圆唇元音，与二合元音 ai 相近。例如，bɛta（baita）事情，sɛn（sain）好等"。[①]李兵认为，"ɛ 为前、低元音，同书面满语相比，大五家子满语多了前低元音 ɛ，缺少后高元音 ʊ。ɛ 是后元音前化的结果，ɛ 已经从 a（以及 ai 和 ia）经过前化完全分离出来，成为独立的音位"。[②]乌拉熙春提出，"两江满语中的 ɛ 不是一个独立的音位，而是一个前、半低、展唇的音位变体"。[③]

通过对含有 ɛ 的 18 个语料样本的 F_1、F_2 统计（表 3 - 2 - 1）可知，该元音的第一共振峰的最大值与最小值分别为 699 Hz 和 592 Hz，二者之差为 107 Hz；第二共振峰的最大值与最小值分别为 1 769 Hz 和 1 688 Hz，二者之差为 81 Hz；F_1 的平均值为 665 Hz，F_2 的平均值为 1 729 Hz。虽然含有 ɛ 的词汇和语料样本较少，本书仅找到 18 个，但也可以进行实验分析。

由图 3 - 2 - 2 和表 3 - 2 - 3 可知，ɛ（Y_1 = 664 Hz，Y_2 = 2 063 Hz）和国际音标 [ɛ]（Y_1 = 623 Hz，Y_2 = 1 848 Hz）的 Y_1 值相比，ɛ>[ɛ]，相差为 41 Hz，说明 ɛ 比 [ɛ]略低，由于[ɛ]是一个半低的元音，而 ɛ 比[ɛ]略低，但比[a]（Y_1 = 846 Hz）高，可知 ɛ 是一个次低的元音；Y_2 值相比，ɛ>[ɛ]，相差 215 Hz，说明 ɛ 比[ɛ]靠前，由于[ɛ]是一个前元音，而 ɛ 的舌位要比[ɛ]还要靠前，可知 ɛ 是一个前元音。实验表明，黑河地区满语的 ɛ 要比爱新觉罗·乌拉熙春提出的两江满语 ɛ 低一些。综上，可认为 ɛ 是前、次低、不圆唇元音，比国际音标[ɛ]靠前略靠下。

8. 元音 y：王庆丰认为，"y 为前、高、圆唇元音，来源于书面语的 I，由于 i 受前后圆唇音的影响，在口语中发 y 音。例如，书面语 sisgu（裤子），在黑河地区口语中为 çysgu（裤子）；书面语 isinambi（做到），在黑河地区口语中为 siygame（做到）等"。[④]李兵认为"y 不是一个独立的音位，y 的形成是由于后元音前化的作用，u 被前化为[y]比较普遍，但因语音条件比较明确，所以[y]还不完全具有独立音位的

①　王庆丰. 满语研究[M]. 北京：民族出版社，2005.

②　李兵. 满语元音系统的演变与原始阿尔泰语元音系统的重新构拟[J]. 民族语文，1999（3）：17.

③　爱新觉罗·乌拉熙春. 满洲语语音研究[M]. 东京：东京玄文社，1992.

④　王庆丰. 满语研究[M]. 北京：民族出版社，2005.

地位"。①爱新觉罗·乌拉熙春认为"两江满语的 y 是一个前、高、圆唇元音,词首位置的 y 大多前面带有半辅音 j,少数带有喉塞音 ?"。② 本书仅找到 1 条含有 y 的语料,因此不做分析,列出实验数据供参考(y 的实验数据为:$F_1 = 358$ Hz,$F_2 = 1\ 785$ Hz),在后面章节中结合蓝旗村、四季屯和宏伟村语料一起进行实验和分析。

第三节　蓝旗村满语单元音实验研究

蓝旗村与大五家子地理位置相距不远,两地满语的元音系统基本相似,单元音也是 8 个:ɑ、u、i、o、y、ɛ、ə、e。本节在有关语料基础上对蓝旗村满语单元音进行实验分析。

一、蓝旗村满语单元音实验数据及声学分布

通过对蓝旗村满语进行实验,得出单元音共振峰 F_1、F_2 数据如下(表 3 - 3 - 1)。

根据表 3 - 3 - 1 的数据,做出蓝旗村满语元音声学分布图如下(图 3 - 3 - 1)。

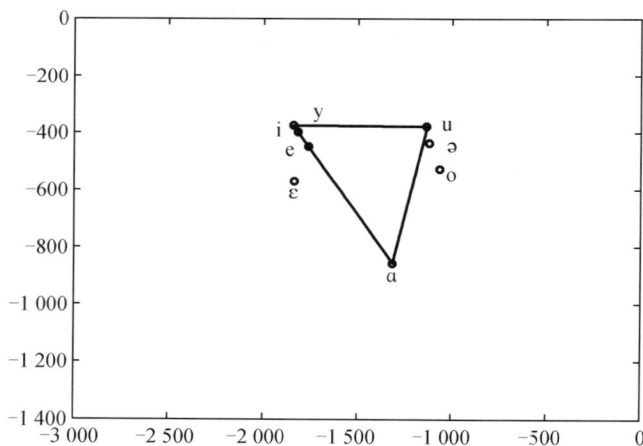

图 3 - 3 - 1　蓝旗村满语单元音声学分布图③

①　李兵. 满语元音系统的演变与原始阿尔泰语元音系统的重新构拟[J]. 民族语文,1999(3):17.

②　爱新觉罗·乌拉熙春. 满洲语语音研究[M]. 东京:东京玄文社,1992.

③　本节相关程序见附录 L1.

表3-3-1　蓝旗村满语单元音 F_1、F_2 数据统计表

共振峰＼元音	α		ə		i		o		u		e		ε		y	
	F_1	F_2	F_1	F_2	F_1	F_2	F_1	F_2	F_1	F_2	F_1	F_2	F_1	F_2	F_1	F_2
最大值（Hz）	937	1 356	472	1 189	441	1 973	581	1 140	439	1 209	533	1 878	652	1 873	413	1 894
最小值（Hz）	737	1 285	387	1 050	316	1 752	489	1 002	311	1 027	391	1 681	498	1 756	389	1 779
范围（Hz）	737~937	1 285~1 356	387~472	1 050~1 189	316~441	1 752~1 973	489~581	1 002~1 140	311~439	1 027~1 209	391~533	1 681~1 878	498~652	1 756~1 873	389~413	1 779~1 894
平均值（Hz）	854	1 318	440	1 120	378	1 844	527	1 069	380	1 136	448	1 759	569	1 833	400	1 820
标准差	49.3	17.2	22.1	41.5	36.4	48.9	29.2	43.4	31.7	45.3	31.5	51.1	52.1	44.9	10.6	45.2
样点数（个）	41	41	35	35	27	27	35	35	22	22	30	30	5	5	4	4
离散度	5.80%	1.3%	5.00%	3.70%	9.60%	2.60%	5.50%	4.00%	8.30%	3.90%	7.00%	2.90%	9.10%	2.40%	2.60%	2.40%

二、蓝旗村满语单元音实验数据的标准化处理

本次实验中,实验被试为国际音标标准元音和蓝旗村满语单元音,标准被试为国际音标标准元音。国际音标和蓝旗村满语共有元音为:ɑ、u、i、o、y、ɛ、ə、e,共振峰 F_1、F_2 数据如表 3 – 3 – 2 所示。

表 3 – 3 – 2　国际音标与蓝旗村满语共有元音 F_1、F_2 数据统计表

		i	e	ɛ	a	ɑ	ɔ	o	u	y	θ	œ	ɒ	ʌ	ɤ	ɯ	ə
国际音标	F_1	277	420	623	846	694	520	407	310	291	404	566	667	598	455	334	525
	F_2	2 278	2 149	1 848	1 371	984	784	684	647	2 032	1 705	1 517	898	1 097	1 112	1 209	1 502
	样本数	11	11	11	11	10	11	11	11	11	11	11	11	11	11	11	8
蓝旗村	F_1	378	448	569	854			527	380	400							440
	F_2	1 844	1 759	1 833	1 318			1 069	1 136	1 820							1 120
	样本数	27	30	5	41			35	22	4							35

根据表 3 – 3 – 2 中数据,运用 Matlab 程序计算出两个被试的模式特征值为:〔33 260　351 330〕、〔21 102　112 600〕。根据模式特征值,以国际音标标准元音为基准,运用 Matlab 软件对两个被试的共有元音的 F_1、F_2 数据进行标准化运算,得出的 Y 值数据如表 3 – 3 – 3 所示。

表 3 – 3 – 3　国际音标与蓝旗村满语共有元音 Y 值统计表

		i	e	ɛ	a	o	u	y	ə
Y_1	国际音标	277	420	623	846	407	310	291	525
	蓝旗村	310	398	550	907	497	312	337	388
Y_2	国际音标	2 278	2 149	1 848	1 371	684	647	2 032	1 502
	蓝旗村	2 194	2 044	2 174	1 265	825	943	2 151	915

由表 3 – 3 – 3 中的 Y 值数据,运用 Matlab 软件,做出国际音标与蓝旗村满语共有元音声学对比图(图 3 – 3 – 2)。

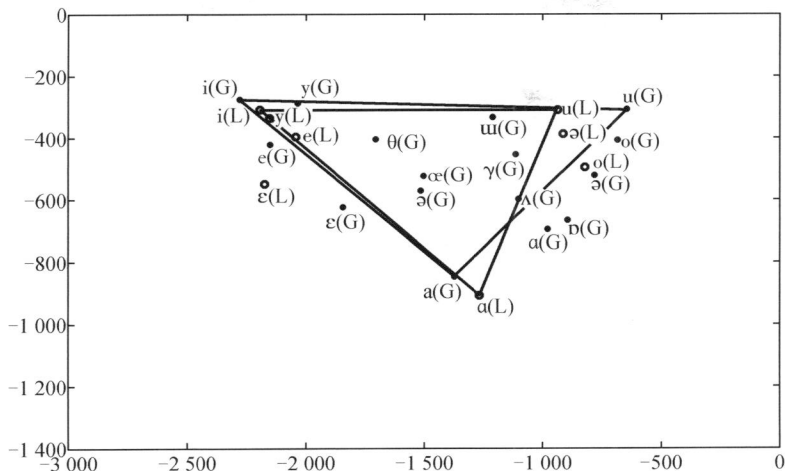

图 3 - 3 - 2　国际音标与蓝旗村满语共有元音声学比较图①

三、蓝旗村满语单元音的声学分析

总体来看,与国际音标标准元音相比(表 3 - 3 - 2 及图 3 - 3 - 2),蓝旗村满语元音声学三角形比国际音标三角形要小些,元音 ɑ、i、u 中,蓝旗村满语 i 位于[i]的靠后略下位置,u 在[u]的靠前位置,ɑ 在[a]的后且下、[ɑ]的前面位置。

关于元音 ɑ、i、u,从蓝旗村满语单元音 F_1、F_2 数据平均值统计表(表 3 - 3 - 1)可以看出,在蓝旗村满语 8 个单元音中,i(378 Hz,1 844 Hz)的 F_1 是 F_1 值中最小的,F_2 是 F_2 值中最大的;ɑ(854 Hz,1 318 Hz)的 F_1 是 F_1 值中最大的;u(380 Hz,1 136 Hz)的 F_1 是后元音中 F_1 值最小的。根据 F_1 越大舌位越低,F_1 越小舌位越高和 F_2 越大舌位越靠前,F_2 越小舌位越靠后的规律,可知 i、ɑ 分别位于前高和后低的顶点位置,u 位于后高的顶点位置,是三个顶点元音,其中 i 位于图中的最前、最高处,是前、高元音;ɑ 位于图中最低处,是一个低元音;u 位于图中后、最高处,是后、高元音,其他 5 个元音在以 i、ɑ、u 为顶点组成的三角形内部或附近分布。从图 3 - 3 - 1 可以看出,蓝旗村满语 8 个单元音中,前元音 4 个,分别为 i、e、ɛ、y;后元音 4 个,分别为 ə、o、u、ɑ。高元音 3 个,分别为 i、u、y;次高元音 2 个,分别为 ə、e;中元音 1 个为 o;次低元音 1 个为 ɛ;低元音 1 个为 ɑ。

---

① 图中,圆点"·"表示国际音标标准元音,圆圈"o"表示蓝旗村满语单元音;a(G)表示国际音标标准元音的[a],ɑ(L)表示蓝旗村满语单元音 ɑ,其他元音的标示与此相同;本节的相关程序见附录 L1。

1. 元音 α:通过对含有 α 的 41 个样本的 F_1、F_2 统计(表3-3-1)可知,该元音的第一共振峰的最大值与最小值分别为 937 Hz 和 737 Hz,二者之差为 200 Hz;第二共振峰的最大值与最小值分别为 1 356 Hz 和 1 285 Hz,二者之差为 71 Hz;F_1 的平均值为 854 Hz,F_2 的平均值为 1 318 Hz。

由图3-3-2 和表3-3-3 可知,α(Y_1 = 907 Hz,Y_2 = 1 265 Hz)和[a](Y_1 = 846 Hz,Y_2 = 1 371 Hz)的 Y_1 值相比,α > [a],二者之差为 61 Hz,说明 a 在[a]的靠下位置;Y_2 值相比,α < [a],二者之差为 106 Hz,说明 α 在[a]的靠后位置。与大五家子满语单元音 α(Y_1 = 847 Hz,Y_2 = 1 258 Hz)相比,蓝旗村 α > 大五家子 α,Y_1 之差为 60 Hz,Y_2 值之差为 7 Hz,说明蓝旗村满语 α 比大五家子满语 α 低且略前、比国际音标[a]靠后些。由于大五家子满语 α 为后、低、不圆唇元音,参照大五家子满语 α 的音值情况,可将蓝旗村满语 α 认为是后、低、不圆唇元音,但要比大五家子满语 α 略靠前。

2. 元音 ə:通过对含有 ə 的 35 个样本的 F_1、F_2 统计(表3-3-1)可知,该元音的第一共振峰的最大值与最小值分别为 472 Hz 和 387 Hz,二者之差为 85 Hz;第二共振峰的最大值与最小值分别为 1 189 Hz 和 1 050 Hz,二者之差为 139 Hz;F_1 的平均值为 440 Hz,F_2 的平均值为 1 120 Hz。从图3-3-2 可以看出,蓝旗村满语 ə 与国际音标[ɣ]、[ɯ]、[o]共同分布在图的后部位置。由表3-3-3 可知,ə(Y_1 = 388 Hz,Y_2 = 915 Hz)与[ɣ](Y_1 = 455 Hz,Y_2 = 1 112 Hz)、[ɯ](Y_1 = 334 Hz,Y_2 = 1 209 Hz)、[o](Y_1 = 407 Hz,Y_2 = 684 Hz)相比,Y_1 值的大小为:[ɣ] > [o] > ə > [ɯ];Y_2 值大小为:[ɯ] > [ɣ] > ə > [o]。从高低维度看,ə 低于[ɯ]而高于[o]和[ɣ],从前后维度看,ə 位于[ɯ]和[ɣ]之后,[o]的前面。综上,可认为蓝旗村满语元音 ə 是后、次高、不圆唇元音。

3. 元音 i:通过对含有 i 的 27 个样本的 F_1、F_2 统计(表3-3-1)可知,该元音的第一共振峰的最大值与最小值分别为 441 Hz 和 316 Hz,二者之差为 125 Hz;第二共振峰的最大值与最小值分别为 1 973 Hz 和 1 752 Hz,二者之差为 221 Hz;F_1 的平均值为 378 Hz,F_2 的平均值为 1 844 Hz。由图3-3-2 和表3-3-3 可知,i(Y_1 = 310 Hz,Y_2 = 2 194 Hz)和国际音标[i](Y_1 = 277 Hz,Y_2 = 2 278 Hz)的 Y_1 值相比,i > [i],说明 i 比[i]略靠下,但比[ɯ](Y_1 = 334 Hz)高;Y_2 值相比,i < [i],说明 i 在[i]的靠后位置,但比[e](Y_2 = 2 149 Hz)靠前。由于[i]是前高元音,i 与[i]位置相近,又因[e]是前元音,[ɯ]是高元音,由此可认为蓝旗村满语元音 i 是前、高、不圆唇元音,位于国际音标[i]的靠后、略靠下的位置。

4. 元音 o:通过对含有 o 的 35 个样本的 F_1、F_2 统计(表3-3-1)可知,该元音的第一共振峰的最大值与最小值分别为 581 Hz 和 489 Hz,二者之差为 92 Hz;第二共振峰的最大值与最小值分别为 1 140 Hz 和 1 002 Hz,二者之差为 138 Hz;F_1 的平均值为 527 Hz,F_2 的平均值为 1 069 Hz。由图 3 - 3 - 2 和表 3 - 3 - 3 可知,o(Y_1 = 497 Hz,Y_2 = 825 Hz)与[o](Y_1 = 407 Hz,Y_2 = 684 Hz)、[ɔ](Y_1 = 520 Hz,Y_2 = 784 Hz)相比,Y_1 值的大小比较为:[ɔ] > o > [o]。Y_2 值大小比较为:o > [ɔ] > [o]。o 与[o]的 Y_1 值相差为 90 Hz,与[ɔ]的 Y_1 值相差为 23 Hz;o 与[o]、[ɔ]的 Y_2 值分别相差 141 Hz 和 41 Hz。从前后维度看,o 位于[ɔ]、[o]的前面;从高低维度看,o 位于[ɔ]、[o]之间,即[ɔ]的上方,[o]的下方,相差不是很大。综上,可认为蓝旗村满语元音 o 是后、中、圆唇元音,位于[o]和[ɔ]之间,高于[ɔ],略低于[o]。

5. 元音 u:通过对含有 u 的 22 个样本的 F_1、F_2 统计(表 3 - 3 - 1)可知,该元音的第一共振峰的最大值与最小值分别为 439 Hz 和 311 Hz,二者之差为 128 Hz;第二共振峰的最大值与最小值分别为 1 209 Hz 和 1 027 Hz,二者之差为 182 Hz;F_1 的平均值为 380 Hz,F_2 的平均值为 1 136 Hz。由图 3 - 3 - 2 和表 3 - 3 - 3 可知,u(Y_1 = 312 Hz,Y_2 = 943 Hz)和国际音标[u](Y_1 = 310 Hz,Y_2 = 647 Hz)的 Y_1 值相比,u > [u],相差为 2 Hz,说明 u 比[u]略低,u 是一个高元音;Y_2 值相比,u > [u],说明 u 在[u]的靠前位置。u 与[ɯ](Y_1 = 334 Hz,Y_2 = 1 209 Hz)的 Y 值相比,u 的 Y_1、Y_2 值都小于[ɯ]的 Y_1、Y_2 值,表明 u 比[ɯ]略高且后。由于[u]、[ɯ]都是后、高元音,可认为 u 是一个后、高、圆唇元音,位于国际音标[u]的前而略下位置。

6. 元音 e:通过对含有 e 的 30 个样本的 F_1、F_2 统计(表 3 - 3 - 1)可知,该元音的第一共振峰的最大值与最小值分别为 533 Hz 和 391 Hz,二者之差为 142 Hz;第二共振峰的最大值与最小值分别为 1 878 Hz 和 1 681 Hz,二者之差为 197 Hz;F_1 的平均值为 448 Hz,F_2 的平均值为 1 759 Hz。由图 3 - 3 - 2 和表 3 - 3 - 3 可知,e(Y_1 = 398 Hz,Y_2 = 2 044 Hz)和国际音标[e](Y_1 = 420 Hz,Y_2 = 2 149 Hz)的 Y_1 值相比 e < [e],相差为 22 Hz,说明 e 比[e]略高;Y_2 值相比,e < [e],相差 105 Hz,说明 e 比[e]的位置略靠后,但比[y](Y_1 = 291 Hz,Y_2 = 2 032 Hz)靠前且低。由于[e]是一个前、半高元音,[y]是前、高元音,因此可认为蓝旗村满语元音 e 是前、次高、不圆唇元音,位于国际音标[e]的后而略上的位置。

7. 元音 ɛ:在蓝旗村满语的现有语料中,含有元音 ɛ 的语料较少,仅找到 5 个,因此本次实验不具有统计意义,相关结果仅供参考。观察表 3 - 3 - 1 可知,该元音的第一共振峰的最大值与最小值分别为 652 Hz 和 498 Hz,二者之差为 154 Hz;第二共振峰的最大值与最小值分别为 1 873 Hz 和 1 756 Hz,二者之差为 117 Hz;F_1 的平均值为 569 Hz,F_2 的平均值为 1 833 Hz;由图 3 - 3 - 2 和表 3 - 3 - 3 可知,ɛ(Y_1 = 550 Hz,Y_2 = 2 174 Hz)和国际音标[ɛ](Y_1 = 623 Hz,Y_2 = 1 848 Hz)的 Y_1 值相比,ɛ < [ɛ],相差为 73 Hz,说明 ɛ 比[ɛ]要高;Y_2 值相比,ɛ > [ɛ],相差 105 Hz,说明 ɛ

比[ɛ]靠前。ɛ($Y_2 = 2\ 174\ Hz$)与[e]($Y_2 = 2\ 149\ Hz$)的舌位前后大抵相近,比较二者的 Y_2 值可知,二者相差 25 Hz,可见 ɛ 在[e]的略靠前位置,由于[e]是前元音,可知 ɛ 也是一个前元音。ɛ($Y_1 = 550\ Hz$)与[œ]($Y_1 = 566\ Hz$)高低大抵相近,二者的 Y_1 值相差 16 Hz,ɛ 比[œ]稍高。由于[œ]是半低元音,因此 ɛ 也为半低元音。综上,可认为 ɛ 是前、半低、不圆唇元音,位于[ɛ]前并靠上位置。

8.元音 y:在蓝旗村满语的现有语料中,含有元音 y 的语料也不多见,仅找到 4 个,因此对 y 的实验及分析仅供参考。通过表 3 – 3 – 1 可知,该元音的第一共振峰的最大值与最小值分别为 413 Hz 和 389 Hz,二者之差为 24 Hz;第二共振峰的最大值与最小值分别为 1 894 Hz 和 1 779 Hz,二者之差为 115 Hz;F_1 的平均值为 400 Hz,F_2 的平均值为 1 820 Hz。由图 3 – 3 – 2 和表 3 – 3 – 3 可知,y($Y_1 = 337\ Hz$,$Y_2 = 2\ 151\ Hz$)和国际音标[y]($Y_1 = 291\ Hz$,$Y_2 = 2\ 032\ Hz$)的 Y_1 值相比,y > [y],相差为 46 Hz,说明 y 比[y]要低;Y_2 值相比,y > [y],相差 121 Hz,说明 y 比[y]靠前,由此可认为蓝旗村满语元音 y 是一个前、高、圆唇元音。

第四节　四季屯满语单元音实验研究

通过对四季屯满语相关语料的归纳整理,可知四季屯满语元音有 8 个音位,分别是 ɑ、u、i、o、y、ɛ、ə、e。本节在这些语料基础上对四季屯满语元音进行实验和分析。

一、四季屯满语单元音实验数据及声学分布

通过实验,得出四季屯满语单元音 F_1、F_2 数据如下。

根据表 3 – 4 – 1 中的有关数据,做出四季屯满语单元音声学分布图如下(图 3 – 4 – 1)。

表 3 - 4 - 1　四季屯满语单元音 F_1、F_2 数据统计表

共振峰 元音	a		ə		i		o		u		e		ε		y	
	F_1	F_2	F_1	F_2	F_1	F_2	F_1	F_2	F_1	F_2	F_1	F_2	F_1	F_2	F_1	F_2
最大值(Hz)	889	1 344	538	1 233	434	1 928	559	1 187	434	1 189	553	1 829	751	1 805	393	1 802
最小值(Hz)	775	1 274	381	1 064	310	1 734	437	992	316	1 024	356	1 681	636	1 661	306	1 721
范围(Hz)	775～889	1 274～1 344	381～538	1 064～1 233	310～434	1 734～1 928	437～559	992～1 187	316～434	1 024～1 189	356～553	1 681～1 829	636～751	1 661～1 805	306～393	1 721～1 802
平均值(Hz)	833	1 313	465	1 150	368	1 821	512	1 052	369	1 119	443	1 763	679	1 720	347	1 772
标准差	32.8	19.9	37	43.1	26.4	49.5	25.1	42.1	28.1	38.8	38.1	33	35.9	37.7	27.2	20.6
样点数(个)	128	128	98	98	105	105	147	147	83	83	112	112	25	25	20	20
离散度	3.90	1.5	7.90	3.70	7.10	2.70	4.90	4.00	7.60	3.40	8.60	1.80	5.20	2.10	7.80	1.10

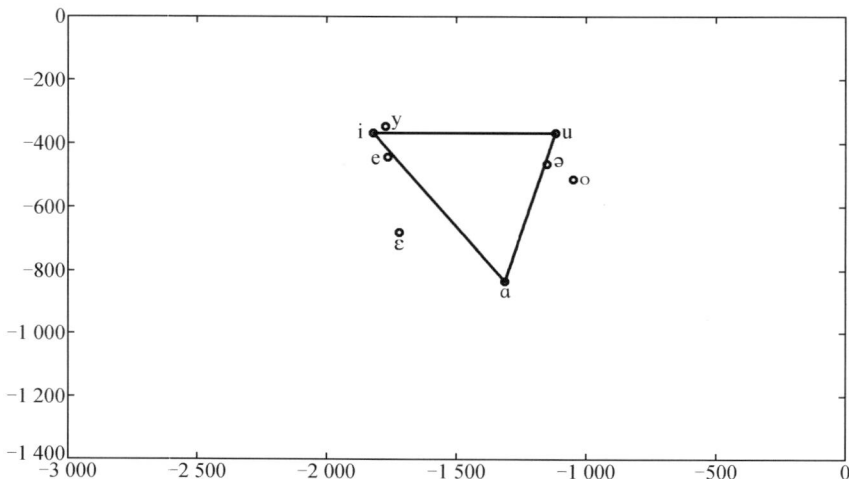

图 3 − 4 − 1　四季屯满语单元音声学分布图①

二、四季屯满语单元音实验数据的标准化处理

本次实验中,分别以国际音标和四季屯满语单元音为实验被试,以国际音标标准元音为标准被试,对数据进行标准化处理。国际音标和四季屯满语有 8 个共有元音,分别为:ɑ、u、i、o、y、ɛ、ə、e。有关 F_1、F_2 数据如表 3 − 4 − 2 所示。

表 3 − 4 − 2　国际音标与四季屯满语共有元音 F_1、F_2 数据统计表

		i	e	ɛ	a	ɑ	ɔ	o	u	y	θ	œ	ɒ	ʌ	ɣ	ɯ	ə
国际音标	F_1	277	420	623	846	694	520	407	310	291	404	566	667	598	455	334	525
	F_2	2 278	2 149	1 848	1 371	984	784	684	647	2 032	1 705	1 517	898	1 097	1 112	1 209	1 502
	样本数	11	11	11	11	10	11	11	11	11	11	11	11	11	11	11	8
四季屯	F_1	368	443	679	833			512	369	347							465
	F_2	1 821	1 763	1 720	1 313			1 052	1 119	1 772							1 150
	样本数	105	112	25	128			147	83	20							98

根据表 3 − 4 − 2 中的实验数据,运用 Matlab 软件求出其模式特征值为:[33 260　351 330]、[24 806　99 310]。根据模式特征值,以国际音标标准元音为基

---

①　本节相关程序见附录 S1.

准,运用 Matlab 软件对两个被试的共有元音的 F_1、F_2 的数据进行标准化运算,得出 Y 值数据如表 3 - 4 - 3 所示。

表 3 - 4 - 3　国际音标与四季屯满语共有元音 Y 值统计表

		i	e	ɛ	a	o	u	y	ə
Y_1	国际音标	277	420	623	846	407	310	291	525
	四季屯	307	394	667	846	474	308	283	420
Y_2	国际音标	2 278	2 149	1 848	1 371	684	647	2 032	1 502
	四季屯	2 236	2 127	2 046	1 280	789	915	2 144	974

由表 3 - 4 - 3 中的 Y 值数据,运用 Matlab 软件,做出国际音标与四季屯满语共有元音声学对比图(图 3 - 4 - 2)。

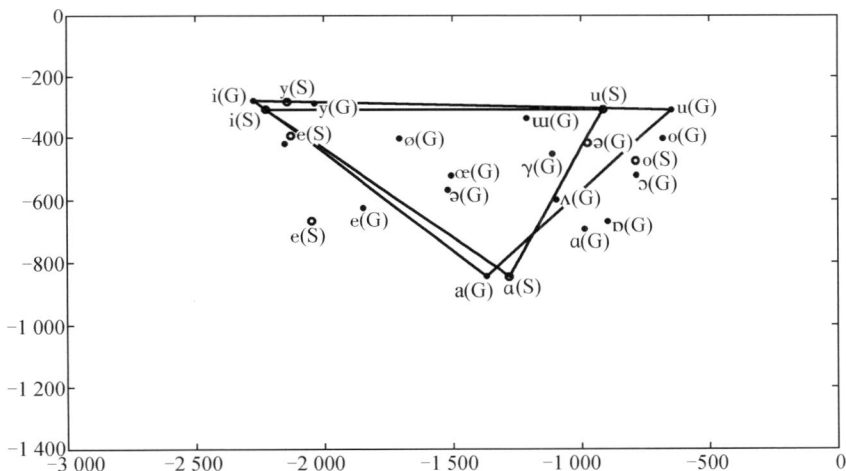

图 3 - 4 - 2　国际音标与四季屯满语共有元音声学比较图①

三、四季屯满语单元音的声学分析

与国际音标标准元音相比(表 3 - 4 - 2 及图 3 - 4 - 2),四季屯满语元音三角

---

①　图中,圆点"·"代表国际音标标准元音,圆圈"o"代表四季屯满语单元音;a(G)表示国际音标标准元音的[a],ɑ(S)表示四季屯满语单元音 ɑ,其他元音的标示与此相同;本节相关程序见附录 S1.

形比国际音标三角形要小。元音 ɑ、i、u 中,四季屯满语的 i 位于国际音标[i]的靠后稍靠下的位置,u 在国际音标[u]的靠前位置,ɑ 在国际音标[a]的略后靠上、[ɑ]的前面位置。从表 3 - 4 - 1 可知,四季屯满语 8 个单元音中,i(368 Hz、1 821 Hz)的 F_1 是 F_1 值中最小的,F_2 是 F_2 值中最大的;ɑ(833 Hz、1 313 Hz)的 F_1 是 F_1 值中最大的;u(369 Hz、1 119 Hz)的 F_1 是后元音 F_1 值中最小的。根据 F_1 越大舌位越低,F_1 越小舌位越高和 F_2 越大舌位越靠前,F_2 越小舌位越靠后的规律,可知,i、ɑ 分别位于前高和前低的顶点位置,u 位于后高的顶点位置,是三个顶点元音,其中 i 位于图中的最前、最高处,是前、高元音;ɑ 位于图中最低处,是低元音;u 位于图中后、高处,是后、高元音。其他 5 个元音在以 i、ɑ、u 为顶点组成的三角形内部或附近分布。

从图 3 - 4 - 1 可以看出,四季屯满语的 8 个单元音中,前元音 4 个,分别为 i、e、ɛ、y;后元音 4 个,分别为 ə、o、u、ɑ。高元音 3 个,分别为 i、u、y;次高元音 2 个,分别为 ə、e;中元音 1 个为 o;次低元音 1 个为 ɛ;低元音 1 个为 ɑ。

1. 元音 ɑ:通过观察含有 ɑ 的 128 个语料的实验数据(表 3 - 4 - 1)可知,该元音的第一共振峰的最大值与最小值分别为 889 Hz 和 775 Hz,二者之差为 114 Hz;第二共振峰的最大值与最小值分别为 1 344 Hz 和 1 274 Hz,二者之差为 70 Hz;F_1 的平均值为 833 Hz,F_2 的平均值为 1 313 Hz。由图 3 - 4 - 2 和表 3 - 4 - 3 可知,ɑ(Y_1 = 846 Hz,Y_2 = 1 280 Hz)和国际音标[a](Y_1 = 846 Hz,Y_2 = 1 371 Hz)的 Y_1 值相比,ɑ = [a],说明四季屯满语 ɑ 与国际音标[a]高低位置相同;Y_2 值相比,ɑ < [a],二者之差为 91 Hz,说明 ɑ 在[a]的后方位置,更接近[ɯ](Y_2 = 1 209 Hz)。与大五家子满语 ɑ(Y_1 = 847 Hz,Y_2 = 1 258 Hz)相比,四季屯 ɑ 的 Y_1 值 < 大五家子 ɑ 的 Y_1 值,说明四季屯满语 ɑ 稍微靠上。Y_2 值相比,四季屯满语 ɑ > 大五家子满语 ɑ,但差值较小,说明四季屯满语 ɑ 比大五家子满语 ɑ 略靠前。因国际音标[a]是前、低元音,大五家子满语 ɑ 是后、低元音且接近央元音位置,由此可认为四季屯满语 ɑ 是后、低、不圆唇元音,接近央元音位置。

2. 元音 ə:通过观察含有 ə 的 98 个语料的实验数据(表 3 - 4 - 1)可知,该元音的第一共振峰的最大值与最小值分别为 538 Hz 和 381 Hz,二者之差为 157 Hz;第二共振峰的最大值与最小值分别为 1 233 Hz 和 1 064 Hz,二者之差为 169 Hz;F_1 的平均值为 465 Hz,F_2 的平均值为 1 150 Hz。由图 3 - 4 - 2 可以看出,四季屯满语 ə 与国际音标[ɣ]、[ɯ]都分布在图的后中上部位置。由表 3 - 4 - 3 可知,ə(Y_1 = 420 Hz,Y_2 = 974 Hz)与[ɣ](Y_1 = 455 Hz,Y_2 = 1 112 Hz)、[ɯ](Y_1 = 334 Hz,Y_2 = 1 209 Hz)相比,Y_1 值的大小为:[ɣ] > ə > [ɯ];Y_2 值大小为:[ɯ] > [ɣ] > ə。从高低维度看,ə 位于[ɣ]、[ɯ]之间,低于[ɯ]而高于[ɣ];从前后维度看,ə 位于[ɯ]

和[ɤ]之后。由于[ɯ]是后、高元音,[ɤ]是后、半高元音,由此可认为ə是后、次高、不圆唇元音。

3. 元音 i:通过观察含有 i 的 105 个语料的实验数据(表 3 – 4 – 1)可知,该元音的第一共振峰的最大值与最小值分别为 434 Hz 和 310 Hz,二者之差为 124 Hz;第二共振峰的最大值与最小值分别为 1 928 Hz 和 1 734 Hz,二者之差为 194 Hz;F_1 的平均值为 368 Hz,F_2 的平均值为 1 821 Hz。由图 3 – 4 – 2 和表 3 – 4 – 3 可知,i(Y_1 = 307 Hz,Y_2 = 2 236 Hz)和[i](Y_1 = 277 Hz,Y_2 = 2 278 Hz)的 Y_1 值相比,i > [i],说明 i 比[i]略靠下;但比[ɯ](Y_1 = 334 Hz)高;Y_2 值相比,i < [i],说明 i 在[i]的靠后位置,但比[e](Y_2 = 2 149 Hz)靠前。由于[i]是前、高、不圆唇元音,i 与之位置相近,又因[e]是前元音,[ɯ]是高元音,由此可认为四季屯满语元音 i 是前、高、不圆唇元音,位于国际音标[i]靠后、略靠下的位置。

4. 元音 o:通过观察含有 o 的 147 个语料的实验数据(表 3 – 4 – 1)可知,该元音的第一共振峰的最大值与最小值分别为 559 Hz 和 437 Hz,二者之差为 122 Hz;第二共振峰的最大值与最小值分别为 1 187 Hz 和 992 Hz,二者之差为 195 Hz;F_1 的平均值为 512 Hz,F_2 的平均值为 1 052 Hz。由图 3 – 4 – 2 和表 3 – 4 – 3 可知,o(Y_1 = 474 Hz,Y_2 = 789 Hz)与[o](Y_1 = 407 Hz,Y_2 = 684 Hz),[ɔ](Y_1 = 520 Hz,Y_2 = 784 Hz)相比,Y_1 值的大小:[ɔ] > o > [o];Y_2 值大小为:o > [ɔ] > [o]。o 与[o]的 Y_1 值相差 67 Hz,与[ɔ]的 Y_1 值相差 46 Hz;o 与[o]、[ɔ]的 Y_2 值分别相差 105 Hz、5 Hz。从前后维度看,o 位于[ɔ]的后面、[o]的前面;从高低维度看,o 位于[ɔ]、[o]之间,即[ɔ]的上方,[o]的下方,相差不是很大。综上,可知 o 是后、中、圆唇元音,位于[o]和[ɔ]之间,比[o]略低,但要高于[ɔ]。

5. 元音 u:通过观察含有 u 的 83 个语料的实验数据(表 3 – 4 – 1)可知,该元音的第一共振峰的最大值与最小值分别为 434 Hz 和 316 Hz,二者之差为 118 Hz;第二共振峰的最大值与最小值分别为 1 189 Hz 和 1 024 Hz,二者之差为 165 Hz;F_1 的平均值为 369 Hz,F_2 的平均值为 1 119 Hz。由图 3 – 4 – 2 和表 3 – 4 – 3 可知,u(Y_1 = 308 Hz,Y_2 = 915 Hz)和[u](Y_1 = 310 Hz,Y_2 = 647 Hz)的 Y_1 值相等,即 u < [u],说明 u 略高于[u],由于[u]是一个高元音,因此 u 也是高元音。Y_2 值相比,u > [u],二者之差为 268 Hz,说明 u 比[u]要靠前。u 与[ɯ](Y_1 = 334 Hz,Y_2 = 1 209 Hz)的 Y 值相比,u 的 Y_1、Y_2 值都小于[ɯ]的 Y_1、Y_2 值,说明 u 比[ɯ]略高且后。同时 u 与[ʊ](Y_1 = 667 Hz,Y_2 = 898 Hz)的前后位置基本相近。由于[ʊ]、[u]都是后元音,[u]、[ɯ]都是后、高元音,由此可认为 u 是后、高、圆唇元音,高低与[u]基本相同,但比[u]靠前。

6. 元音 e:通过观察含有 e 的 112 个语料的实验数据(表 3 – 4 – 1)可知,该元音的第一共振峰的最大值与最小值分别为 553 Hz 和 356 Hz,二者之差 197 Hz;第二共振峰的最大值与最小值分别为 1 829 Hz 和 1 681 Hz,二者之差为 148 Hz;F_1 的平均值为 443 Hz,F_2 的平均值为 1 763 Hz。由图 3 - 4 - 2 和表 3 - 4 - 3 可知,e(Y_1 = 394 Hz,Y_2 = 2 127 Hz)和[e](Y_1 = 420 Hz,Y_2 = 2 149 Hz)的 Y_1 值相比 e<[e],相差为 26 Hz,可知 e 比[e]略高;Y_2 值相比,e<[e],相差 22 Hz,可知 e 比[e]位置略靠后,但比[y](Y_1 = 291 Hz,Y_2 = 2 032 Hz)靠前且低。由于[e]是一个前、半高元音,[y]是前、高元音,由此可认为 e 是前、次高、不圆唇元音,位于[e]上、略后的位置。

7.元音 ε:通过观察含有 ε 的 25 个语料的实验数据(表 3 - 4 - 1)可知,该元音的第一共振峰的最大值与最小值分别为 751 Hz 和 636 Hz,二者之差为 115 Hz;第二共振峰的最大值与最小值分别为 1 805 Hz 和 1 661 Hz,二者之差为 144 Hz;F_1 的平均值为 679 Hz,F_2 的平均值为 1 720 Hz;由图 3 - 4 - 2 和表 3 - 4 - 3 可知,ε(Y_1 = 667 Hz,Y_2 = 2 046 Hz)和[ε](Y_1 = 623 Hz,Y_2 = 1 848 Hz)的 Y_1 值相比 ε>[ε],相差为 44 Hz,说明 ε 比[ε]略低;Y_2 值相比,ε > [ε],相差 198 Hz,说明 ε 比[ε]靠前。综上,可认为 ε 是前、半低、不圆唇元音,在[ε]前并略下位置。

8.元音 y:在四季屯满语的现有语料中,y 的样本语料也不多,仅找到 20 个,因此本节关于 y 的实验仅供参考。由表 3 - 4 - 1 可知,该元音的第一共振峰的最大值与最小值分别为 393 Hz 和 306 Hz,二者之差为 87 Hz;第二共振峰的最大值与最小值分别为 1 802 Hz 和 1 721 Hz,二者之差为 81 Hz;F_1 的平均值为 347 Hz,F_2 的平均值为 1 772 Hz。由图 3 - 4 - 2 和表 3 - 4 - 3 可知,y(Y_1 = 283 Hz,Y_2 = 2 144 Hz)和[y](Y_1 = 291 Hz,Y_2 = 2 032 Hz)的 Y_1 值相比 y<[y],相差为 8 Hz,数值相差较小,说明 y 比[y]稍高;Y_2 值相比,y>[y],相差 112 Hz,说明 y 比[y]靠前。综上可认为 y 是前、高、圆唇元音,比[y]高、略前。

第五节　宏伟村满语单元音实验研究

宏伟村满语的元音系统与大五家子、蓝旗村、四季屯等地相似,也有 8 个单元音,分别为 ɑ、u、i、o、y、ε、ə、e。本节对宏伟村满语的单元音进行实验分析。

一、宏伟村满语单元音实验数据及声学分布

通过实验,得出宏伟村满语单元音 F_1、F_2 数据表 3 - 5 - 1 所示。

表3-5-1 宏伟村满语单元音 F_1、F_2 数据统计表

元音 / 共振峰	ɑ F_1	ɑ F_2	ə F_1	ə F_2	i F_1	i F_2	o F_1	o F_2	u F_1	u F_2	e F_1	e F_2	ɛ F_1	ɛ F_2	y F_1	y F_2
最大值（Hz）	952	1 319	512	1 240	448	1 874	578	1 275	462	1 291	511	1 824	652	1 796	399	1 794
最小值（Hz）	767	1 244	435	1 112	331	1 703	478	1 010	336	1 132	377	1 632	593	1 698	344	1 715
范围（Hz）	767~952	1 244~1 359	435~512	1 112~1 240	331~448	1 703~1 874	478~578	1 010~1 275	336~462	1 132~1 291	377~511	1 632~1 824	593~652	1 698~1 796	344~399	1 715~1 794
平均值（Hz）	845	1 293	475	1 182	384	1 811	519	1 086	394	1 194	452	1 737	628	1 739	367	1 765
标准差	36.2	17	22.5	30.5	28.7	44.6	30	57.9	33	37.2	34.2	47.2	21.9	37.4	22.8	23.6
样点数（个）	74	74	28	28	46	46	71	71	33	33	34	34	5	5	7	7
离散度	4.30%	1.3%	4.70%	2.50%	7.40%	2.40%	5.70%	5.30%	8.30%	3.10%	7.50%	2.70%	3.50%	2.10%	6.20%	1.30%

根据表 3 - 5 - 1 中的有关数据,做出宏伟村满语单元音声学分布图(图 3 - 5 - 1)。

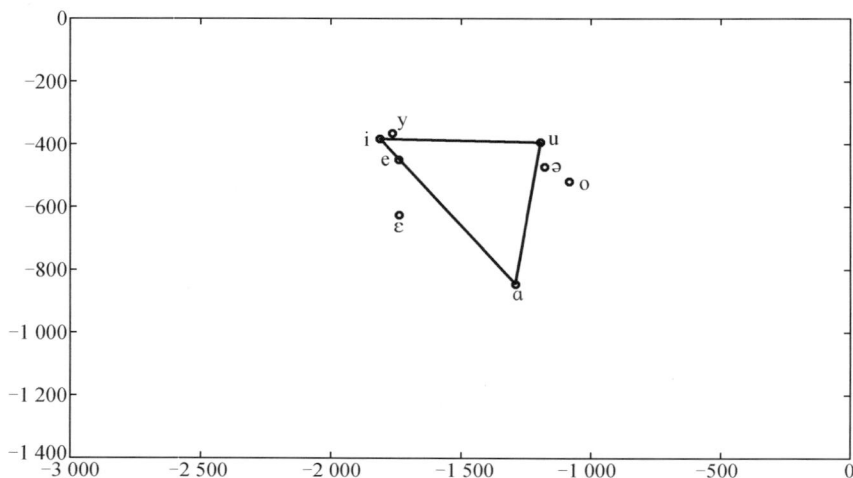

图 3 - 5 - 1　宏伟村满语单元音声学分布图①

二、宏伟村满语单元音实验数据的标准化处理

本次实验中,分别以国际音标和宏伟村满语单元音为实验被试,以国际音标为标准被试,对数据进行标准化处理。国际音标和宏伟村满语有 8 个共有元音,分别为:ɑ、u、i、o、y、ɛ、ə、e。相关 F_1、F_2 数据如表 3 - 5 - 2 所示。

表 3 - 5 - 2　国际音标与宏伟村满语共有元音 F_1、F_2 数据统计表

		i	e	ɛ	a	ɑ	ɔ	o	u	y	θ	œ	ɒ	ʌ	ɣ	ɯ	ə
国际音标	F_1	277	420	623	846	694	520	407	310	291	404	566	667	598	455	334	525
	F_2	2 278	2 149	1 848	1 371	984	784	684	647	2 032	1 705	1 517	898	1 097	1 112	1 209	1 502
	样本数	11	11	11	11	10	11	11	11	11	11	11	11	11	11	11	8
宏伟村	F_1	384	452	628	845			519	394	367							475
	F_2	1 811	1 737	1 739	1 293			1 086	1 194	1 765							1 182
	样本数	46	34	5	74			71	33	7							28

---

① 本节相关程序见附录 H1.

根据表 3 - 5 - 2 中实验数据,运用 Matlab 软件计算出两个被试的模式特征值为:[33 260　351 330]、[20 645　87 499]。根据模式特征值,以国际音标为基准,运用 Matlab 软件对两个被试的共有元音的 F_1、F_2 的实验数据进行标准化运算,获得的 Y 值数据如表 3 - 5 - 3 所示。

表 3 - 5 - 3　国际音标与宏伟村满语共有元音 Y 值统计表

		i	e	ε	a	o	u	y	ə
Y_1	国际音标	277	420	623	846	407	310	291	525
	宏伟村	305	391	615	890	476	318	283	420
Y_2	国际音标	2 278	2 149	1 848	1 371	684	647	2 032	1 502
	宏伟村	2 235	2 087	2 091	1 197	783	999	2 143	975

由表 3 - 5 - 3 中的 Y 值数据,运用 Matlab 软件,做出国际音标与宏伟村满语共有元音声学对比图如下(图 3 - 5 - 2)。

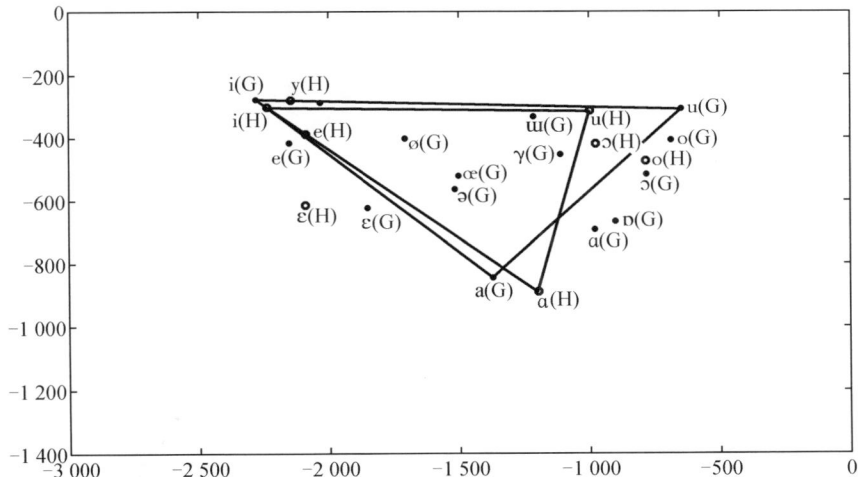

图 3 - 5 - 2　国际音标与宏伟村满语共有元音声学比较图①

①　图中圆点"·"代表国际音标标准元音,圆圈"o"代表宏伟村满语单元音;a(G)表示国际音标标准元音的[a],ɑ(H)表示宏伟村满语单元音 ɑ,其他元音的标示与此相同;本节相关程序见附录 H1.

三、宏伟村满语单元音的声学分析

总体来看,与国际音标相比(表 3 - 5 - 2 及图 3 - 5 - 2),宏伟村满语元音三角形比国际音标三角形要小,且三角形的下顶点 ɑ 明显靠后靠下。三个顶点元音中,i 位于[i]靠后稍下的位置,u 在[u]的靠前位置,ɑ 在[a]后且下的位置。

从宏伟村满语实验数据(表 3 - 5 - 1)可知,宏伟村满语 8 个单元音中,i(384 Hz、1 811 Hz)的 F_2 是 F_2 值中最大的;ɑ(845 Hz、1 293 Hz)的 F_1 是 F_1 值中最大的;u(394 Hz、1 194 Hz)的 F_1 是后元音中 F_1 值最小的。根据 F_1 越大舌位越低,F_1 越小舌位越高和 F_2 越大舌位越靠前,F_2 越小舌位越靠后的规律,可知,i、ɑ 分别位于前高和前低的顶点位置,u 位于后高的顶点位置,是三个顶点元音。其中 i 位于图中的最前、高处,是前、高元音;ɑ 位于图中前方最低处,是前、低元音;u 位于图中后、高处,是后、高元音。其他 5 个元音在以 i、ɑ、u 为顶点组成的三角形内部或附近分布。从图 3 - 5 - 1 可以看出,宏伟村满语 8 个单元音中,前元音 4 个,分别为 i、e、ɛ、y;后元音 4 个,分别为 ə、o、u、ɑ。高元音 3 个,分别为 i、u、y;次高元音 2 个,分别为 ə、e;中元音 1 个为 o;次低元音 1 个为 ɛ;低元音 1 个为 ɑ。

1. 元音 ɑ:通过观察含有 ɑ 的 74 个语料的数据(表 3 - 5 - 1)可知,该元音的第一共振峰的最大值与最小值分别为 952 Hz、767 Hz,二者之差为 185 Hz;第二共振峰的最大值与最小值分别为 1 319 Hz、1 244 Hz,二者之差为 75 Hz;F_1 的平均值为 845 Hz,F_2 的平均值为 1 293 Hz。观察图 3 - 5 - 2 和表 3 - 5 - 3 可知,ɑ($Y_1 = 890$ Hz,$Y_2 = 1$ 197 Hz)和[a]($Y_1 = 846$ Hz,$Y_2 = 1$ 371 Hz)的 Y_1 值相比,ɑ > [a],二者之差为 44 Hz,说明 ɑ 位于[a]的下方,因为[a]是低元音,可知 ɑ 亦为低元音。Y_2 值相比,ɑ < [a],二者之差为 174 Hz,说明 ɑ 位于[a]的后面。ɑ 与[ɯ]($Y_1 = 334$ Hz,$Y_2 = 1$ 209 Hz)的 Y_2 之差为 12 Hz,说明 ɑ 位于[ɯ]略前,因国际音标[ɯ]为后元音,由此可认为宏伟村满语元音 ɑ 为后、低、不圆唇元音,位于国际音标[a]后且略下位置。

2. 元音 ə:通过观察含有 ə 的 28 个语料的数据(表 3 - 5 - 1)可知,该元音的第一共振峰的最大值与最小值分别为 512 Hz 和 435 Hz,二者之差为 77 Hz;第二共振峰的最大值与最小值分别为 1 240 Hz 和 1 112 Hz,二者之差为 128 Hz;F_1 的平均值为 475 Hz,F_2 的平均值为 1 182 Hz。由图 3 - 5 - 2 可以看出,ə 与[ɤ]、[ɯ]分布在图的后、上部位置。由表 3 - 5 - 3 可知,ə($Y_1 = 420$ Hz,$Y_2 = 975$ Hz)与[ɤ]($Y_1 = 455$ Hz,$Y_2 = 1$ 112 Hz)、[ɯ]($Y_1 = 334$ Hz,$Y_2 = 1$ 209 Hz)相比,Y_1 值的大小为:[ɤ] > ə > [ɯ];Y_2 值大小为:[ɯ] > [ɤ] > ə,从高低维度看,ə 位于[ɤ]、[ɯ]之间;从前后维度看,ə 在[ɯ]、[ɤ]的后方。由于[ɯ]是后、高元音,[ɤ]是后、半高元音,综上可认为 ə 是后、次高、不圆唇元音,音值位于[ɯ]、[ɤ]之后,高低位于

[ɯ]、[ɣ]之间。

3.元音 i:通过观察含有 i 的 46 个语料的数据(表 3 - 5 - 1)可知,该元音的第一共振峰的最大值与最小值分别为 448 Hz 和 331 Hz,二者之差为 117 Hz;第二共振峰的最大值与最小值分别为 1 874 Hz 和 1 703 Hz,二者之差为 171 Hz;F_1 的平均值为 384 Hz,F_2 的平均值为 1811 Hz。由图 3 - 5 - 2 和表 3 - 5 - 3 可知,i($Y_1 = 305$ Hz,$Y_2 = 2$ 235 Hz)和[i]($Y_1 = 277$ Hz,$Y_2 = 2$ 278 Hz)的 Y_1 值相比,i > [i],说明 i 比[i]略靠下,但比[ɯ]($Y_1 = 334$ Hz)高;Y_2 值相比,i < [i],说明 i 在[i]的靠后位置,但比[e]($Y_2 = 2$ 149 Hz)靠前。由于[i]是前、高、不圆唇元音,i 与之位置相近,又因[e]是前元音,[ɯ]是高元音,由此可认为 i 是前、高、不圆唇元音,位于国际音标[i]的靠后稍靠下的位置。

4.元音 o:通过观察含有 o 的 71 个语料的数据(表 3 - 5 - 1)可知,该元音的第一共振峰的最大值与最小值分别为 578 Hz 和 478 Hz,二者之差为 100 Hz;第二共振峰的最大值与最小值分别为 1 275 Hz 和 1 010 Hz,二者之差为 265 Hz;F_1 的平均值为 519 Hz,F_2 的平均值为 1086 Hz。由图 3 - 5 - 2 和表 3 - 5 - 3 可知,o($Y_1 = 476$ Hz,$Y_2 = 783$ Hz)与[o]($Y_1 = 407$ Hz,$Y_2 = 684$ Hz),[ɔ]($Y_1 = 520$ Hz,$Y_2 = 784$ Hz)相比,Y_1 值的大小为:[ɔ] > o > [o];Y_2 值大小为:[ɔ] > o > [o]。o 与[o]的 Y_1 值相差 69 Hz,与[ɔ]的 Y_1 值相差 44 Hz;o 与[o]、[ɔ]的 Y_2 值分别相差 99 Hz、1 Hz。从前后维度看,o 位于[ɔ]的后面,[o]的前面;从高低维度看,o 位于[ɔ]、[o]之间,即[ɔ]的上方,[o]的下方,相差不是很大。综上可认为 o 是后、中、圆唇元音,位于[o]和[ɔ]之间,比[o]略低,但要高于[ɔ]。

5.元音 u:通过观察含有 u 的 33 个语料的数据(表 3 - 5 - 1)可知,该元音的第一共振峰的最大值与最小值分别为 462 Hz 和 336 Hz,二者之差为 126 Hz;第二共振峰的最大值与最小值分别为 1 291 Hz 和 1 132 Hz,二者之差为 159 Hz;F_1 的平均值为 394 Hz,F_2 的平均值为 1 194 Hz。由图 3 - 5 - 2 和表 3 - 5 - 3 可知,u($Y_1 = 318$ Hz,$Y_2 = 999$ Hz)和[u]($Y_1 = 310$ Hz、$Y_2 = 647$ Hz)的 Y_1 值相比 u > [u],相差 8 Hz,说明[u]比 u 略高;Y_2 值相比,u > [u],相差 352 Hz,说明 u 比[u]靠前。u 与[ɯ]($Y_1 = 334$ Hz,$Y_2 = 1$ 209 Hz)的 Y 值相比,u 的 Y_1、Y_2 值都小于[ɯ]的 Y_1、Y_2 值,表明 u 比[ɯ]略高且后。由于[u]、[ɯ]都是后、高元音,由此可认为 u 是后、高、圆唇元音,位于[u]的前而略下位置。

6.元音 e:通过观察含有 e 的 34 个语料的数据(表 3 - 5 - 1)可知,该元音的第一共振峰的最大值与最小值分别为 511 Hz 和 377 Hz,二者之差为 134 Hz;第二共振峰的最大值与最小值分别为 1 824 Hz 和 1 632 Hz,二者之差为 192 Hz;F_1 的平均值为 452 Hz,F_2 的平均值为 1 737 Hz。由图 3 - 5 - 2 和表 3 - 5 - 3 可知,e($Y_1 = 391$ Hz,$Y_2 = 2$ 087 Hz)和[e]($Y_1 = 420$ Hz,$Y_2 = 2$ 149 Hz)的 Y_1 值相比,e < [e],相

差 29 Hz,说明 e 比[e]略高;Y_2 值相比,e<[e],相差 62 Hz,说明 e 比[e]位置略靠后,但比[y](Y_1=291 Hz,Y_2=2 032 Hz)靠前且低。由于[e]是一个前、半高元音,[y]是前、高元音,综上可认为 e 是前、次高、展唇元音,位于[e]后而略上的位置。

7.元音 ε:在宏伟村满语的现有语料中,含有元音 ε 的语料较少,本次实验仅找到 5 个,因此关于 ε 的实验仅供参考。由表 3-5-1 可知,该元音的第一共振峰的最大值与最小值分别为 652 Hz 和 593 Hz,二者之差为 59 Hz;第二共振峰的最大值与最小值分别为 1 796 Hz 和 1 698 Hz,二者之差为 98 Hz;F_1 的平均值为 628 Hz,F_2 的平均值为 1 739 Hz。由图 3-5-2 和表 3-5-3 可知,ε(Y_1=615 Hz,Y_2=2 091 Hz)和[ε](Y_1=623 Hz,Y_2=1 848 Hz)的 Y_1 值相比,ε<[ε],相差 8 Hz,说明 ε 比[ε]要高,但低于[θ](Y_1=404 Hz,Y_2=1 705 Hz);Y_2 值相比,ε>[ε],相差 243 Hz,说明 ε 比[ε]靠前。综上可认为 ε 是前、半低、不圆唇元音,在[ε]前且略上位置。

8.元音 y:在宏伟村满语语料中,含有元音 y 的语料也不多见,仅找到 7 个,相关实验仅供参考。通过表 3-5-1 可知,该元音的第一共振峰的最大值与最小值分别为 399 Hz 和 344 Hz,二者之差为 55 Hz;第二共振峰的最大值与最小值分别为 1 794 Hz 和 1 715 Hz,二者之差为 79 Hz;F_1 的平均值为 367 Hz,F_2 的平均值为 1 765 Hz;由图 3-5-2 和表 3-5-3 可知,y(Y_1=283 Hz,Y_2=2 143 Hz)和[y](Y_1=291 Hz,Y_2=2 032 Hz)的 Y_1 值相比 y<[y],相差 8 Hz,说明 y 比[y]略高;Y_2 值相比,y>[y],相差 111 Hz,说明 y 比[y]靠前。综上,可认为 y 是前、高、圆唇元音。

第六节　黑河地区满语单元音的声学分析

一、黑河地区满语单元音的比较分析

(一)实验数据及声学分布

对大五家子、蓝旗村、四季屯和宏伟村四个满语点元音的 F_1、F_2 数据进行汇总,如表 3-6-1 所示。

表 3 - 6 - 1　国际音标与满语点元音 F_1、F_2 平均值表

		i	e	ɛ	a	ɑ	ɔ	o	u	y	θ	œ	ɐ	ʌ	ɣ	ɯ	ə
国际音标	F_1	277	420	623	846	694	520	407	310	291	404	566	667	598	455	334	525
	F_2	2 278	2 149	1 848	1 371	984	784	684	647	2 032	1 705	1 517	898	1 097	1 112	1 209	1 502
	样本数	11	11	11	11	10	11	11	11	11	11	11	11	11	11	11	8
大五家子	F_1	369	452	665	810			515	387	358							481
	F_2	1 792	1 767	1 729	1 302			1 025	1 121	1 785							1 192
	样本数	88	152	18	126			110	104	1							109
蓝旗村	F_1	378	448	569	854			527	380	400							440
	F_2	1 844	1 759	1 833	1 318			1 069	1 136	1 820							1 120
	样本数	27	30	5	41			35	22	4							35
四季屯	F_1	368	443	679	833			512	369	347							465
	F_2	1 821	1 763	1 720	1 313			1 052	1 119	1 772							1 150
	样本数	105	112	25	128			147	83	20							98
宏伟村	F_1	384	452	628	845			519	394	367							475
	F_2	1 811	1 737	1 739	1 293			1 086	1 194	1 765							1 182
	样本数	46	34	5	74			71	33	7							28

根据表 3 - 6 - 1 中的有关数据,做出四个满语点的元音声学分布图如下(图 3 - 6 - 1)。

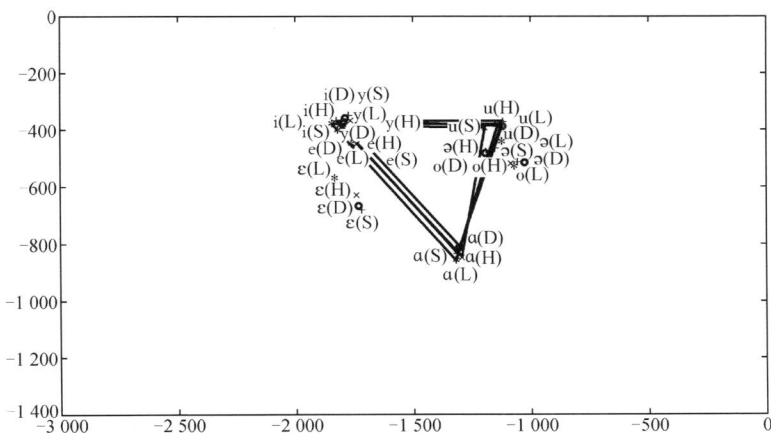

图 3 - 6 - 1　黑河地区满语点元音声学分布图[①]

① 相关程序见附录 P1。

（二）实验数据的标准化处理

本次实验中,实验被试分别为国际音标标准元音、大五家子、蓝旗村、四季屯、宏伟村满语元音,标准被试为国际音标标准元音。国际音标和四个满语点的共有元音为 8 个,分别是 ɑ、u、i、o、y、ε、ə、e。

根据表 3 - 6 - 1 中实验数据,用 Matlab 软件计算出五个被试 K - L 变换的特征值为:[33260 351330]、[20957 98967]、[21110 112600]、[24806 99310]、[20645 87499]。根据上述模式特征值,以国际音标为基准,运用 Matlab 软件对五个被试的共有元音的实验数据进行标准化运算,得到的 Y 值数据如表 3 - 6 - 2 所示。

表 3 - 6 - 2　国际音标与满语点共有元音 Y 值表

		i	e	ε	a	o	u	y	ə
Y_1	国际音标	277	420	623	846	407	310	291	525
	大五家子	292	396	664	847	475	314	278	433
	蓝旗村	310	398	550	907	497	312	337	388
	四季屯	307	394	667	846	474	308	283	420
	宏伟村	305	391	615	890	476	318	283	420
Y_2	国际音标	2 278	2 149	1 848	1 371	684	647	2 032	1 502
	大五家子	2 182	2 135	2 063	1 258	736	917	2 168	1 051
	蓝旗村	2 194	2 044	2 174	1 265	825	943	2 151	915
	四季屯	2 236	2 127	2 046	1 280	789	915	2 144	947
	宏伟村	2 235	2 087	2 091	1 197	783	999	2 143	975

根据表 3 - 6 - 2 中的 Y 值数据,运用 Matlab 软件做出国际音标与四个满语点共有元音声学对比图如下(图 3 - 6 - 2)。

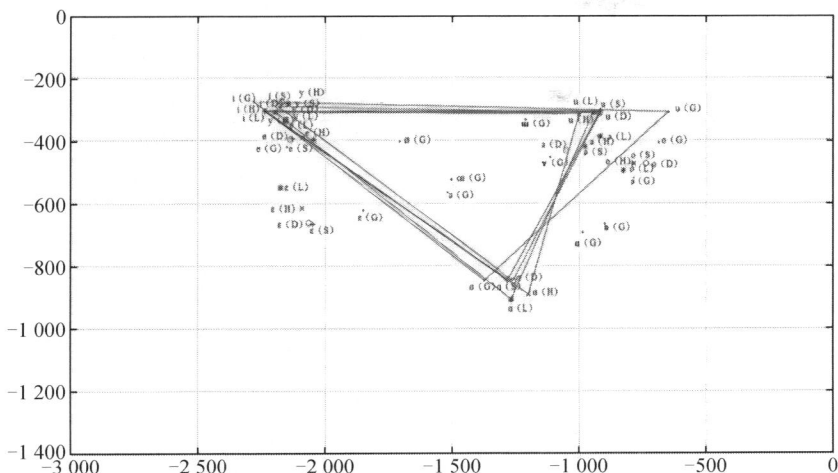

图 3 - 6 - 2 国际音标与四个满语点满语共有元音声学比较图①

(三)四个满语点满语单元音的声学比较

关于四个满语点元音分布情况,图 3 - 6 - 1 可以直观地反映出来。四个点的元音三角形总体上相似,分布空间大体相同。有的分布较为集中,有的分布较为分散,凸显了在不同的地域差别和社会环境影响的共同作用下的独自的分布特征。例如,对于元音 ɑ、i、u 而言,大五家子、宏伟村和四季屯满语元音 ɑ、i、u 分布较为集中,而蓝旗村满语元音 ɑ 要靠前一些,已接近央元音,宏伟村满语元音 u 与其他三个满语点相比要靠前一些,使得宏伟村满语元音三角形比其他三个满语点元音三角形要小,所占的分布空间也相应地小一些。

根据图 3 - 6 - 1 所示,从前后维度看,四个满语点的元音中,前元音都是 4 个,分别为 i、e、ɛ、y;后元音也都是 4 个,分别为 ɑ、ə、o、u,不过蓝旗村满语元音 ɑ 要比其他三个满语点要靠前些,接近央元音区。从高低维度看,四个满语点的高元音都有 3 个,分别为 i、u、y;次高元音 2 个,分别为 ə、e;中元音 1 个为 o;次低元音 1 个为 ɛ;低元音 1 个为 ɑ。

与国际音标相比(表 3 - 6 - 2 及图 3 - 6 - 2),四个满语点元音所形成的元音三角形分布空间大体相同,所占空间都比国际音标三角形要小。三个顶点元音都围绕国际音标顶点元音附近分布,其中 i 都在[i]下方靠后的位置,u 在[u]的前方

---

① 图中圆点"·"代表国际音标标准元音,圆圈"o"代表大五家子满语单元音,星号" * "代表蓝旗村满语单元音,加号" + "代表四季屯满语单元音,叉号"x"代表宏伟村满语单元音;a(G)表示国际音标标准元音的[a],a(D)表示大五家子满语元音 ɑ,a(L)表示蓝旗村满语单元音 ɑ,a(S)表示四季屯满语单元音 ɑ,a(H)表示宏伟村满语单元音 ɑ,其他元音的标示与此相同;相关程序见附录 P1。

略下位置,ɑ 在[a]的后靠下位置,此外元音 e、y、o、u 的分布比较集中,而 ɛ、ə 的分布则相对分散些。

1. 元音 i:由表 3 - 6 - 2 可知,国际音标和四个满语点的 i 的 Y 值分别为:国际音标[i]($Y_1 = 277$ Hz,$Y_2 = 2\ 278$ Hz)、大五家子 i($Y_1 = 292$ Hz,$Y_2 = 2\ 182$ Hz)、蓝旗村 i($Y_1 = 310$ Hz,$Y_2 = 2\ 194$ Hz),四季屯 i($Y_1 = 307$ Hz,$Y_2 = 2\ 236$ Hz)、宏伟村 i($Y_1 = 305$ Hz,$Y_2 = 2\ 235$ Hz)。比较可知,国际音标[i]的 Y_1 是最小的,Y_2 是最大的,所以国际音标[i]位于最前、最高的位置。与[i]的 Y_1 相比:蓝旗村 > 四季屯 > 宏伟村 > 大五家子 > 国际音标,Y_1 值之差分别为:33 Hz、30 Hz、28 Hz、15 Hz,说明四个满语点中大五家子 i 是最高的,蓝旗村是最低的,高低顺序为:大五家子 > 宏伟村 > 四季屯 > 蓝旗村。与[i]的 Y_2 相比:国际音标 > 四季屯 > 宏伟村 > 蓝旗村 > 大五家子,Y_2 值之差分别为:42 Hz、43 Hz、84 Hz、96 Hz,说明四个满语点中四季屯的 i 最为靠前,大五家子的 i 最为靠后,前后顺序为:四季屯 > 宏伟村 > 蓝旗村 > 大五家子。在国际音标[i]和四个满语点 i 同为前、高元音的情况下,与国际音标[i]相比,四个满语点的 i 分布在[i]的靠后并靠下的位置,且都是前、高元音。

2. 元音 e:根据表 3 - 6 - 2 可知,国际音标和四个满语点的 e 的 Y 值分别为:国际音标[e]($Y_1 = 420$ Hz,$Y_2 = 2\ 149$ Hz)、大五家子 e($Y_1 = 396$ Hz,$Y_2 = 2\ 135$ Hz)、蓝旗村 e($Y_1 = 398$ Hz,$Y_2 = 2\ 044$ Hz)、四季屯 e($Y_1 = 394$ Hz,$Y_2 = 2\ 127$ Hz)、宏伟村 e($Y_1 = 391$ Hz,$Y_2 = 2\ 087$ Hz)。由图 3 - 6 - 1 可以看出,四个满语点的 e 分布在国际音标[i]和[a]连线的两侧。与[e]的 Y_1 相比可知,国际音标 > 蓝旗村 > 大五家子 > 四季屯 > 宏伟村,与[e]的 Y_1 值之差为 22 Hz、24 Hz、26 Hz、29 Hz,可知[e]最低,四个满语点的 e 都在[e]的上方,比[e]略高,属于次高元音。Y_2 相比可知,国际音标 > 大五家子 > 四季屯 > 宏伟村 > 蓝旗村,与[e]的 Y_2 值之差为 14 Hz、22 Hz、62 Hz、105 Hz,可知[e]最为靠前,蓝旗村 e 最为靠后。综上可知,四个满语点的 e 位于[e]略上且后的位置,与[e]的距离相差不大,分布比较集中。

3. 元音 y:根据表 3 - 6 - 2 可知,国际音标和四个满语点 y 的 Y 值分别为:国际音标[y]($Y_1 = 291$ Hz,$Y_2 = 2\ 032$ Hz)、大五家子 y($Y_1 = 278$ Hz,$Y_2 = 2\ 168$ Hz)、蓝旗村 y($Y_1 = 337$ Hz,$Y_2 = 2\ 151$ Hz)、四季屯 y($Y_1 = 283$ Hz,$Y_2 = 2\ 144$ Hz)、宏伟村 y($Y_1 = 283$ Hz,$Y_2 = 2\ 143$ Hz)。由图 3 - 6 - 1 可以看出,四个满语点的 y 都分布在[i]的后方、[y]的前方,在[i]和[y]之间分布较为集中。与[y]的 Y_1 相比可知,蓝旗村 > 国际音标 > 宏伟村 = 四季屯 > 大五家子,与[y]的 Y_1 值之差为 46 Hz、8 Hz、8 Hz、13 Hz,说明蓝旗村的 y 位于[y]的下方,其他三个满语点的 y 都位于[y]的略上方,高低相近。与[y]的 Y_2 相比可知,大五家子 > 蓝旗村 > 四季屯 > 宏伟村 > 国际音标,与[y]的 Y_2 值之差为 136 Hz、119 Hz、112 Hz、111 Hz,说明[y]是最为靠后的,四个满语点的 y 中,大五家子的 y 最为靠前,宏伟村的 y 最为靠后。

4. 元音 ɛ:根据表 3 - 6 - 2 可知,国际音标和四个满语点 ɛ 的 Y 值分别为:国际音标[ɛ]($Y_1 = 623$ Hz,$Y_2 = 1\ 848$ Hz)、大五家子 ɛ($Y_1 = 664$ Hz,$Y_2 = 2\ 063$ Hz)、蓝旗村 ɛ($Y_1 = 550$ Hz,$Y_2 = 2\ 174$ Hz)、四季屯 ɛ($Y_1 = 667$ Hz,$Y_2 = 2\ 046$ Hz)、宏伟村 ɛ($Y_1 = 615$ Hz,$Y_2 = 2\ 091$ Hz)。对比 Y_1 可知,四季屯 > 大五家子 > 国际音标 >

宏伟村 > 蓝旗村,说明四季屯的 ε 最低,蓝旗村的 ε 最高。对比 Y_2 可知,蓝旗村 > 宏伟村 > 大五家子 > 四季屯 > 国际音标,说明蓝旗村的 ε 最前,四季屯的 ε 最后。从前后维度看,四个满语点的 ε 分布在的[ε]前部,差别不大;从高低维度看,大五家子、四季屯、宏伟村的 ε 分布较均匀,都在[ε]周围,而蓝旗村的 ε 则升高不少,差别较大。

5. 元音 a:根据表 3 − 6 − 2 可知,国际音标和四个满语点的 a 的 Y 值分别为:国际音标[a]($Y_1 = 846$ Hz,$Y_2 = 1\ 371$ Hz)、大五家子 a($Y_1 = 847$ Hz,$Y_2 = 1\ 258$ Hz)、蓝旗村 a($Y_1 = 907$ Hz,$Y_2 = 1\ 265$ Hz)、四季屯 a($Y_1 = 846$ Hz,$Y_2 = 1\ 280$ Hz)、宏伟村 a($Y_1 = 890$ Hz,$Y_2 = 1\ 197$ Hz)。由图 3 − 6 − 1 可以看出,四个满语点的 a 分布在国际音标[a]的靠后位置,且分布相对集中。与[a]的 Y_1 相比可知,蓝旗村 > 宏伟村 > 大五家子 > 国际音标 = 四季屯,说明四个满语点中,蓝旗村的 a 最低,四季屯的 a 和国际音标[a]最高。与[a]的 Y_2 相比可知,国际音标 > 四季屯 > 蓝旗村 > 大五家子 > 宏伟村,说明四个满语点的 a 位于都在国际音标[a]的略后位置,相比较而言,宏伟村的 a 位于最后位置,四季屯的 a 位于最前位置。

6. 元音 ə:由于[ə]的数据是根据孙雪论文的 26 种自然语言中 7 种含 ə 的语言中共振峰数据平均值统计的,因此不能代表国际音标[ə]的 F_1、F_2 的平均值,四个满语点不与[ə]进行比较,相关数据和元音分布仅供参考。

根据表 3 − 6 − 2 可知,四个满语点 ə 的 Y 值数据分别为:大五家子 ə($Y_1 = 433$ Hz,$Y_2 = 1\ 051$ Hz)、蓝旗村 ə($Y_1 = 388$ Hz,$Y_2 = 915$ Hz)、四季屯 ə($Y_1 = 420$ Hz,$Y_2 = 974$ Hz)、宏伟村 ə($Y_1 = 420$ Hz,$Y_2 = 975$ Hz)。由图 3 − 6 − 1 可以看出,蓝旗村、宏伟村和四季屯的 ə 分布较为集中,大五家子的 ə 略靠前。比较四个满语点 ə 的 Y_1 值可知,大五家子 > 宏伟村 = 四季屯 > 蓝旗村,说明大五家子的 ə 最为靠下,蓝旗村的 ə 最为靠上。比较四个点 ə 的 Y_2 值可知,大五家子 > 宏伟村 > 四季屯 > 蓝旗村,说明大五家子的 ə 最为靠前,蓝旗村的 ə 最为靠后。四季屯 ə($Y_1 = 420$ Hz,$Y_2 = 974$ Hz)与宏伟村 ə($Y_1 = 420$ Hz,$Y_2 = 975$ Hz)的 Y_1 相等,Y_2 之差为 1 Hz,可见这两个满语点 ə 的舌位和发音基本相同。而大五家子 ə($Y_1 = 433$ Hz,$Y_2 = 1\ 051$ Hz)和蓝旗村 ə($Y_1 = 388$ Hz,$Y_2 = 915$ Hz)的 Y_1 之差为 45 Hz,Y_2 之差为 136 Hz,说明蓝旗村 ə 比大五家子 ə 相对要靠后。但从整体上看,四个满语点的 ə 都分布在后、次高位置,相互之间没有明显的差别。

7. 元音 o:根据表 3 − 6 − 2 可知,国际音标和四个满语点的 o 的 Y 值分别为:国际音标[o]($Y_1 = 407$ Hz,$Y_2 = 684$ Hz)、大五家子 o($Y_1 = 475$ Hz,$Y_2 = 736$ Hz)、蓝旗村 o($Y_1 = 497$ Hz,$Y_2 = 825$ Hz)、四季屯 o($Y_1 = 474$ Hz,$Y_2 = 789$ Hz)、宏伟村 o($Y_1 = 318$ Hz,$Y_2 = 783$ Hz)。由图 3 − 6 − 1 可以看出,四个满语点的 o 都位于国际音标[o]和[ɔ]之间,分布比较集中,且与[ɔ]相距较近,因此可与[ɔ]($Y_1 = 520$ Hz,$Y_2 = 784$ Hz)进行比较分析。比较四个满语点的 o 与[ɔ]、[o]的 Y_1 值:[ɔ] > 蓝旗村 > 宏伟村 > 大五家子 > 四季屯 > [o],可知[o]位于最高位置,[ɔ]位于最低位置,四个点 o 的 Y_1 值相差较小,说明舌位高低和发音相近。比较 Y_2 值:蓝旗村 > [ɔ] > 四季屯 > 宏伟村 > 大五家子 > [o],可知蓝旗村 o 最为靠前,[o]最为靠后。由于[ɔ]

是后、半低元音,[o]为后、半高元音,综上可认为四个满语点的 o 是后、中元音,位于国际音标[ɔ]和[o]之间。

8.元音 u:根据表 3 - 6 - 2 可知,国际音标和四个满语点的 u 的 Y 值分别为:国际音标[u]($Y_1 = 310$ Hz, $Y_2 = 647$ Hz)、大五家子 u($Y_1 = 314$ Hz, $Y_2 = 917$ Hz)、蓝旗村 u($Y_1 = 312$ Hz, $Y_2 = 943$ Hz)、四季屯 u($Y_1 = 308$ Hz, $Y_2 = 915$ Hz)、宏伟村 u($Y_1 = 318$ Hz, $Y_2 = 999$ Hz)。由图 3 - 6 - 1 可以看出,除了宏伟村的 u 略靠前外,其他三个点的 u 分布比较集中,但四个点的 u 都比[u]靠前。比较 Y_1 值可知:宏伟村 > 大五家子 > 蓝旗村 > [u] > 四季屯,四季屯的 u 与[u]基本相同,宏伟村的 u 处于最低位置,大五家子和蓝旗村位于四季屯 u 及[u]的略下方。比较 Y_2 值可知:宏伟村 > 蓝旗村 > 大五家子 > 四季屯 > [u],宏伟村 u 最为靠前,国际音标[u]最后,大五家子、蓝旗村和四季屯的前后相差不大,虽然宏伟村 u 相比较靠前,但总体上也是分布在后、高区域,这说明四个点 u 的舌位和发音是基本相同的。

二、黑河地区满语单元音的整体性分析

由于本书所选黑河地区四个满语点的地理位置相距绞近,所属方言基本一致,元音系统相似,为了对黑河地区满语元音进行总体把握和研究,本节将黑河地区四个满语点元音的实验数据求得平均值,作为黑河地区满语元音的代表,虽然此方法未免一叶障目、管中窥豹,但在当前黑河地区满语已经基本消亡的情况下,一定程度上也可以反映出该地区满语元音的整体情况和语言概貌。

(一)实验数据及声学分布

对四个满语点元音的共振峰数据进行汇总取平均值,得出相关数据如表 3 - 6 - 3 所示。

表3－6－3　黑河地区满语元音 F_1、F_2 数据统计表

共振峰／元音	α F₁	α F₂	ə F₁	ə F₂	i F₁	i F₂	o F₁	o F₂	u F₁	u F₂	e F₁	e F₂	ε F₁	ε F₂	y F₁	y F₂
最大值(Hz)	952	1 356	556	1 261	451	1 973	581	1 275	462	1 291	553	1 878	751	1 873	456	1 894
最小值(Hz)	708	1 244	335	1 050	302	1 703	437	972	311	1 010	356	1 632	498	1 661	306	1 715
范围(Hz)	708~952	1 244~1 356	335~556	1 050~1 261	302~451	1 703~1 973	437~581	972~1 275	311~462	1 010~1 291	356~553	1 632~1 878	498~751	1 661~1 873	306~456	1 715~1 894
平均值(Hz)	830	1 306	465	1 161	375	1 817	516	1 052	383	1 143	449	1 757	635	1 755	368	1 786
标准差	45.3	20.5	37.4	46.8	32.6	47.7	26.4	46.8	30.3	48.9	32.3	35.2	49.3	46.8	34.7	30.4
样点数(个)	369	369	270	270	266	266	363	363	242	242	328	328	53	53	32	32
离散度	5.40%	1.6%	7.40%	4.00%	8.60%	2.60%	5.10%	4.40%	7.90%	4.30%	7.20%	2.00%	7.80%	2.70%	9.40%	1.70%

根据表 3 - 6 - 3 中的有关数据,运用 Matlab 软件做出黑河地区满语单元音声学分布图如(图 3 - 6 - 3)。

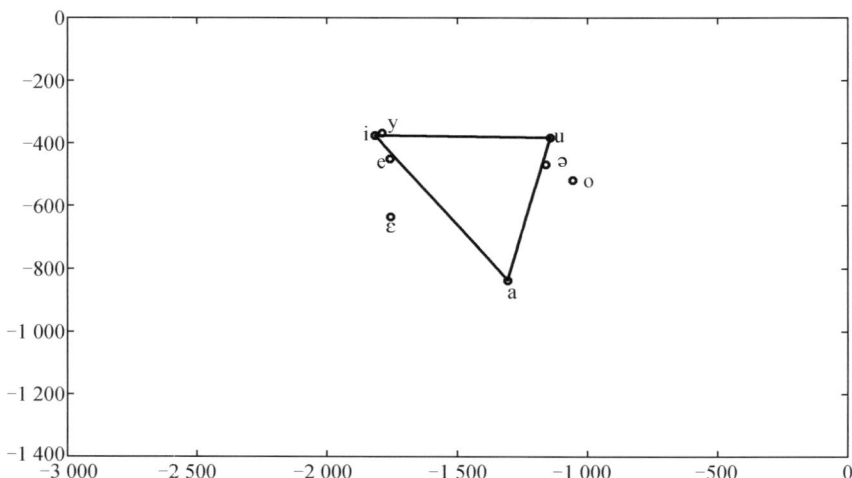

图 3 - 6 - 3　黑河地区满语单元音声学分布图①

(二)实验数据的标准化处理

本节实验中,国际音标和黑河地区满语有 8 个共有元音,分别为:ɑ、u、i、o、y、ɛ、ə、e。共振峰 F_1、F_2 数据如表 3 - 6 - 4 所示。

表 3 - 6 - 4　国际音标与黑河地区满语共有元音 F_1、F_2 数据表

		i	e	ɛ	a	ɑ	ɔ	o	u	y	θ	œ	ɒ	ʌ	ɣ	ɯ	ə
国际音标	F_1	277	420	623	846	694	520	407	310	291	404	566	667	598	455	334	525
	F_2	2 278	2 149	1 848	1 371	984	784	684	647	2 032	1 705	1 517	898	1 097	1 112	1 209	1 502
	样本数	11	11	11	11	10	11	11	11	11	11	11	11	11	11	11	8
四个满语点数据平均值	F_1	375	449	635	830			516	383	368							465
	F_2	1 817	1 757	1 755	1 306			1 052	1 143	1 786							1 161
	样本数	266	328	53	369			363	242	32							270

分别以国际音标和黑河地区满语元音共振峰数据为实验被试,以国际音标为标准被试,对数据进行标准化处理。根据表 3 - 6 - 4 中实验数据,运用 Matlab 软件计算出两个被试的模式特征值为:[33 260　351 330]、[21 594　98 955]。根据模

---

① 　相关程序见附录 R1.

式特征值,以国际音标为基准,运用 Matlab 程序对两个被试的共有元音的 F_1、F_2 的数据进行标准化运算,得出标准化处理后的 Y 值数据如表 3－6－5 所示。

表 3－6－5　国际音标与黑河地区满语共有元音 Y 值表

		i	e	ɛ	a	o	u	y	ə
Y_1	国际音标	277	420	623	846	407	310	291	525
	黑河地区（平均值）	303	394	626	874	481	312	294	415
Y_2	国际音标	2 278	2 149	1 848	1 371	684	647	2 032	1 502
	黑河地区（平均值）	2 212	2 098	2 096	1 251	782	942	2 153	976

由表 3－6－5 中的 Y 值数据,运用 Matlab 软件做出国际音标与黑河地区满语共有元音声学对比图如下(图 3－6－4)。

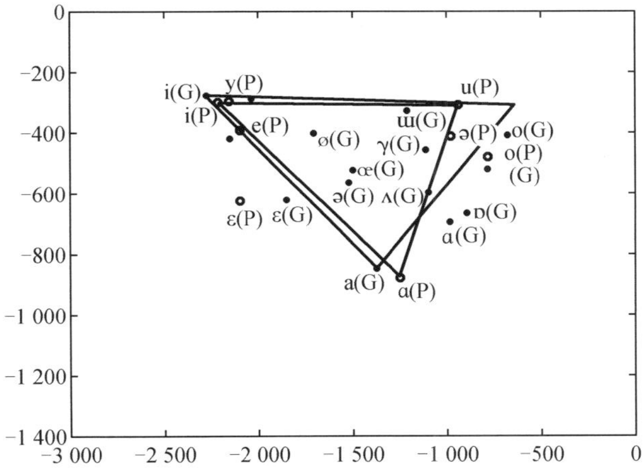

图 3－6－4　国际音标与黑河地区满语共有元音声学比较图①

(三)单元音的整体性分析

与国际音标标准元音相比(表 3－6－4 及图 3－6－4),黑河地区满语元音三角形比国际音标元音三角形要小,基本在国际音标三角形内部,且三角形的下顶点 ɑ 要靠下并靠后。元音 i、ɑ、u 中,i 位于[i]的靠后稍靠下的位置,u 在[u]的前面位

---

① 图 3－6－4 中,圆点“·”表示国际音标,圆圈“o”表示黑河地区满语;a(G)表示国际音标[a],ɑ(P)表示黑河地区满语单元音 ɑ,其他元音标示与此相同。

置,α 在[a]后且下的位置。元音 i、α、u 的 F_1、F_2 平均值分别为(375 Hz、1 817 Hz)、(830 Hz、1 306 Hz)、(383 Hz、1 143 Hz)。根据 F_1 越大舌位越低,F_1 越小舌位越高和 F_2 越大舌位越靠前,F_2 越小舌位越靠后的规律,可知 i、α 分别位于前高和前低的顶点位置,u 位于后高的顶点位置,是三个顶点元音,其中 i 位于图中的最前高处,是前、高元音;α 位于图中前方最低处,是前、低元音;u 位于图中后、高处,是后、高元音。其他 5 个元音在以 i、α、u 为顶点组成的三角形附近分布。从图 3-6-3 可以看出,黑河地区满语 8 个单元音中,前元音 4 个,分别为 i、e、ɛ、y;后元音 4 个,分别为 α、ə、o、u。高元音 3 个,分别为 i、u、y;次高元音 2 个,分别为 ə、e;中元音 1 个为 o,次低元音 1 个为 ɛ;低元音 1 个为 α。下面对这 8 个元音逐一进行分析。

1. 元音 α:通过四个满语点 α 的 369 个语料的数据(表 3-6-3)可知,该元音的第一共振峰的最大值与最小值分别为 952 Hz 和 708 Hz,二者之差为 244 Hz;第二共振峰的最大值与最小值分别为 1 356 Hz 和 1 244 Hz,二者之差为 112 Hz;F_1 的平均值为 830 Hz,F_2 的平均值为 1 306 Hz。第一共振峰 F_1 与第二共振峰 F_2 均值的差为:$F_2 - F_1 = 476$ Hz。具体数据见表 3-6-6。

表 3-6-6 黑河地区满语元音 a 的 F_1、F_2 数据统计表

内容	F_1	F_2
最大值(Hz)	952	1 356
最小值(Hz)	708	1 244
范围(Hz)	708~952	1 244~1 356
平均值(Hz)	830	1 306
标准差	45.3	20.5
样点数(个)	369	369
离散度	5.1%	1.6%

我们以国际音标标准元音和美式英语元音 a 为参照进行比较。由表 3-6-7 可知,国际音标 a 的频率差最大,元音 a 的频率差顺序为:国际音标标准元音 > 黑河地区满语 > 美式英语,根据彼特·赖福吉"舌位前后与第一第二共振峰的差最为相关,频率之差越小,元音越靠后"[①]的语音规律可知,美式英语元音 a 最为靠后,国际音标[a]最为靠前。黑河地区满语元音 α($Y_1 = 874$ Hz,$Y_2 = 1\ 251$ Hz)与[a]($Y_1 = 846$ Hz,$Y_2 = 1\ 371$ Hz)的 Y 值之差为 $Y_1 = 28$ Hz、$Y_2 = 120$ Hz,说明 α 在国际音标[a]后、下的位置,前后维度与[ɯ]($Y_2 = 1\ 209$ Hz)、[ʌ]的位置比较接近,但比国际音标[ɑ]靠前且下。综上,可认为 α 是一个后、低、不圆唇元音,位于国际音标[a]后且下,但比国际音标[ɑ]靠前的位置。

---

① 彼特·赖福吉.语音学教程[M].张维佳,译.北京:北京大学出版社,2011.

表 3 - 6 - 7 黑河地区满语、美式英语、国际音标 a 共振峰值比较表

元音 a	黑河地区满语		美式英语		国际音标标准元音	
共振峰	F_1	F_2	F_1	F_2	F_1	F_2
共振峰值(Hz)	830	1 306	710	1 100	846	1 371
频率差(Hz)	476		390		525	

关于黑河地区大五家子满语元音 ɑ,王庆丰认为"大五家子满语单元音 ɑ 是后、低、不圆唇元音,与国际音标[ɑ]相比,要往前一些,并比[ɑ]高一些,其舌位大概位于[A]与[ɑ]之间,与书面语 ɑ 的发音一样"。[①] 李兵和乌拉熙春认为"a 位于前元音和后元音之间,是低、不圆唇元音"。[②] 尹铁超、张力认为"满语元音 a 为前、低、不圆唇元音,可将其标识为[a]"。[③] 本节实验显示,上述成果都有一定的道理。由于尹铁超、张力的实验语料由大五家子、三家子和书面满语三部分组成,故实验数据与本书不尽一致纯属正常,而王庆丰则是以大五家子一带满语口语为研究对象的,与本书结论也并不矛盾。四个满语点 ɑ 的 Y_2 值都比[a]低,只是低的程度不一,说明了整体与局部的差异,体现了黑龙江满语与嫩江满语在不同的社会语言环境发展中形成的大体相同,而细微之处却有差异的实际情况。

2. 元音 ə:通过观察含有四个满语点 ə 的 270 个语料的数据(表 3 - 6 - 3)可知,该元音的第一共振峰的最大值与最小值分别为 556 Hz 和 335 Hz,二者之差为 221 Hz;第二共振峰的最大值与最小值分别为 1 261 Hz 和 1 050 Hz,二者之差为 211 Hz;F_1 的平均值为 465 Hz,F_2 的平均值为 1 161 Hz。从图 3 - 6 - 3 可以看出,ə 位于 a、u 连线的上四分之一处,距离 u 较近。具体统计数据见表 3 - 6 - 8。

表 3 - 6 - 8 黑河地区满语元音 ə 的 F_1、F_2 值统计表

内容	F_1	F_2
最大值(Hz)	556	1 261
最小值(Hz)	335	1050
范围(Hz)	335 ~ 556	1 050 ~ 1 261
平均值(Hz)	465	1 161
标准差	37.1	46.8
样点数(个)	270	270
离散度	7.40%	4%

① 王庆丰. 满语研究[M]. 北京:民族出版社,2005.

② 李兵. 满语元音系统的演变与原始阿尔泰语元音系统的重新构拟[J]. 民族语文,1999(3):17. 爱新觉罗·乌拉熙春. 满洲语语音研究[M]. 东京:东京玄文社,1992.

③ 尹铁超,张力. 满语元音 a 音值研究[J]. 满语研究,2016(2):25.

由表 3 – 6 – 5 和图 3 – 6 – 4 可知,ə(Y_1 = 415 Hz、Y_2 = 976 Hz)与[ɣ](Y_1 = 455 Hz,Y_2 = 1 112 Hz)、[ɯ](Y_1 = 334 Hz,Y_2 = 1 209 Hz)相比,Y_1 值的大小为:[ɣ] > ə > [ɯ];Y_2 值大小为:[ɯ] > [ɣ] > ə,由于国际音标[ə]的音值仅供参考,这里就不和[ə]进行比较了。从前后维度看,[ɯ]的舌位最前,[ɣ]居中,ə 略靠后,ə 的音值位于国际音标[ɣ]之后;从高低维度看,ə 位于[ɯ]、[ɣ]之间。由于[ɯ]是后、高元音,[ɣ]是后、半高元音,因此可认为 ə 是后、次高、不圆唇元音,音值介于国际音标[ɯ]、[ɣ]之间,与王庆丰和李兵等人的观点一致。[①]

3. 元音 i:通过观察含有四个满语点 i 的 266 个语料的数据(表 3 – 6 – 3)可知,该元音的第一共振峰的最大值与最小值分别为 451 Hz 和 302 Hz,二者之差为 149 Hz;第二共振峰的最大值与最小值分别为 1 973 Hz 和 1703 Hz,二者之差为 270 Hz;F_1 的平均值为 375 Hz,F_2 的平均值为 1 817 Hz;F_1 与 F_2 的均值相差为:$F_2 - F_1$ = 1 442 Hz。有关数据见表 3 – 6 – 9。

表 3 – 6 – 9   黑河地区满语元音 i 的 F_1、F_2 值统计表

内容	F_1	F_2
最大值(Hz)	451	1 973
最小值(Hz)	302	1 703
范围(Hz)	302 ~ 451	1 703 ~ 1 973
平均值(Hz)	375	1 817
标准差	32.6	47.7
样点数(个)	266	266
离散度	8.6%	2.6%

由图 3 – 6 – 4 和表 3 – 6 – 5 可知,i(Y_1 = 303 Hz,Y_2 = 2 212 Hz)与国际音标[i](Y_1 = 277 Hz,Y_2 = 2 278 Hz)的 Y_1 值相比,i > [i],说明 i 在[i]略下位置;Y_2 相比,i < [i],说明 i 在[i]的靠后位置。

我们以国际音标标准元音和美式英语元音 i 为参照进行比较。由表 3 – 6 – 10 可知,i 的频率差为:国际音标 > 美式英语 > 黑河地区满语,黑河地区满语元音 i 的频率差最小,根据彼特·赖福吉提出的"第一第二共振峰频率之差越小,元音越靠后"[②]的语音规律可知,相对美式英语和国际音标而言,黑河地区满语元音 i 最为靠后,国际音标[i]最为靠前,美式英语 i 比国际音标[i]略靠后。

---

① 注:由于黑河地区满语元音没有 ɯ、ɣ,因此只比较频率值,其差分别为:F_1 = 131 Hz、F_2 = 48 Hz;F_1 = 10 Hz、F_2 = 49 Hz。

② 彼特·赖福吉.语音学教程[M].张维佳,译.北京:北京大学出版社,2011.

表 3 - 6 - 10 黑河地区满语、美式英语、国际音标 i 共振峰值比较表

元音 i	黑河地区满语		美式英语		国际音标	
共振峰	F_1	F_2	F_1	F_2	F_1	F_2
共振峰值(Hz)	375	1 817	280	2 250	277	2 278
频率差(Hz)	1 442		1 970		2 001	

王庆丰认为"大五家子满语单元音 i 是前、高、不圆唇元音,与国际音标[i]或书面语的 i 一样,i 在舌尖辅音 dz、ts、s 后或翘舌辅音 dz̩、tʂ、ʂ、z̩ 之后相应读作ɿ、ʅ,有时也可受其他音的影响发 e 音"。[①] 通过实验可知黑河地区满语与大五家子满语 i(Y 值之差为:$Y_1 = 11$ Hz,$Y_2 = 30$ Hz)相近,与王庆丰观点相符。综上,可以认为黑河地区满语元音 i 是前、高、不圆唇元音,位于国际音标[i]的靠后略下处。

4. 元音 o:通过观察含有四个满语点 o 的 363 个语料的数据(表 3 - 6 - 3)可知,该元音的第一共振峰的最大值与最小值分别为 581 Hz 和 437 Hz,二者之差为 144 Hz;第二共振峰的最大值与最小值分别为 1 275 Hz 和 972 Hz,二者之差为 303 Hz;F_1 的平均值为 516 Hz,F_2 的平均值为 1 052 Hz。相关数据见表 3 - 6 - 11。

表 3 - 6 - 11 黑河地区满语元音 o 的 F_1、F_2 值统计表

内容	F_1	F_2
最大值(Hz)	581	1 275
最小值(Hz)	437	972
范围(Hz)	437 ~ 581	972 ~ 1 275
平均值(Hz)	516	1 052
标准差	26.4	46.8
样点数(个)	363	363
离散度	5.1%	4.4%

由图 3 - 6 - 4 和表 3 - 6 - 5 可知,黑河地区满语元音 o($Y_1 = 481$ Hz,$Y_2 = 782$ Hz)与[o]($Y_1 = 407$ Hz,$Y_2 = 684$ Hz)、[ɔ]($Y_1 = 520$ Hz,$Y_2 = 784$ Hz)相比,Y_1 值的大小为:[ɔ] > o > [o];Y_2 值大小为:[ɔ] > o > [o]。o 与[o]的 Y_1 值相差 74 Hz,与[ɔ]的 Y_1 值相差 39 Hz;o 与[o]、[ɔ]的 Y_2 值分别相差 98 Hz 和 2 Hz。从前后维度看,o 位于[ɔ]的略后、[o]的前面;从高低维度看,o 位于[o]的下方、[ɔ]的上方。由于[o]是后、半高元音,[ɔ]是后、半低元音,由此可认为 o 是后、中元音。

① 王庆丰. 满语研究[M]. 北京:民族出版社,2005.

由于 o 和[ɔ]相近,李兵[①]和乌拉熙春[②]将其归纳为[ɔ]也是有道理的。王庆丰认为"大五家子满语单元音 o 介于[ɔ]和[o]之间,要比书面语 o 的舌位低一些"。[③]本实验支持这个观点,说明了黑河地区各满语点单元音相差不是很大。虽然实验结论与王庆丰指出的 o 是"后、次低、圆唇元音"[④]略有差异,但王庆丰描写时采取的是"高、次高、次低、低"高低四度及"前、后"两度划分法,本书采取的是"高、次高、半高、中、半低、次低、低"七度划分法和"前、央、后"三度划分法。因此,本书认为是二者的描写标准和方法的不同所致,不是音值的实际差异。综上,可认为 o 是后、中元音,位于[o]和[ɔ]之间,比[o]略低,但要高于[ɔ]。

5.元音 u:通过观察含有四个满语点 u 的 242 个语料的数据(表 3 - 6 - 3)可知,该元音的第一共振峰的最大值与最小值分别为 462 Hz 和 311 Hz,二者之差为 151 Hz;第二共振峰的最大值与最小值分别为 1 291 Hz 和 1 010 Hz,二者之差为 281 Hz;F_1 的平均值为 383 Hz,F_2 的平均值为 1 143 Hz;均值之差为:$F_2 - F_1 = 760$ Hz。有关数据见表 3 - 6 - 12。

表 3 - 6 - 12　黑河地区满语元音 u 的 F_1、F_2 值统计表

内容	F_1	F_2
最大值(Hz)	462	1 291
最小值(Hz)	311	1 010
范围(Hz)	311 ~ 462	1 010 ~ 1 291
平均值(Hz)	383	1 143
标准差	29.5	35.1
样点数(个)	105	105
离散度	7.7%	3.1%

由图 3 - 6 - 4 和表 3 - 6 - 5 可知,u($Y_1 = 312$ Hz,$Y_2 = 942$ Hz)和国际音标[u]($Y_1 = 310$ Hz,$Y_2 = 647$ Hz)的 Y_1 值相比,u > [u],差值 2 Hz,说明[u]比 u 略高;Y_2 相比,u > [u],相差 295 Hz,说明 u 在[u]的前方位置。

我们以国际音标标准元音和美式英语元音 u 为参照进行比较。由表 3 - 6 - 13 可知,元音 u 的 F_1、F_2 均值的频率差顺序为:黑河地区满语 > 美式英语 > 国际音标,黑河地区满语元音 u 的频率差最大,根据彼特·赖福吉"第一第二共振峰频率

①　李兵.满语元音系统的演变与原始阿尔泰语元音系统的重新构拟[J].民族语文,1999(3):17.

②　爱新觉罗·乌拉熙春.满洲语语音研究[M].东京:东京玄文社,1992.

③　王庆丰.满语研究[M].北京:民族出版社,2005.

④　同上。

之差越小,元音越靠后"①的语音规律可知,相对美式英语和国际音标而言,黑河地区满语元音 u 最为靠前,国际音标[u]最为靠后,美式英语 u 处于黑河地区满语元音 u 与国际音标[u]之间。从高低维度看,黑河地区满语元音 u 比国际音标[u]略低;从前后维度看,位于[u]前。综上,可认为 u 是后、高、圆唇元音,与王庆丰观点相吻合。

表 3 - 6 - 13　黑河地区满语、美式英语、国际音标 u 共振峰值比较表

元音 i	黑河地区满语		美式英语		国际音标	
共振峰	F_1	F_2	F_1	F_2	F_1	F_2
共振峰值(Hz)	383	1 143	310	870	310	647
频率差(Hz)	760		560		337	

6.元音 e:通过观察含有四个满语点 e 的 328 个语料的数据(表 3 - 6 - 3)可知,该元音的第一共振峰的最大值与最小值分别为 553 Hz 和 356 Hz,二者之差为 197 Hz;第二共振峰的最大值与最小值分别为 1 878 Hz 和 1 632 Hz,二者之差为 246 Hz;F_1 的平均值为 449 Hz,F_2 的平均值为 1 757 Hz。具体数据见表 3 - 6 - 14。

表 3 - 6 - 14　黑河地区满语元音 e 的 F_1、F_2 值统计表

内容	F_1	F_2
最大值(Hz)	553	1 878
最小值(Hz)	356	1 632
范围(Hz)	356 ~ 553	1 632 ~ 1 878
平均值(Hz)	449	1 757
标准差	31.1	32.9
样点数(个)	107	107
离散度	6.9%	1.8%

由图 3 - 6 - 4 和表 3 - 6 - 5 可知,e(Y_1 = 394 Hz,Y_2 = 2 098 Hz)和国际音标 [e](Y_1 = 420 Hz,Y_2 = 2 149 Hz)的 Y_1 值相比,e<[e],相差 26Hz,说明 e 比[e]略高;Y_2 相比,e<[e],相差 51 Hz,说明 e 比[e]略靠后。二者的 Y 值相差不大,说明 e 和[e]比较接近。从实验来看,黑河地区满语元音 e 与大五家子满语元音 e 相近,与王庆丰的观点比较吻合,但比乌拉熙春指出的两江满语的 e 半高位置稍高。由于[e]是前、半高元音,综上可认为 e 是前、次高、不圆唇元音,位于国际音标[e]

---

① 　彼特·赖福吉.语音学教程[M].张维佳,译.北京:北京大学出版社,2011.

略上、后的位置。

7. 元音 ε：黑河地区满语元音 ε 是从 a 或 ai、ia 分离出来的，是后元音前化所形成的，因此含有 ε 的语料较少，本书从四个满语点采集到了 53 个，虽然也可反映出 ε 的声学特点，但为了保证统计分析的客观性，相关数据及分析仅供参考。通过观察含有四个满语点 ε 的语料的数据（表 3 - 6 - 3）可知，该元音的第一共振峰的最大值与最小值分别为 751 Hz 和 498 Hz，二者之差为 253 Hz；第二共振峰的最大值与最小值分别为 1 873 Hz 和 1 661 Hz，二者之差为 212 Hz；F_1 的平均值为 635 Hz，F_2 的平均值为 1 755 Hz。具体统计数据见表 3 - 6 - 15。

表 3 - 6 - 15　黑河地区满语元音 ε 的 F_1、F_2 值统计表

内容	F_1	F_2
最大值（Hz）	751	1 873
最小值（Hz）	498	1 661
范围（Hz）	498 ~ 751	1 661 ~ 1 873
平均值（Hz）	635	1 755
标准差	49.3	46.8
样点数（个）	53	53
离散度	7.8%	2.7%

由图 3 - 6 - 4 和表 3 - 6 - 5 可知，ε（Y_1 = 626 Hz，Y_2 = 2 096 Hz）和国际音标 [ε]（Y_1 = 623 Hz，Y_2 = 1 848 Hz）的 Y_1 值相比，ε > [ε]，相差 3Hz，说明 ε 比 [ε] 略低，由于 [ε] 是半低元音，可知 ε 是次低的元音。Y_2 相比，ε > [ε]，相差 248 Hz，说明 ε 比 [ε] 靠前，由于 [ε] 是前元音，可知 ε 是前元音。由此可知，黑河地区满语元音 ε 和王庆丰关于大五家子 ε 的结论相似，比乌拉熙春提出的两江满语元音 ε 要低一些。综上，可认为 ε 是前、次低、不圆唇元音，比 [ε] 靠前且略下。

8. 元音 y：关于 y 的语料样本更是稀少，本书在四个满语点中仅找到 32 个，因此本次实验及分析仅做参考。通过观察含有四个满语点 y 的语料的数据（表 3 - 6 - 3）可知，该元音的第一共振峰的最大值与最小值分别为 456 Hz 和 306 Hz，二者之差为 150 Hz；第二共振峰的最大值与最小值分别为 1 894 Hz 和 1 715 Hz，二者之差为 179 Hz；F_1 的平均值为 368 Hz，F_2 的平均值为 1 786 Hz。具体统计数据见表 3 - 6 - 16。

表 3 - 6 - 16　　黑河地区满语元音 y 的 F_1、F_2 值统计表

内容	F_1	F_2
最大值(Hz)	456	1 894
最小值(Hz)	306	1 715
范围(Hz)	306 ~ 456	1 715 ~ 1 894
平均值(Hz)	368	1786
标准差	30.3	26
样点数(个)	12	12
离散度	8.2%	1.4%

由图 3 - 6 - 4 和表 3 - 6 - 5 可知,y(Y_1 = 294 Hz,Y_2 = 2 153 Hz)和国际音标 [y](Y_1 = 291 Hz,Y_2 = 2 032 Hz)的 Y_1 值相比,y > [y],相差 3 Hz,说明 y 比[y]要略低;Y_2 相比,y > [y],相差 121 Hz,说明 y 比[y]靠前。由此可认为,y 位于[y]的前略下的位置,是前、高、圆唇元音。

关于 y 的音值及来源,学界有着不同的意见。王庆丰认为"大五家子满语 y 来源于书面语的 I,由于 i 受前后圆唇音的影响,在口语中发 y 音。例如,书面语 sisgu(裤子),在黑河地区口语中为 çysgu(裤子);书面语 isinambi(做到),在黑河地区口语中为 siygame(做到)等"。[①] 但李兵提出"y 不是一个独立的音位,而是由于后元音前化的作用,u 被前化为[y]比较普遍,但因语音条件比较明确,所以[y]还不完全具有独立音位的地位"。[②]乌拉熙春提出"两江满语中的 y 是一个前、高、圆唇元音,词首位置的 y 大多前面带有半辅音 j,少数带有喉塞音 ?"。[③]结合相关语料和本章实验可知,虽然 y 的语料较少,造词功能相比较弱,参与构词也较少,但在声学元音图上已占据了独立的声学空间,具备了独立音位的特征,因此本书认为将 y 视为独立音位是符合实际情况的。

三、黑河地区满语单元音的稳定性分析

根据四个满语点元音的 F_1、F_2 值及平均值数据,做出元音的离散率如表 3 - 6 - 17 所示:

①　王庆丰. 满语研究[M]. 北京:民族出版社,2005.

②　李兵. 满语元音系统的演变与原始阿尔泰语元音系统的重新构拟[J]. 民族语文,1999(3):17.

③　爱新觉罗·乌拉熙春. 满洲语语音研究[M]. 东京:东京玄文社,1992.

表3-6-17 四个满语点与黑河地区满语元音离散率统计表

方言点	元音＼共振峰	α F1	α F2	ə F1	ə F2	i F1	i F2	o F1	o F2	u F1	u F2	e F1	e F2	ε F1	ε F2	y F1	y F2
大五家子	平均值（Hz）	810	1 302	481	1 192	369	1 792	515	1 025	387	1 121	452	1 767	665	1 729	358	1 785
	标准差	48.2	18.7	27.3	36.5	24.3	37	23.2	22.9	27.2	45.2	26.2	26.2	37	22.8		
	样点数（个）	126	126	109	109	88	88	110	110	104	104	152	152	18	18	1	1
	离散度	5.90%	1.4%	5.70%	3.10%	6.50%	2.00%	4.50%	2.20%	7.00%	4.00%	5.80%	1.40%	5.50%	1.30%		
蓝旗屯	平均值（Hz）	854	1 318	440	1 120	378	1 844	527	1 069	380	1 136	448	1 759	569	1 833	400	1 820
	标准差	49.3	17.2	22.1	41.5	36.4	48.9	29.2	43.4	31.7	45.3	31.5	51.1	52.1	44.9	10.6	45.2
	样点数（个）	41	41	35	35	27	27	35	35	22	22	30	30	5	5	4	4
	离散度	5.80%	1.3%	5.00%	3.70%	9.60%	2.60%	5.50%	4.00%	8.30%	3.90%	7.00%	2.90%	9.10%	2.40%	2.60%	2.40%
四季屯	平均值（Hz）	833	1 313	465	1 150	368	1 821	512	1 052	369	1 119	443	1 763	679	1 720	347	1 772
	标准差	32.8	19.9	37	43.1	26.4	49.5	25.1	42.1	28.1	38.8	38.1	33	35.9	37.7	27.2	20.6
	样点数（个）	128	128	98	98	105	105	147	147	83	83	112	112	25	25	20	20
	离散度	3.90%	1.5%	7.90%	3.70%	7.10%	2.70%	4.90%	4.00%	7.60%	3.40%	8.60%	1.80%	5.20%	2.10%	7.80%	1.10%

表3-6-17（续）

方言点	共振峰 元音	α		ə		i		o		u		e		ε		y	
		F_1	F_2	F_1	F_2	F_1	F_2	F_1	F_2	F_1	F_2	F_1	F_2	F_1	F_2	F_1	F_2
宏伟村	平均值（Hz）	845	1 293	475	1 182	384	1 811	519	1 086	394	1 194	452	1 737	628	1 739	367	1 765
	标准差	36.2	17	22.5	30.5	28.7	44.6	30	57.9	33	37.2	34.2	47.2	21.9	37.4	22.8	23.6
	样点数（个）	74	74	28	28	46	46	71	71	33	33	34	34	5	5	7	7
	离散度	4.30%	1.3%	4.70%	2.50%	7.40%	2.40%	5.70%	5.30%	8.30%	3.10%	7.50%	2.70%	3.50%	2.10%	6.20%	1.30%
黑河地区	平均值（Hz）	830	1 306	465	1 161	375	1 817	516	1 052	383	1 143	449	1 757	635	1 755	368	1 786
	标准差	45.3	20,5	37.4	46.8	32.6	47.7	26.4	46.8	29.5	35.1	31.1	32.9	49.3	46.8	30.3	26
	样点数（个）	369	369	270	270	266	266	363	363	242	242	328	328	53	53	32	32
	离散度	5.40%	1.6%	7.40%	4.00%	8.60%	2.60%	5.10%	4.40%	7.7%	3.1%	6.9%	1.8%	7.80%	2.70%	8.20%	1.4%

离散率统计学上是用来衡量个体与平均值差异远近的，"用标准差与平均值的比值来表示，当离散率大于 10% 时，在听感上可以认为是另一个元音"。①本次实验使用 Excel 对四个满语点元音的离散率进行了统计（表 3 - 6 - 17）。从表中可以看出，四个满语点元音的 F_1、F_2 的离散率均在 10% 以内，而且数值都不是很高，说明语料中的音位总体上是比较稳定的。但王庆丰提出，"大五家子满语元音是有着较多的变体的，其舌位易受相邻音和其他因素的影响"。②既然大五家子满语存在很多的音位变体，本书认为其他三个满语点满语元音可能也会有此情况。虽然上述数据中离散率没有超过 10%，但也不能以此完全否认这些变体的存在，可能因未将元音的变体单独作为实验对象，导致一些变体掺杂其中，出现数据"被平均"的现象，一定程度影响了离散率计算的精准性。由于时间和精力所限，本书对此暂不作深入分析和探讨，待后续丰富语料后再专门展开系统的研究。

第七节　黑河地区满语单元音的声学讨论

综合前人研究成果及本章实验来看，黑河地区满语元音具有以下几个特点。

一、元音系统基本相同

黑河地区满语属于满语北部方言的黑龙江方言，主要来源于清初驻防八旗及其后裔使用的语言，四个满语点地理位置相距不远，周围民族组成和语言基本相同，元音系统也基本相似。通过实验可知，四个满语点的元音系统都可以归纳为八个音位：y、i、u、e、o、α、ɛ、ə。其中 y、i、u、e、o 基本相同，y 是前高圆唇元音，i 是前高展唇元音，u 是后高圆唇元音，e 是前次高展唇元音，o 是后中圆唇元音，具体情况见表 3 - 7 - 1。

---

① 鲍怀翘，阿西木. 维吾尔语元音声学初步分析［J］. 民族语文，1988（2）：5.
② 王庆丰. 满语研究［M］. 北京：民族出版社，2005.

表 3 - 7 - 1 黑河地区满语点元音归纳表

			高	次高	半高	中	半低	次低	低
大五家子满语	前	圆	y						
		展	i	e				ɛ	
	央	圆							
		展							
	后	圆	u			o			
		展		ə					ɑ
蓝旗村满语	前	圆	y						
		展	i	e			ɛ		
	央	圆							
		展							
	后	圆	u			o			
		展		ə					ɑ
四季屯满语	前	圆	y						
		展	i	e			ɛ		
	央	圆							
		展							
	后	圆	u			o			
		展		ə					ɑ
宏伟村满语	前	圆	y						
		展	i	e			ɛ		
	央	圆							
		展							
	后	圆	u			o			
		展		ə					ɑ
黑河地区满语	前	圆	y						
		展	i	e				ɛ	
	央	圆							
		展							
	后	圆	u			o			
		展		ə					ɑ

二、个别元音略有差异

通过实验可知,四个满语点元音略有不同的为ɑ、ɛ,具体如下。

ɑ:四个满语点的元音ɑ都是后、低、不圆唇元音,但大五家子、宏伟村和四季屯满语ɑ相对靠后,而蓝旗村满语元音ɑ要略前些,接近央音区。

ɛ:蓝旗村、四季屯和宏伟村满语ɛ是前、半低、不圆唇元音,而大五家子满语ɛ是前、次低、不圆唇元音。大五家子满语ɛ要比蓝旗村、四季屯和宏伟村满语ɛ略低。

造成上述情况的原因是多方面的,我们认为,社会环境因素起了主导作用。清初为了满足战备和训练的需要,黑河地区驻防八旗各个驻扎位置较为分散。从清初到现在的几百年间,黑河地区的民族情况及人口数量发生了很大的变化,当前存留的满语主要分布在沿黑龙江沿岸聚居的满族村屯,与三家子满语相比,黑河地区各满语点被汉语或其他少数民族语言所包围,呈点状,分布比较分散,在周围地理环境和语言环境影响下,各满语点的元音系统呈现出了一些细微的差异,但总体来看,各满语点的元音系统大同小异,差别较小。

三、大五家子满语代表性较强

由图3–6–2和表3–7–1可以看出,四个满语点中,大五家子的元音系统与黑河地区满语的元音系统较为一致,且大五家子满语与书面满语比较接近,故而众多学者都把大五家子作为黑河地区满语的调查重点。

四、口语元音数量多于书面语

清代满语元音只有ɑ[ɑ]、e[ə]、i[i]、o[o]、u[u]和ū[ɔ][1],根据相关语料、王庆丰的调查和笔者实验证实,黑河地区满语口语有i、e、ɛ、y、ə、ɑ、u、o八个元音,与书面满语相比,多出了e、ɛ、y。下面对这三个元音逐一进行论述。

e:黑河地区满语元音e为前、次高、展唇元音。满语书面语中没有元音e,口语中的e是由ə升高而形成的,在口语中已经具有了区别意义,参与构词也较多,承担了一定的构词功能。王庆丰指出,"黑河地区满语元音e的发音与双元音əi接近"。[2]戴光宇对三家子满语调查后认为,"三家子满语元音e只出现在非弱化音节里,一般为前、半高、不圆唇元音e"。[3]赵杰指出"依布气满语元音e为前、半高、

---

① 赵杰.现代满语研究[M].北京:民族出版社,1989.

② 王庆丰.满语研究[M].北京:民族出版社,2005.

③ 戴光宇.三家子满语语音研究[D].北京:中央民族大学,2012.

展唇元音,e 和 ε 是清代满语阴性元音 ə 和阳性元音 α 逐渐升高后量变到质变的结果。清代满语元音字母没有 e 和 ε,在现代满语中,ə 和 α 由平行性升高而离开清代满语变为 e 和 ε,不但能够独立区别意义,而且能够类推其他元音向它们靠拢"。①通过实验,本书认为可以将黑河地区满语元音 e 确定为前、次高、展唇元音,但要比三家子和依布气满语元音 e 高些。

ε:黑河地区满语元音 ε 为前、次低、展唇元音。王庆丰认为"ε 与复合元音 ai 的发音相近"。②赵杰认为"现代满语口语元音 ε 是 a 升高的结果,可把 ε 作为一个音位。依布气满语元音 ε 是前、半低、展唇元音"。③戴光宇认为,"三家子满语中,元音 ε 一般读作前、半低、不圆唇元音,第一音节的 ε 往往来自不特别强调的二合元音 ai,可与 ai 自由变读,而且出现在词末重读音节的 ε,单元音特征很明显"。④实验表明,黑河地区满语元音 ε 为前、次低、展唇元音,在声学分布图上的位置与大五家子满语 ε 相近,而四季屯、蓝旗村和宏伟村满语的 ε 与三家子、依布气满语相同,都是前、半低、展唇元音,要比大五家子和黑河地区满语元音略高。

y:在世界上的众多语言中,前、高、圆唇元音 y 并不常见,UPSID(451 版)中含有 y 的有 26 种语言(占 5.76%),汉语普通话有前、高、圆唇元音 y。⑤通过对实验语料的统计发现,现代满语口语中,三家子、依布气、黑河等地的满语元音系统中都含有 y。关于 y 的来源,王庆丰认为"大五家子满语 y 为前、高、圆唇元音,书面满语 i 由于受到前、后、圆唇音的影响,在口语中读为 y"。⑥赵杰认为"依布气满语元音有 8 个:α、i、y、e、ε、γ、o、u,y 是前、高、圆唇元音"⑦,出现 y 的所有词都能从清代书面语中找到其变化的渊源,而其他方言又同书面语,考虑到 y 的使用频率,可以把 y 立为独立音位。⑧戴光宇认为"三家子满语元音音位有 11 个,分别是 α、ə、i、ε、e、o、ɔ、u、y、ɿ、ʅ,y 一般只出现在非弱化音节里,读作前、高、圆唇元音"。⑨由于音位归纳的标准和每个人对音位的理解不同,以至于对音位的分合也不尽相同。三家子满语中,ɔ 是 o 的变体,ɿ 和 ʅ 是 i 的变体,都非独立的音位。若将这三个音归入相同

① 赵杰. 现代满语研究[M]. 北京:民族出版社,1989.
② 王庆丰. 满语研究[M]. 北京:民族出版社,2005.
③ 赵杰. 现代满语研究[M]. 北京:民族出版社,1989.
④ 戴光宇. 三家子满语语音研究[D]. 北京:中央民族大学,2012.
⑤ 冉启斌. 汉语语音新探[M]. 北京:中国社会科学出版社,2012.
⑥ 王庆丰. 满语研究[M]. 北京:民族出版社,2005.
⑦ 赵杰. 现代满语研究[M]. 北京:民族出版社,1989.
⑧ 同上。
⑨ 戴光宇. 三家子满语语音研究[D]. 北京:中央民族大学,2012.

的音位,三家子满语也是 8 个元音。李兵指出"三家子满语有 7 个短元音,分别是 i、y、ɨ、u、ɛ、ɑ、ɔ。同大五家子满语相比,三家子满语元音系统的发展更进一步,y 已经发展成为独立的音位,出现频率较高且表现稳定"。[①]

目前,关于满语元音 y 能否作为独立音位的意见不尽一致。本章实验时,观察黑河地区满语的声学元音图可知,y 和 i 区别明显,且可以清晰地提取 y 的主要共振峰数据,虽然与三家子满语相比,y 的音位功能显得稍弱,但也能够单独构成口语词汇,具有一定的造词功能,为了保持黑河地区满语元音系统的平衡性,本书认为可以将 y 作为一个独立的音位。

综上,黑河地区满语口语中,e 的构词功能较强,能够独立地占据声学空间,音位作用明显,将其作为独立音位是无异议的。元音 ɛ、y 分布较为受限,与其他元音相比,独立性仍不够强,处于由变体向独立音位过渡的时期,这种情况可能会破坏此地满语的元音和谐律,影响元音的系统性和规律性。从黑河地区满语词汇和相关语料可知,含有 i、ə、ɑ、u、o、e 6 个元音的词汇占据了大多数,说明这些元音是构词功能的主体,而含有 ɛ、y 元音的词汇较少,可见其构词功能较弱,这种现象在三家子、依布气等满语中也是如此。但从实验结果来看,虽然 ɛ、y 音位功能不是很强,但能够独立占据声学空间,本书认为将其作为独立音位也是合适的。

五、关于记音的讨论

本章实验中,个别元音因记音问题与一些学者的研究成果略有不同,但总体上不会影响对黑河地区满语元音的研究。例如元音 o,本章实验测得四个满语点的单元音 o 均为后、中、圆唇元音,与王庆丰等学者的研究稍有出入,另外三个单元音 ɑ、ɛ、ə 也存在着同样的情况。究其原因,本书对元音进行描写时,高低维度运用的是"高、次高、半高、中、半低、次低、低"七度划分法,前后维度运用的是"前、央、后"三度划分法,而王庆丰在描写大五家子满语时,高低维度使用的是"高、次高、次低、低"四度划分法,前后维度使用的是"前、后"两度划分法[②],王庆丰将 o 确定为"后、次低、圆唇"元音,而本书将 o 确定为"后、中、圆唇"元音,其他三个元音 ɑ、ɛ、ə 在描写中也存在同样问题,这是描写标准不同造成的差异,不应影响各满语点元音音值的确定。

---

① 李兵.满语元音系统的演变与原始阿尔泰语元音系统的重新构拟[J].民族语文,1999 (3):18.

② 王庆丰.满语研究[M].北京:民族出版社,2005.

本章小结

与三家子满语相比,黑河地区各满语点虽然距离不远,但分布比较分散,处于汉语和其他少数民族语言的包围之中,形成了元音基本相同但细微之处略有差别的特点。本章根据黑河地区满语的实际,选择了大五家子(红色边疆农场)、坤河乡的蓝旗村、孙吴县的四季屯、逊克县的宏伟村四个满语点进行实验,运用 Praat 软件提取主要共振峰数据,用 Excel 对这些数据进行统计汇总,求出平均值,再以国际音标主要元音为标准被试,运用 Matlab 软件对数据进行标准化处理做出声学元音图,以国际音标标准元音为参照,逐一进行实验和比较分析,对前人的一些研究成果进行验证并得出自己的观点。通过实验可知,黑河地区四个满语点的元音系统相同,仅有少数元音略有差异,具体为:四个满语点的元音虽然都是后元音,但蓝旗村的 ɑ 相对较为靠前,接近央音区,宏伟村最为靠后;蓝旗村、四季屯和宏伟村满语 ε 是前、半低、不圆唇元音,而大五家子满语 ε 是前、次低、不圆唇元音,大五家子满语 ε 要比蓝旗村、四季屯和宏伟村满语 ε 略低。实验表明,由于受不同的地理环境和语言环境的影响,黑河地区各满语点的元音呈现出了一些差异,但总体上大同小异,差别较小。为了描写黑河地区满语的整体情况,本章在前五节实验的基础上,对四个满语点的实验数据汇总取平均值代表黑河地区满语,虽然不太精确,但也能从总体上对黑河地区满语进行描写和探讨,为其他地区的满语实验提供可借鉴的参考。此外,本章还对黑河地区满语元音的声学稳定性和声学特征进行了分析和讨论。

第四章　黑河地区满语复合元音实验研究

本章在参考王庆丰的有关研究成果①和对黑河地区满语语料整理的基础上,将黑河地区满语归纳为 18 个复合元音,其中二合元音 16 个:ɑi、ɑu、iɑ、yɑ、uɑ、ue、uɛ、uə、iu、əu、ui、yɛ、ye、ie、io、əi。这些二合元音中,前响二合元音 5 个:ɑi、əi 、ui、ɑu、əu;后响二合元音 11 个:iɑ、io、iu、ie、yɑ、ye、yɛ、uɑ、uə、uɛ、ue。三合元音 2 个,为 iɑu 和 uɑi,多用于借词之中。由于语料中复合元音较少,根据语料实际,本章将黑河地区满语复合元音放在一起进行实验和分析。

第一节　黑河地区满语复合元音实验概述

一、黑河地区满语复合元音的实验内容

复合元音的一个重要特点就是音质处于动态变化之中。常见的复合元音主要是二合元音和三合元音。声学实验中,复合元音表现为共振峰模式从一个极点向另一个或两个极点连续滑移,各成分间无明显的界限。与单元音类似,复合元音的主要共振峰 F_1、F_2 与舌位的高低、前后及唇的圆展也有着密切的关系,呈现出 F_1 值大时舌位降低,F_1 值小时舌位升高;F_2 值大时舌位靠前,F_2 值小时舌位靠后的声学规律。本章根据实验数据绘制折线图,观察复合元音发音时的变化情况,对复合元音有关特点和规律进行探讨。关于第三共振峰,实验发现 F_3 受舌尖活动的影响虽会发生一些变化,但复合元音不涉及舌尖动作,因此本章不对其进行研究。

二、黑河地区满语复合元音的实验方法

当前,复合元音的实验有多种方式,常见的有两种:一是对复合元音各成分的声学特征进行研究,探讨各成分的声学特点;二是对复合元音的共振峰模式、时间

---

① 王庆丰.满语研究[M].北京:民族出版社,2005.

结构进行研究,总结复合元音共振峰模式特征。通过对有关文献和研究成果的总结,本章在参考当前复合元音实验研究成果的基础上,主要采取上述两种方式,对黑河地区满语复合元音展开实验研究。

黑河地区满语复合元音遵循语言发音的一般规律,数量较多,且比较复杂,因此对其进行实验研究很有必要。本章采取共振峰模式描写的方法对 16 个二合元音和 2 个三合元音逐一进行实验,比较分析有关声学特征,以此探讨复合元音各成分的声学特征及共振峰变化规律。根据满语的特点,实验运用元辅结构中的"第一元音、第二元音、第三元音"或"首元音、中间元音及尾元音"等术语,对黑河地区满语复合元音的声学特征进行论述。

第二节 黑河地区满语复合元音的声学特征研究

本节主要考察黑河地区满语复合元音各成分的声学特征,总结相关规律。本节的实验模式为:(1)使用 Praat 软件提取语料样本的 F_1、F_2 数据,运用 Excel 的统计功能,对实验数据进行统计处理,计算出复合元音中各成分的 F_1、F_2 平均值,形成复合元音 F_1、F_2 数据统计表;(2)以实验数据为基础,使用 Matlab 软件做出黑河地区满语复合元音各成分声学分布图;(3)将复合元音各成分与相应的单元音比较,观察声学分布情况,逐一分析各成分的声学特征。

一、黑河地区满语复合元音的实验数据

相关共振峰数据如表 4 – 2 – 1 所示,其中 ɑ(ɑu)代表复合元音 ɑu 中 ɑ 的共振峰数据,下同。

表 4 – 2 – 1 黑河地区满语复合元音各成分 F_1、F_2 值统计表

序号	组成元音	复合元音	F_1	F_2
1	ɑ	ɑi	755	1 415
2		ɑu	767	1 346
3		iɑ	753	1 478
4		yɑ	715	1 547
5		uɑ	681	1 400
6		iɑu	785	1 379
7		uɑi	812	1 489

表 4 – 2 – 1(续)

序号	组成元音	复合元音	F_1	F_2
8		ue	510	1 710
9	e	ye	455	1 772
10		ie	459	1 756
11	ɛ	uɛ	632	1 647
12		yɛ	566	1 776
13	ə	əu	470	1 168
14		əi	468	1 247
15		uə	477	1 276
16		iɑ	374	1 807
17		iu	405	1 754
18		ie	381	1 716
19		io	434	1 613
20	i	ɑi	527	1 737
21		ui	408	1 653
22		əi	409	1 552
23		iɑu	387	1 730
24		uɑi	552	1 648
25	o	io	493	1 230
26		uɑ	509	1 202
27		ue	430	1 339
28		uɛ	446	1 291
29		uə	421	1 178
30	u	ui	396	1 256
31		ɑu	584	1 216
32		iu	394	1 321
33		əu	451	1 217
34		iɑu	587	1 260
35		uɑi	453	1 221
36		yɑ	412	1 763
37	y	yɛ	468	1 751
38		ye	419	1 819

二、黑河地区满语复合元音的声学分布图

根据表 4 - 2 - 1 数据,运用 Matlab 软件做出黑河地区满语复合元音各成分声学分布图如下(图 4 - 2 - 1)。

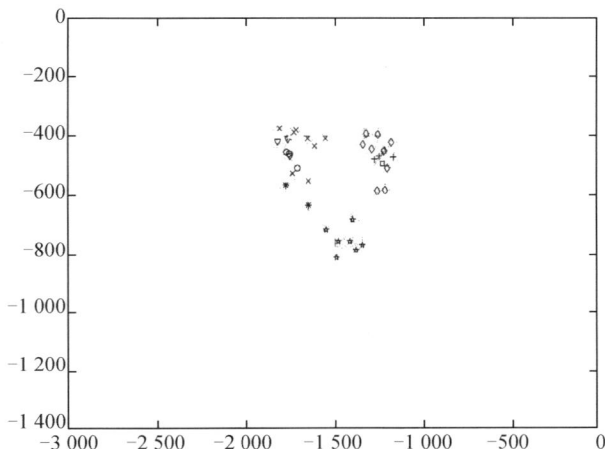

图 4 - 2 - 1　黑河地区满语复合元音各成分声学分布图①

由图 4 - 2 - 1 可以看出,复合元音各组成元音分布在相应的单元音附近,其中 3 个顶点元音 ɑ、i、u 位置分布较多,说明顶点元音组成的复合元音数量较多。18 个复合元音中,由 3 个顶点元音组成的复合元音有 8 个,分别为 ai、au、ia、ua、iu、ui、iɑu 和 uɑi,由顶点元音与其他元音组成的复合元音有 8 个,分别为 yɑ、ue、uɛ、uə、əu、ie、io、əi,其他非顶点元音所组成的复合元音仅有 2 个,为 yɛ 和 ye。由于复合元音的各成分地位和作用不同,对复合元音的影响也不同。空间分布方面,复合元音各成分使复合元音向各自相应的单元音靠拢,主要元音所起的作用强一些,使得复合元音向相应的单元音靠拢的程度更大一些,但次要元音也起到一定的作用。在主要元音和次要元音的共同作用下,复合元音分布于主要元音和次要元音所对应的单元音之间,并且向主要元音所对应的单元音靠拢。

---

①　具体程序见附录 F₁. 2. 图 4 - 2 - 1 中,五星"☆"代表复合元音中的 ɑ,圆圈"o"代表复合元音中的 e,星号"＊"代表复合元音中的 ɛ,加号"＋"代表复合元音中的 ə,叉号"×"代表复合元音中的 i,方块"□"代表复合元音中的 o,菱形"◇"代表复合元音中的 u,下三角形"▽"代表复合元音中的 y。

三、黑河地区满语复合元音的声学特征

（一）复合元音中 α 的声学特征

α 组成的复合元音有 7 个，分别为二合元音：ɑi、ɑu、iɑ、yɑ、uɑ；三合元音 iɑu 和 uɑi。其中，α 位于首部位置 2 个：ɑi、ɑu；尾部位置 3 个：iɑ、yɑ、uɑ；中间位置 2 个：iɑu 和 uɑi。复合元音中的 α 与单元音 α 的共振峰数据如表 4 - 2 - 2 所示。

表 4 - 2 - 2　黑河地区满语复合元音中 α 与单元音 α 的 F_1、F_2 数据表

	α	α(ɑi)	α(ɑu)	α(iɑ)	α(yɑ)	α(uɑ)	α(iɑu)	α(uɑi)
F_1	830	755	767	753	715	681	785	812
F_2	1 306	1 415	1 346	1 478	1 547	1 400	1 379	1 489

从图 4 - 2 - 1 中可以看出，各复合元音中的 α 都分布在前低位置，在另一个组成元音的影响下，向 α 靠近的程度各不相同。7 个含 α 的复合元音中，α 都是主要元音，在另一元音的影响下，其 F_1、F_2 值都发生了不同程度的变化，但变化不是很大，在图上分布也比较均匀。

从第一共振峰 F_1 数据来看，组成二合元音 α 的 F_1 比相应的单元音 α 的 F_1 要小，当 α 作为首元音时，与单元音 α 的 F_1 之差分别为 75 Hz、63 Hz，相差不是很大；当 α 作为尾元音时，与单元音 α 的 F_1 之差分别为 77 Hz、115 Hz、149 Hz，比作为首元音时差值要大，说明 α 作为尾元音时，比首元音要高一些。从第二共振峰 F_2 数据来看，5 个二合元音的 F_2 都比单元音 α 的 F_2 大，说明 α 作为二合元音的组成元音时，要比单元音 α 靠前。三合元音 uɑi 和 iɑu 中 α 的 F_1 和单元音 α 的 F_1 数值相差不大，说明二者高低接近。iɑu 中 α 的 F_2 与单元音 α 的 F_2 接近，而 uɑi 的 F_2 要比单元音 α 的 F_2 大，可知 uɑi 中 α 比单元音 α 靠前。综上可知，α 作为首元音时，尾元音对其影响不大，但作为尾元音时，首元音对其影响则比尾元音大。

（二）复合元音中 ə 的声学特征

组成复合元音的 ə 与相应单元音 ə 的共振峰数据如表 4 - 2 - 3 所示。

表 4 - 2 - 3　黑河地区满语复合元音中的 ə 与单元音 ə 的 F_1、F_2 数据表

	ə	ə（uə）	ə（əu）	ə（əi）
F_1	465	477	470	468
F_2	1 161	1 276	1 168	1 274

由单元音 ə 组成的复合元音有 3 个,分别为 uə、əu、əi。从图 4 - 2 - 1 中可以看出,组成二合元音的 ə 分布在图中的后、次高位置,略低于元音 u。在前响二合元音 əu 和 əi 和后响二合元音 uə 中,ə 是主要元音,也是后、次高、展唇元音;u 和 i 是次要元音,其中 u 是后、高、圆唇元音,i 是前、高、展唇元音,它们的舌位都要高于 ə,但高出的幅度不大。由表 4 - 2 - 3 可知,组成二合元音 uə、əu、əi 的 ə 与相应单元音 ə 的数据相差不大。从 F_1 数值来看,三个二合元音中 ə 的 F_1 要比单元音 ə 的 F_1 略大,二者之差分别为 12 Hz、5 Hz、3 Hz,相差较小,说明其比单元音 ə 略低。从 F_2 数值来看,三个二合元音 ə 的 F_2 要比单元音 ə 的 F_2 大,三者之差分别为:115 Hz、7 Hz、113 Hz,相差的幅度也不大,说明都比单元音 ə 略靠前。综上可知,在次要元音 u 和 i 的共同作用下,二合元音 uə、əu 和 əi 中的 ə 发生了向前且略向下的变化,但变化幅度较小,位置接近相应的单元音 ə,验证了在复合元音中,主要元音体现声学特征的特点。

(三)复合元音中 i 的声学特征

以 i 组成的复合元音有 9 个,分别为 ia、iu、ie、io、iau、ai、ui、əi、uai。其中 i 为首元音的为 ia、iu、ie、io、iau;i 为尾元音的为 ai、ui、əi、uai。组成复合元音的 i 与单元音 i 的共振峰数据如表 4 - 2 - 4 所示。

表 4 - 2 - 4　黑河地区满语复合元音中的 i 与单元音 i 的 F_1、F_2 数据表

	i	i (ia)	i (iu)	i (ie)	i (io)	i (iau)	i (ai)	i (ui)	i (əi)	i (uai)
F_1	375	374	405	381	434	387	527	408	409	552
F_2	1 817	1 807	1 754	1 716	1 613	1 370	1 737	1 653	1 552	1 648

从图 4 - 2 - 1 中可以看出,9 个含 i 的二合元音中的 i 分布在图中的前高位置。从高低维度看,除了 ai 和 uai 中的 i 位置较为向下外,其他 7 个含 i 的二合元音中的 i 都较接近前高位置;从前后维度看,iau、əi 中的 i 较为靠后,其他都比其靠前。比较 F_1 数据可知,除了 ia 中 i 的 F_1 比单元音 i 的略小外,其他二合元音中 i 的 F_1 都要比单元音 i 的 F_1 大,说明组成 ia 中的 i 要高于单元音 i,其他复合元音中的 i 要比单元音 i 低,只是低的幅度不同,无论作为首元音还是尾元音都是如此。再观察 F_2 数据,组成复合元音的 i 的 F_2 都比单元音 i 的 F_2 要小,从 ia 中的 i 到 uai 中的 i 与单元音 i 的 F_2 之差分别为 10 Hz、63 Hz、101 Hz、204 Hz、447 Hz、80 Hz、164 Hz、265 Hz、169 Hz,说明这些二合元音中的 i 都比单元音 i 靠后。单元音 i 是前高元音,但二合元音中的 i 却发生了后移的现象,说明前高元音 i 在组成二合元音的

其他成分的影响下发生了后移。综上可知,单元音 i 无论是作为首元音还是尾元音,都无一例外地受到复合元音其他组成成分的影响,使得高低和前后都发生了一些变化。

(四)复合元音中 o 的声学特征

由 o 组成的复合元音只有 1 个,为 io。在二合元音 io 中,单元音 i 是首元音,o 为尾元音,共振峰 F_1、F_2 数据如表 4 - 2 - 5 所示。

表 4 - 2 - 5　黑河地区满语复合元音中的 o 与单元音 o 的 F_1、F_2 数据表

	o	o(io)
F_1	516	493
F_2	1 052	1 230

从图 4 - 2 - 1 中可以看出,二合元音 io 中的 o 分布在图中的后、次高位置。从表 4 - 25 可知,与单元音 o 相比,二合元音 io 中 o 的 F_1、F_2 都发生了变化,从 F_1 可以看出,io 中 o 的 F_1 比单元音 o 变小了,二者之差为 23 Hz,说明 io 中的 o 升高了。从 F_2 可以看出,io 中 o 的 F_2 比单元音 o 的 F_2 变大了,二者之差为 178 Hz,说明 io 中的 o 变的靠前了。综上可知,与单元音 o 相比,组成二合元音 io 中的 o 受首元音 i 的影响较大,舌位向前并增高,并且向前的幅度较大。

(五)复合元音中 u 的声学特征

由 u 组成的复合元音共 10 个,分别为 ua、ue、uɛ、uə、ui、uai、iu、au、əu、iau。其中 u 作为首元音的为 6 个,分别为 ua、ue、uɛ、uə、ui、uai;u 作为尾元音的为 4 个,分别为 au、iu、əu、iau。共振峰 F_1、F_2 数据如表 4 - 2 - 6 所示。

表 4 - 2 - 6　黑河地区满语复合元音中的 u 与单元音 u 的 F_1、F_2 数据表

	u	u(ua)	u(ue)	u(uɛ)	u(uə)	u(ui)	u(uai)	u(au)	u(iu)	u(əu)	u(iau)
F_1	383	509	430	446	421	396	453	584	394	451	587
F_2	1 143	1 202	1 339	1 291	1 178	1 256	1 221	1 216	1 321	1 217	1 260

从图 4 - 2 - 1 可以看出,10 个二合元音中的 u 都分布在图中的后半部分,从高跨越到中的位置,跨度较大。其中 au、iau 中的 u 最为靠下,ue、iu 中的 u 最为靠前,其他分布较为均匀。从表 4 - 2 - 6 可知,10 个二合元音中 u 的 F_1 都要大于单元音

u 的 F_1,说明在组成复合元音时,单元音 u 受到复合元音其他成分的影响有所降低,其中 iau 中的 u 比单元音 u 的 F_1 高 204 Hz,降幅最大;iu 中的 u,比单元音 u 的 F_1 大 11 Hz,降幅最小。10 个二合元音中 u 的 F_2 值都要大于单元音 u 的 F_2 值,其中变化最大的为二合元音 ue 中的 u,比单元音 u 的 F_2 高 196 Hz,变化最小的为二合元音 uə 中的 u,比单元音 u 的 F_2 高 35 Hz。说明 ue 中 u 的舌位靠前变化幅度最大,u 受到所组成元音 e 的影响最大;uə 中 u 的舌位靠前幅度最小,u 受到所组成元音 ə 的影响最小。综上可知,在组成复合元音的其他元音的影响下,二合元音中的 u 的舌位出现了下降和前移的现象。

（六）复合元音中 e 的声学特征

以 e 组成的复合元音有 3 个,分别为 ue、ye、ie,且都是作为尾元音出现,具体数据如表 4 - 2 - 7 所示。

表 4 - 2 - 7　黑河地区满语复合元音中的 e 与单元音 e 的 F_1、F_2 数据表

	e	e(ue)	e(ye)	e(ie)
F_1	449	510	455	459
F_2	1 757	1 710	1 772	1 756

从图 4 - 2 - 1 可以看出,3 个二合元音中的 e 分布在图中的前、次高位置,其中 ue 中的 e 较为靠下,ye 和 ie 几乎重合。比较 F_1 数据可知,3 个二合元音中 e 的 F_1 都要高于单元音 e 的 F_1,差值分别为 61 Hz、6 Hz、10 Hz,说明 ue 中的 e 要比 ie 中 e 的舌位更加靠下,变幅更大,ue 中的 e 受到 u 的影响比 ie 中 e 受到 i 的影响要大一些,而 ye 中的 e 受到 y 的影响较小,降幅不大。观察 F_2 数据可知,三个二合元音中的 e 与单元音 e 的 F_2 相差都不是很大,虽然 ie 中的 e 比单元音 e 减少了 1 Hz,比 ue 中的 e 减少了 47 Hz,ye 中的 e 的 F_2 增加了 15 Hz,但变幅都不大,说明前后位置很接近。由此可知,在高元音 y、u、i 的影响下,组成二合元音的 e 的舌位发生了一些变化。

（七）复合元音中 ε 的声学特征

以 ε 组成的复合元音仅有 2 个,分别为 uε、yε,且都是作为尾元音出现,其共振峰 F_1、F_2 数据如表 4 - 2 - 8 所示。

表 4 - 2 - 8　黑河地区满语复合元音中的 ε 与单元音 ε 的 F_1、F_2 数据表

	ε	ε(uε)	ε(yε)
F_1	635	632	566
F_2	1 755	1 647	1 776

从图 4 - 2 - 1 可以看出,2 个二合元音中的 ε 分布在图中的前、中位置,且相距较远,其中 yε 中的 ε 在前高元音 y 的影响下位置变得靠上,uε 中的 ε 在后高元音 u 的影响下位置变得靠后。比较 F_1 数据可知,uε、yε 中的 ε 都小于单元音 ε 的 F_1,二者之差分别为 3 Hz、69 Hz,说明 uε、yε 中 ε 的舌位有所提高,其中 yε 中 ε 的舌位提高幅度较大,yε 中的 ε 作为尾元音受首元音 y 的影响较大。比较 F_2 数据可知,uε 中 ε 的 F_2 小于单元音 ε 的 F_2,二者之差为 108 Hz,说明舌位要比单元音 ε 靠后,且幅度较大;而 yε 中 ε 的 F_2 大于单元音 ε,二者之差为 21 Hz,说明 yε 中的 ε 要比单元音 ε 稍靠前。综上可知,与单元音 ε 相比,二合元音 uε、yε 中的 ε 作为尾元音时都受到了首元音 u 和 y 的影响,舌位高低和前后均发生了一些变化。

(八)复合元音中 y 的声学特征

以单元音 y 组成的复合元音共有 3 个,分别为 yɑ、yε、ye,且都是作为首元音出现,共振峰 F_1、F_2 数据如表 4 - 2 - 9 所示。

表 4 - 2 - 9　黑河地区满语复合元音中的 y 与单元音 y 的 F_1、F_2 数据表

	y	y(yɑ)	y(yε)	y(ye)
F_1	368	412	468	419
F_2	1 786	1 763	1 751	1 819

从图 4 - 2 - 1 可以看出,3 个二合元音中的 y 分布在图中的前、次高位置,其中 yɑ、ye、yε 中的 y 位置较为接近,yε 中的 y 位置较为靠下,ye 中的 y 较为靠前。比较 F_1 数据可知,二合元音 yɑ、yε、ye 中 y 的 F_1 都要大于单元音 y 的 F_1,三者之差分别为:44 Hz、100 Hz、51 Hz。与单元音 y 相比,3 个二合元音中的 y 都发生了降低的现象,其中降幅最大的为 yε 中的 y,其次为 ye 中的 y,降幅最小的为 yɑ 中的 y。比较 F_2 数值可知,yɑ、yε 中 y 的 F_2 要小于单元音 y 的 F_2,二者之差分别为 23 Hz、35 Hz,ye 中 y 的 F_2 要比单元音 y 的 F_2 大 33 Hz。由此说明,二合元音 yɑ、yε 的首元音 y 在尾元音 ɑ、ε 的影响下向后发生了移动,但移动幅度不大,而 ye 的首元音 y 发生了前移。

综上,二合元音的首元音在尾元音的影响下,与相应的单元音相比,在高低维度上有一定程度的抬高或降低,在前后维度上也发生了靠前或靠后的变化,但具体情况要视所组成元音的影响而定。

第三节　黑河地区满语二合元音共振峰模式研究

本节主要对黑河地区满语二合元音主要共振峰模式及特征进行实验,总结相关规律及特点。实验方法为:(1)对 16 个复合元音,每个二合元音各取 5 个语音样本,将这些二合元音的起始点和末尾点按等时间序列,从语图中选取 10 个测量点(以 P_1、P_2……表示每个时间点)的主要共振峰 F_1、F_2 数据。(2)用 Excel 对所提取的 F_1、F_2 数据进行统计,以 F_1、F_2 的平均值作为该二合元音的共振峰数据进行分析。(3)将每个测量点的数据连接起来做出该二合元音主要共振峰走势图,观察共振峰在时间序列上的变化。(4)根据主要共振峰数据及走势图分析动态变化特征。

一、黑河地区满语二合元音共振峰数据

黑河地区满语二合元音主要共振峰数据(F_1、F_2)列表如表 4-3-1 所示。

表 4-3-1　黑河地区满语前响二合元音 F_1、F_2 数据表

二合元音	共振峰	P_1	P_2	P_3	P_4	P_5	P_6	P_7	P_8	P_9	P_{10}
ɑi	F_1	611	671	689	668	646	606	573	512	491	455
	F_2	1 578	1 579	1 630	1 655	1 672	1 673	1 692	1 686	1 685	1 681
ɑu	F_1	686	710	691	686	682	622	629	592	571	561
	F_2	1 192	1 197	1 192	1 171	1 165	1 189	1 226	1 220	1 208	1 194
iɑ	F_1	504	564	613	651	675	689	722	729	723	665
	F_2	1 909	1 827	1 763	1 779	1 737	1 641	1 715	1 741	1 706	1 728
yɑ	F_1	474	478	503	518	543	569	596	603	636	672
	F_2	1 775	1 826	1 744	1 756	1 645	1 653	1 575	1 607	1 602	1 582
uɑ	F_1	651	673	678	711	728	741	681	666	585	585
	F_2	1 386	1 443	1 214	1 329	1 492	1 632	1 648	1 683	1 678	1 671
ue	F_1	475	412	447	467	463	442	437	512	548	472
	F_2	994	1 069	989	1 000	1 059	1 224	1 253	982	943	1 062

表 4－3－1（续）

二合元音	共振峰	P_1	P_2	P_3	P_4	P_5	P_6	P_7	P_8	P_9	P_{10}
uɛ	F_1	568	575	576	607	645	621	658	618	593	519
	F_2	1 285	1 351	1 391	1 545	1 589	1 630	1 671	1 523	1 391	1 556
uə	F_1	470	467	439	429	406	363	432	450	409	501
	F_2	1 498	1 739	1 624	1 574	1 519	1 375	1 314	950	962	1 405
iu	F_1	361	343	393	382	381	360	334	431	389	372
	F_2	1 422	1 242	1 245	1 260	1 284	1 471	1 388	1 326	1 175	1 163
əu	F_1	479	468	470	477	466	451	426	426	449	470
	F_2	1 237	1 111	1 096	1 055	1 091	1 142	1 228	1 201	1 197	1 233
ui	F_1	324	340	329	314	328	328	321	326	342	299
	F_2	1 753	1 748	1 645	1 636	1 703	1 764	1 960	1 999	1 991	1 956
yɛ	F_1	479	497	544	539	569	544	503	465	511	496
	F_2	1 384	1 285	1 349	1 406	1 451	1 345	1 426	1 457	1 480	1 442
ye	F_1	475	480	484	488	520	573	510	535	613	586
	F_2	1 846	1 815	1 762	1 820	1 777	1 748	1 742	1 830	1 859	1 833
ie	F_1	425	446	480	524	535	513	489	484	504	465
	F_2	1 860	1 746	1 691	1 600	1 612	1 573	1 598	1 613	1 463	1 541
io	F_1	396	429	488	444	470	460	477	444	500	515
	F_2	1 557	1 535	1 465	1 393	1 382	1 408	1 432	1 435	1 450	1 446
əi	F_1	388	368	354	347	328	361	323	336	350	329
	F_2	2 215	2 211	2 229	2 151	2 187	2 321	2 379	2 310	2 190	2 125

二、前响二合元音的共振峰模式研究

前响二合元音有 5 个，分别为 ɑi、əi、ui、ɑu、əu，主要共振峰 F_1、F_2 数据见表4－3－2。

表 4－3－2　黑河地区满语前响二合元音 F_1、F_2 数据表

前响二合元音	共振峰	P_1	P_2	P_3	P_4	P_5	P_6	P_7	P_8	P_9	P_{10}
ɑi	F_1	611	671	689	668	646	606	573	512	491	455
	F_2	1 578	1 579	1 630	1 655	1 672	1 673	1 692	1 686	1 685	1 681

表 4 – 3 – 2（续）

前响二合元音	共振峰	P₁	P₂	P₃	P₄	P₅	P₆	P₇	P₈	P₉	P₁₀
ɑu	F₁	686	710	691	686	682	622	629	592	571	561
	F₂	1 192	1 197	1 192	1 171	1 165	1 189	1 226	1 220	1 208	1 194
əu	F₁	479	468	470	477	466	451	426	426	449	470
	F₂	1 237	1 111	1 096	1 055	1 091	1 142	1 228	1 201	1 197	1 233
ui	F₁	324	340	329	314	328	328	321	326	342	299
	F₂	1 753	1 748	1 645	1 636	1 703	1 764	1 960	1 999	1 991	1 956
əi	F₁	388	368	354	347	328	361	323	336	350	329
	F₂	2 215	2 211	2 229	2 151	2 187	2 321	2 379	2 310	2 190	2 125

（一）前响二合元音 ɑi

前响二合元音 ɑi 的 F_1、F_2 数据如表 4 – 3 – 4 所示。

表 4 – 3 – 3　前响二合元音 ɑi 的 F_1、F_2 数据表

前响二合元音	共振峰	P₁	P₂	P₃	P₄	P₅	P₆	P₇	P₈	P₉	P₁₀
ɑi	F₁	611	671	689	668	646	606	573	512	491	455
	F₂	1 578	1 579	1 630	1 655	1 672	1 673	1 692	1 686	1 685	1 681

根据表 4 – 3 – 3 的数据可知，前响二合元音 i 的 F_1 呈现先增大后减小的变化，F_2 则是呈现不断增大的变化，增大的范围在 114 Hz 左右。前响二合元音 ɑi 的主要共振峰 F_1、F_2 变化折线图如图 4 – 3 – 1 所示。

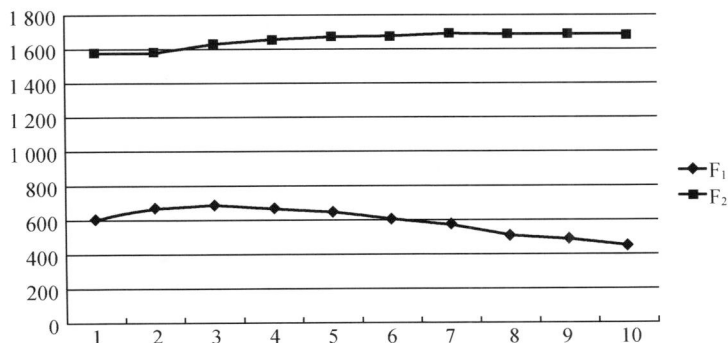

图 4 – 3 – 1　前响二合元音 ɑi 的主要共振峰折线图

前响二合元音 ɑi 由后、低、不圆唇元音 ɑ 和前、高、不圆唇元音 i 组成,发音时,由后、低、不圆唇元音 ɑ 变为前、高、不圆唇元音 i。由 ɑ 到 i 时,F_1 由大到小变化,F_2 由小到大变化。观察图 4 - 3 - 1 可知,ɑi 的 F_1 前半部分表现为由小变大的趋势,但是变化幅度不大,说明发 ɑi 音时,舌位是由高到低缓慢下降的。F_2 在 F_1 开始变化时比较稳定,为 1 578 Hz 左右。P_4 点时,F_1 开始变小,舌位由低变高。与此同时,F_2 上升,说明舌位略微向前。从总体看,前响二合元音 ɑi 的稳定段主要集中在前半部分,其成分 ɑ 体现了目标值的作用。

(二)前响二合元音 əi

前响二合元音 əi 的 F_1、F_2 数据如表 4 - 3 - 4 所示。

表 4 - 3 - 4　前响二合元音 əi 的 F_1、F_2 数据表

前响二合元音	共振峰	P_1	P_2	P_3	P_4	P_5	P_6	P_7	P_8	P_9	P_{10}
ɑi	F_1	388	368	354	347	328	361	323	336	350	329
	F_2	2 215	2 211	2 229	2 151	2 187	2 321	2 379	2 310	2 190	2 125

根据表 4 - 3 - 4 数据可知,前响二合元音 əi 的 F_1 呈现逐渐减小的趋势,但减小的幅度不大,在 50 Hz 左右;F_2 呈现先增大后减小的变化,范围在 150 Hz 左右,变化的幅度要比 F_1 大些。前响二合元音 əi 的主要共振峰 F_1、F_2 变化折线图如图 4 - 3 - 2 所示。

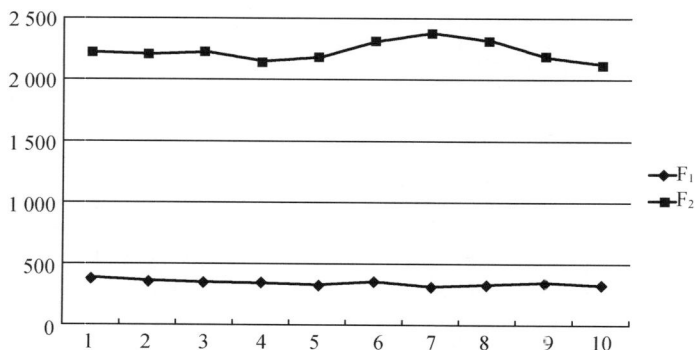

图 4 - 3 - 2　前响二合元音 əi 的主要共振峰折线图

前响二合元音 əi 由后、次高、不圆唇元音 ə 和前、高、不圆唇元音 i 组成,发音时,由后、次高、不圆唇元音 ə 变为前、高、不圆唇元音 i,这时 əi 的 F_1 应由大到小,

F_2 由小到大变化。观察图 4－3－2 可知,发音过程中,əi 的 F_1 一直在变小,但变化的幅度不大,可见发 əi 音时,舌位慢慢升高,由次高元音变为高元音。F_2 在 F_1 变小时呈现了先上升而后又下降的趋势,表明舌位在逐渐向前后又略微向后,说明了舌位前后变化的不稳定性。前响二合元音 əi 的 F_1、F_2 前半部分变化相对稳定,而 F_2 的后半部分变化不稳定,说明前响二合元音 əi 中元音性成分比较突出的是 ə,目标值体现在 ə 上,稳定段也集中在前半部分,而 əi 的另一成分 i 的作用不够突出,体现出了滑音的特点,也说明了将 əi 归纳为前响二合元音是合适的。

(三)前响二合元音 ui

前响二合元音 ui 的主要共振峰 F_1、F_2 数据如表 4－3－5 所示。

表 4－3－5　前响二合元音 ui 的 F_1、F_2 据表

前响二合元音	共振峰	P_1	P_2	P_3	P_4	P_5	P_6	P_7	P_8	P_9	P_{10}
ui	F_1	324	340	329	314	328	328	321	326	342	299
	F_2	1 753	1 748	1 645	1 636	1 703	1 764	1 960	1 999	1 991	1 956

根据表 4－3－5 的数值可知,前响二合元音 ui 的 F_1 变化比较平稳,基本在 320 Hz 左右,变幅较小;F_2 的总体趋势是先减小后增大,变化的范围在 300 Hz 左右,幅度要比 F_1 大很多。前响二合元音 ui 的主要共振峰 F_1、F_2 变化折线图如图 4－3－3 所示。

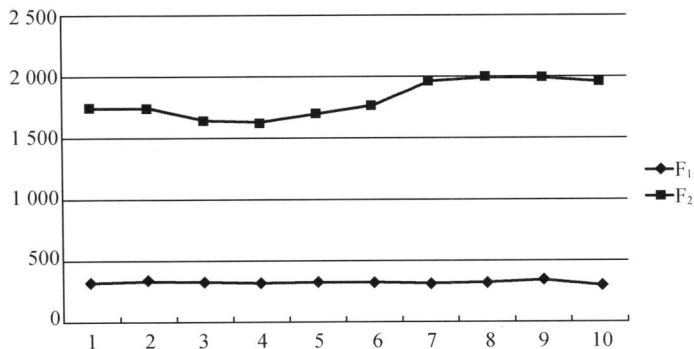

图 4－3－3　前响二合元音 ui 的主要共振峰折线图

前响二合元音 ui 由后、高、圆唇元音 u 和前、高、不圆唇元音 i 组成,发音时,由

后、高、圆唇元音 u 过渡为前、高、不圆唇元音 i,这时 ui 的 F_1 应保持不变,F_2 从低到高变化。观察图 4-3-3 可知,前响二合元音 ui 的 F_1 变化不大,一直稳定在 320 Hz 左右,说明舌位高低变化很小;F_2 先出现小幅度下降,而后呈上升趋势,且升幅较大,说明舌位逐渐向前,由后元音变为前元音。前响二合元音 ui 的 F_1、F_2 前半部分变化相对稳定,虽然 F_2 发生了下降的变化,但降幅不是很大,仍保持相对稳定的趋势,说明 ui 的稳定段主要集中在前半部分,是前响二合元音。

(四)前响二合元音 au

前响二合元音 au 的主要共振峰 F_1、F_2 数据如表 4-3-6 所示。

表 4-3-6　前响二合元音 au 的 F_1、F_2 数据表

前响二合元音	共振峰	P_1	P_2	P_3	P_4	P_5	P_6	P_7	P_8	P_9	P_{10}
au	F_1	686	710	691	686	682	622	629	592	571	561
	F_2	1 192	1 197	1 192	1 171	1 165	1 189	1 226	1 220	1 208	1 194

根据表 4-3-6 的数据可知,前响二合元音 au 的 F_1 变化呈下降趋势,变化的范围在 100 Hz 左右,变化比较平稳;F_2 则是呈现先减小后增大的变化,变化范围在 1 100 Hz 左右。前响二合元音 au 的主要共振峰 F_1、F_2 变化折线图如图 4-3-4 所示。

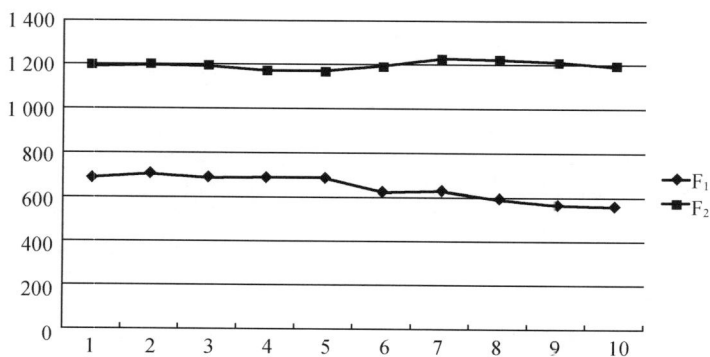

图 4-3-4　前响二合元音 au 的主要共振峰折线图

前响二合元音 au 由后、低、不圆唇元音 a 和后、高、圆唇元音 u 组成,发音时,由后、低、不圆唇元音 a 过渡为后、高、圆唇元音 u,这时 au 的主要共振峰 F_1、F_2 都

应由高到低变化。观察图4－3－4可知,前响二合元音 au 的 F_1 呈现由高向低变化的趋势,变化范围为 100 Hz 左右,说明舌位由低向高变化,由低元音 ɑ 变为高元音 i;F_2 先出现小幅度下降,而后呈上升趋势,但变化的范围不大,基本在 1 100 Hz,说明舌位略向后变化。前元二合元音 au 的 F_1、F_2 前半部分变化相对稳定,后半部分发生了变化,说明 au 的稳定段主要集中在前半部分,是前响二合元音。

（五）前响二合元音 əu

前响二合元音 əu 的主要共振峰 F_1、F_2 数据如表4－3－7所示。

表4－3－7　前响二合元音 əu 的 F_1、F_2 数据表

前响二合元音	共振峰	P_1	P_2	P_3	P_4	P_5	P_6	P_7	P_8	P_9	P_{10}
əu	F_1	479	468	470	477	466	451	426	426	449	470
	F_2	1 237	1 111	1 096	1 055	1 091	1 142	1 228	1 201	1 197	1 233

由表4－3－7的数值可知,前响二合元音 əu 的 F_1 变化较为平缓,在 450 Hz 左右,呈先降后升趋势;F_2 变化不太规则,变化幅度在 180 Hz 左右。前响二合元音 əu 的主要共振峰 F_1、F_2 变化折线图如图4－3－5所示。

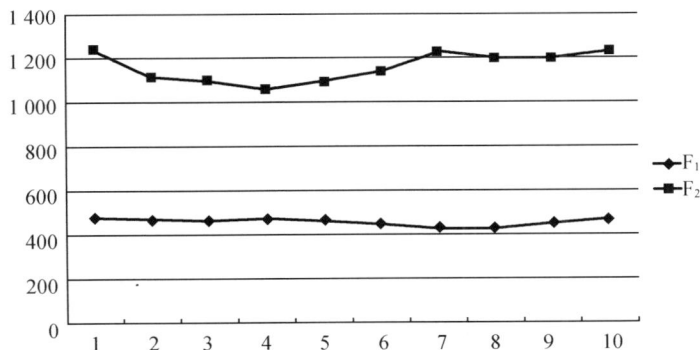

图4－3－5　二合元音 əu 的主要共振峰折线图

前响二合元音 əu 由后、次高、不圆唇元音 ə 和后、高、圆唇元音 u 组成,发音时,由后、次高、不圆唇元音 ə 过渡为后、高、圆唇元音 u,主要共振峰 F_1 应稍降低,F_2 稍向上变化。观察图4－3－5可知,前响二合元音 əu 的 F_1 变化趋势比较平缓,稍微降低,范围为 50 Hz 左右,说明舌位略微抬高,由次高变为高;F_2 的变化总体是

先下降后上升,前半部分变化较大,变化范围在 150 Hz 左右,虽然稳定段不太明显,但仍能看出其舌位从次高变为高且略向前的变化。

三、后响二合元音的共振峰模式研究

黑河地区满语后响二合元音 11 个,分别为 ia、io、iu、ie、ɣa、ye、ɣɛ、ua、uə、uɛ、ue,相关 F_1、F_2 数据见表 4 − 3 − 8。

表 4 − 3 − 8　黑河地区满语后响二合元音 F_1、F_2 数据表

后响二合元音	共振峰	P_1	P_2	P_3	P_4	P_5	P_6	P_7	P_8	P_9	P_{10}
ia	F_1	504	564	613	651	675	689	722	729	723	665
	F_2	1 909	1 827	1 763	1 779	1 737	1 641	1 715	1 741	1 706	1 728
io	F_1	396	429	488	444	470	460	477	444	500	515
	F_2	1 557	1 535	1 465	1 393	1 382	1 408	1 432	1 435	1 450	1 446
iu	F_1	361	343	393	382	381	360	334	431	389	372
	F_2	1 422	1 242	1 245	1 260	1 284	1 471	1 388	1 326	1 175	1 163
ie	F_1	425	446	480	524	535	513	489	484	504	465
	F_2	1 860	1 746	1 691	1 600	1 612	1 573	1 598	1 613	1 463	1 541
ɣa	F_1	474	478	503	518	543	569	596	603	636	672
	F_2	1 775	1 826	1 744	1 756	1 645	1 653	1 575	1 607	1 602	1 582
ye	F_1	475	480	484	488	520	573	510	535	613	586
	F_2	1 846	1 815	1 762	1 820	1 777	1 748	1 742	1 830	1 859	1 833
ɣɛ	F_1	479	497	544	539	569	544	503	465	511	496
	F_2	1 384	1 285	1 349	1 406	1 451	1 345	1 426	1 457	1 480	1 442
ua	F_1	651	673	678	711	728	741	681	666	585	585
	F_2	1 386	1 443	1 214	1 329	1 492	1 632	1 648	1 683	1 678	1 671
uə	F_1	470	467	439	429	406	363	432	450	409	501
	F_2	1 498	1 739	1 624	1 574	1 519	1 375	1 314	950	962	1 405
uɛ	F_1	568	575	576	607	645	621	658	618	593	519
	F_2	1 285	1 351	1 391	1 545	1 589	1 630	1 671	1 523	1 391	1 556
ue	F_1	475	412	447	467	463	442	437	512	548	472
	F_2	994	1 069	989	1 000	1 059	1 224	1 253	982	943	1 062

(一)后响二合元音 ia

后响二合元音 ia 的 F_1、F_2 数据如表 4 – 3 – 9 所示。

表 4 – 3 – 9 后响二合元音 ia 的 F_1、F_2 数据表

后响二合元音	共振峰	P_1	P_2	P_3	P_4	P_5	P_6	P_7	P_8	P_9	P_{10}
ia	F_1	504	564	613	651	675	689	722	729	723	665
	F_2	1 909	1 827	1 763	1 779	1 737	1 641	1 715	1 741	1 706	1 728

由表 4 – 3 – 9 的数据可知,后响二合元音 ia 的 F_1 总体是平稳增加的,范围为 200 Hz 左右。F_2 则是呈现下降的状态,下降的幅度在 200 Hz 左右。二合元音 ia 的主要共振峰 F_1、F_2 变化折线图如图 4 – 3 – 6 所示。

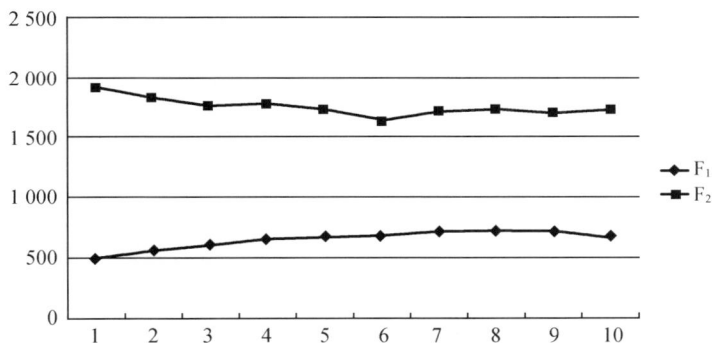

图 4 – 3 – 6 后响二合元音 ia 的主要共振峰折线图

发 ia 音时,由前、高、不圆唇元音 i 变为后、低、不圆唇元音 a,F_1 应逐渐增大,F_2 应由高到低。观察 ia 的数据和折线图可知,F_1 在整个发音过程中是呈上升趋势的,其中前半部分增幅较大,后半部分则比较平缓。F_2 则整体下降,变化的幅度比较大,但 ia 的共振峰值从中间到后半部分变化较为平缓,说明这个阶段是 ia 的稳定阶段,舌位是从高到低,从前到央发生变化的,比较符合后响二合元音的声学特征。

(二)后响二合元音 io

后响二合元音 io 的 F_1、F_2 数据如表 4 – 3 – 10 所示。

表 4 - 3 - 10　后响二合元音 io 的 F_1、F_2 数据表

后响二合元音	共振峰	P_1	P_2	P_3	P_4	P_5	P_6	P_7	P_8	P_9	P_{10}
io	F_1	396	429	488	444	470	460	477	444	500	515
	F_2	1 557	1 535	1 465	1 393	1 382	1 408	1 432	1 435	1 450	1 446

　　由表 4 - 3 - 10 的数值可知,后响二合元音 io 的 F_1 总体是不断增加的,变化范围在 100 Hz 左右;F_2 总体是下降的,变化的幅度在 170 Hz 左右。后响二合元音 io 的主要共振峰 F_1、F_2 变化折线图如图 4 - 3 - 7 所示。

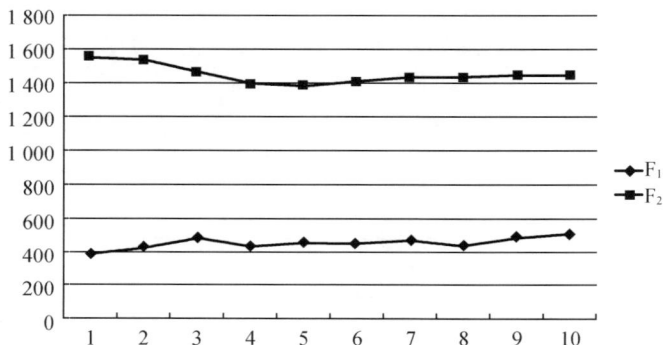

图 4 - 3 - 7　后响二合元音 io 的主要共振峰折线图

　　io 发音时,由前、高、不圆唇元音 i 过渡为后、中、圆唇元音 o。从 io 的 F_1、F_2 数据及折线图可知,F_1 的总体趋势是上升的,但上升幅度不是很大;而 F_2 则与 F_1 的变化相反,呈整体下降的趋势。前半部分下降的幅度较大,为 170 Hz 左右,但后半部分出现了小幅升高的现象,且呈现稳定状态,表明 io 是后响二合元音,发音时,舌位是由高到中、由前到后变化的。

（三）后响二合元音 iu

　　后响二合元音 iu 的 F_1、F_2 数据如表 4 - 3 - 11 所示。

表 4 - 3 - 11　后响二合元音 iu 的 F_1、F_2 数据表

后响二合元音	共振峰	P_1	P_2	P_3	P_4	P_5	P_6	P_7	P_8	P_9	P_{10}
iu	F_1	361	343	393	382	381	360	334	431	389	372
	F_2	1 422	1 242	1 245	1 260	1 284	1 471	1 388	1 326	1 175	1 163

　　由表 4 - 3 - 11 的数值可知,后响二合元音 iu 的 F_1 变化总体平稳,变化范围较

小,幅度在 50 Hz 左右;F_2 总体是下降的,变化幅度在 260 Hz 左右。后响二合元音 iu 的主要共振峰 F_1、F_2 变化折线图如图 4 - 3 - 8 所示。

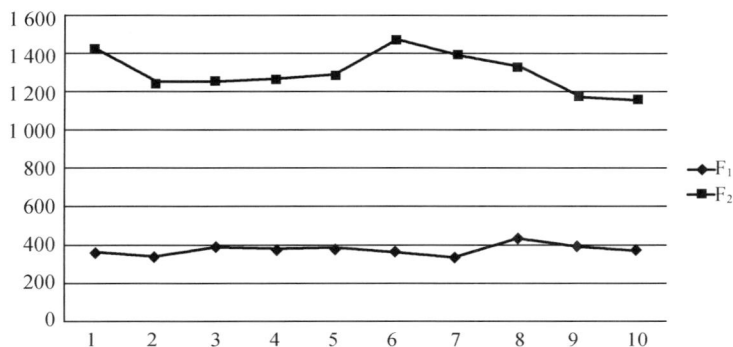

图 4 - 3 - 8　后响二合元音 iu 的主要共振峰折线图

iu 发音时,由前、高、不圆唇元音 i 过渡为后、高、圆唇元音 u,F_1 的变化应为整体平缓,略微增大,F_2 的变化应该是由高到低的,变化幅度较大。观察图 4 - 3 - 8 可知,F_1 的变化总体平稳,略微增大;而 F_2 前半部分下降较大,后半部分在增幅较大的上升后又呈总体下降的趋势,且降幅较大。说明二合元音 iu 在发音时舌位高低变化不大,略微下降,但前后变化较大。由于 F_2 的变化不规则,二合元音 iu 整体没有呈现出较为稳定的状态,但从实际听感中仍可以听出 iu 是后响二合元音。

(四)后响二合元音 ie

后响二合元音 ie 的 F_1、F_2 数据如表 4 - 3 - 12 所示。

表 4 - 3 - 12　后响二合元音 ie 的 F_1、F_2 数据统计表

后响二合元音	共振峰	P_1	P_2	P_3	P_4	P_5	P_6	P_7	P_8	P_9	P_{10}
ie	F_1	425	446	480	524	535	513	489	484	504	465
	F_2	1 860	1 746	1 691	1 600	1 612	1 573	1 598	1 613	1 463	1 541

由表 4 - 3 - 12 的数值可知,后响二合元音 ie 的 F_1 总体呈现上升状态,变化不大,幅度在 50 Hz 左右;F_2 总体是下降的,变化幅度较大,范围在 300 Hz 左右。后响二合元音 ie 的主要共振峰 F_1、F_2 变化折线图如图 4 - 3 - 9 所示。

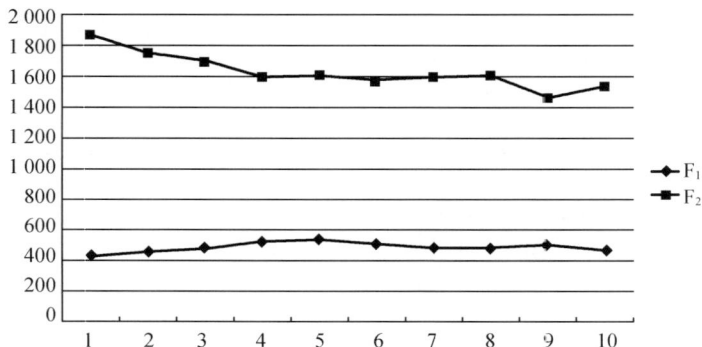

图4-3-9　后响二合元音 ie 的主要共振峰折线图

发二合元音 ie 时,由前、高、不圆唇元音 i 过渡为前、次高、不圆唇元音 e,F_1 应由低到高,F_2 应由高到低。观察图4-3-9可知,F_1 的变化总体平稳,略微增大,在 70 Hz 左右,说明 ie 在发音时舌位略微下降,由高到次高。F_2 前半部分下降较大,在 260 Hz 左右,后半部分则比较平缓。虽然 F_2 在结尾处略微上升,但从总体来看呈下降趋势,说明 ie 在发音过程中,舌位是略向后变化的。从 ie 发音的整体过程来看,后响二合元音 ie 发音时舌位呈现略微降低并靠后的变化,后半部分整体呈现出较为稳定的状态。

（五）后响二合元音 ya

后响二合元音 ya 的 F_1、F_2 数据如表4-3-13所示。

表4-3-13　后响二合元音 ya 的 F_1、F_2 数据统计表

后响二合元音	共振峰	P_1	P_2	P_3	P_4	P_5	P_6	P_7	P_8	P_9	P_{10}
ya	F_1	474	478	503	518	543	569	596	603	636	672
	F_2	1 775	1 826	1 744	1 756	1 645	1 653	1 575	1 607	1 602	1 582

由表4-3-13的数值可知,后响二合元音 ya 的 F_1 总体呈上升趋势,变化范围较大,幅度在 200 Hz 左右;F_2 总体是下降的,变化幅度在 180 Hz 左右。后响二合元音 ya 的主要共振峰 F_1、F_2 变化折线图图4-3-10所示。

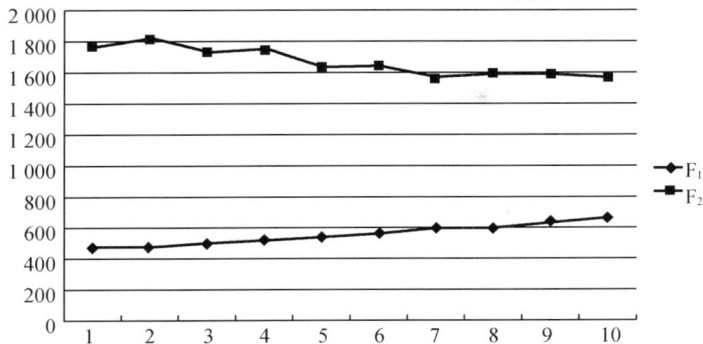

图 4 – 3 – 10　后响二合元音 yɑ 的主要共振峰折线图

ya 发音时,由前、高、圆唇元音 y 过渡为后、低、不圆唇元音 ɑ,F_1 应由低到高,F_2 应由高到低。观察图 4 – 3 – 10 可知,F_1 的数值连续变大,增幅平稳且较大,在 200 Hz 左右,说明 ya 在发音时舌位下降,由高到低。F_2 前半部分虽有小幅上升,但总体呈下降趋势,且降幅较大,在 180 Hz 左右,后半部分下降比较平缓。综上,说明 ya 发音时,舌位呈现下降并向后发生变化,且后半部分整体呈现出较为稳定的状态。

（六）后响二合元音 ye

后响二合元音 ye 的 F_1、F_2 数据如表 4 – 3 – 14 所示。

表 4 – 3 – 14　后响二合元音 ye 的 F_1、F_2 数据统计表

后响二合元音	共振峰	P_1	P_2	P_3	P_4	P_5	P_6	P_7	P_8	P_9	P_{10}
ye	F_1	475	480	484	488	520	573	510	535	613	586
	F_2	1 846	1 815	1 762	1 820	1 777	1 748	1 742	1 830	1 859	1 833

由表 4 – 3 – 14 的数值可知,后响二合元音 ye 的 F_1 总体呈现上升状态且比较平稳,虽然中间有个别点出现下降的现象,但变化范围不大;F_2 虽在不同的点各有升降,但总体变化不大。后响二合元音 ya 的主要共振峰 F_1、F_2 变化折线图如图 4 – 3 – 11 所示。

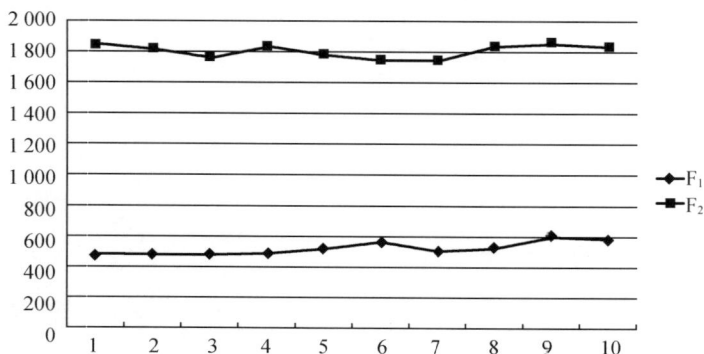

图 4 - 3 - 11　后响二合元音 ye 的主要共振峰折线图

　　发二合元音 ye 时,由前、高、圆唇元音 y 向前、次高、不圆唇元音 e 变化,F_1 应由低到高,F_2 应略微增大。观察图 4 - 3 - 11 可知,F_1 的数值虽然在后半部分略有下降,但总体呈上升趋势,增幅在 100 Hz 左右,说明 ye 在发音时舌位是由高到低略微下降的。F_2 总体在 1 800 Hz 左右变化,前半部分小幅下降,后半部分小幅上升,说明舌位略有靠前。总体来看,ye 发音时,舌位略微下降并向前。

（七）后响二合元音 yɛ

　　后响二合元音 yɛ 的 F_1、F_2 数据如表 4 - 3 - 15 所示。

表 4 - 3 - 15　后响二合元音 yɛ 的 F_1、F_2 数据统计表

后响二合元音	共振峰	P_1	P_2	P_3	P_4	P_5	P_6	P_7	P_8	P_9	P_{10}
yɛ	F_1	479	497	544	539	569	544	503	465	511	496
	F_2	1 384	1 285	1 349	1 406	1 451	1 345	1 426	1 457	1 480	1 442

　　由表 4 - 3 - 15 的数值可知,后响二合元音 y 的 F_1 前半部分处于上升趋势,后半部分处于下降趋势,最后又略微升高,总体略呈上升趋势,变化幅度较小;F_2 虽在不同的点各有升降,但总体呈现上升趋势,前后变化范围不大。后响二合元音 y 的主要共振峰 F_1、F_2 变化折线图如图 4 - 3 - 12 所示。

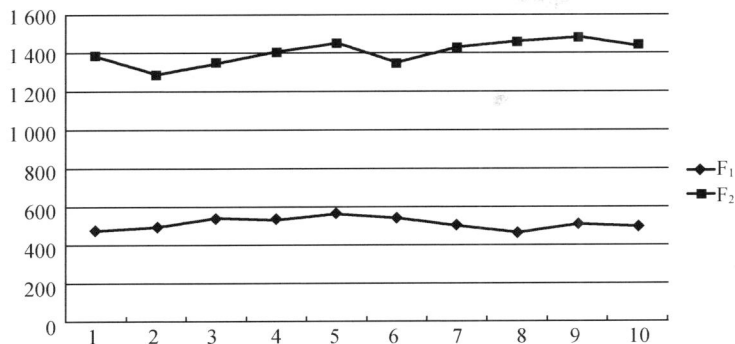

图 4 - 3 - 12　后响二合元音 yε 的主要共振峰折线图

发二合元音 yε 时,由前、高、圆唇元音 y 向前、次低、不圆唇元音 ε 变化,F_1 应由低到高,F_2 应略微变小。观察图 4 - 3 - 12 可知,F_1 虽然在后半部分略有下降,但总体是上升的,增幅较小,仅为 30 Hz 左右,说明 yε 在发音时舌位由高到低,略微下降。由于单元音 y($F_2 = 1\ 778$ Hz)与单元音 ε($F_2 = 1\ 755$ Hz)F_2 的差值较小,说明单元音 y 与 ε 舌位前后相差不大。而后响二合元音 yε 发音时由前、高、圆唇元音 y 过渡为前、次低、不圆唇元音 ε,F_2 总体在 1 400 Hz 左右变化,说明二者舌位非常接近,只是略有变化。

(八)后响二合元音 uɑ

后响二合元音 uɑ 的 F_1、F_2 数据如表 4 - 3 - 16 所示。

表 4 - 3 - 16　后响二合元音 uɑ 的 F_1、F_2 数据统计表

后响二合元音	共振峰	P_1	P_2	P_3	P_4	P_5	P_6	P_7	P_8	P_9	P_{10}
uɑ	F_1	651	673	678	711	728	741	681	666	585	585
	F_2	1 386	1 443	1 214	1 329	1 492	1 632	1 648	1 683	1 678	1 671

由表 4 - 3 - 16 的数值可知,后响二合元音 uɑ 的 F_1 前半部分处于上升趋势,后半部分处于下降趋势,总体略呈现下降趋势,变化幅度较小;F_2 先降后升,总体呈上升趋势,且上升幅度较大。后响二合元音 uɑ 的主要共振峰 F_1、F_2 变化折线图如图 4 - 3 - 13 所示。

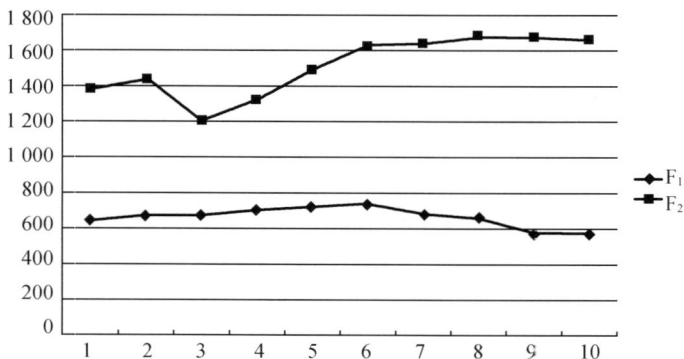

图 4 - 3 - 13　后响二合元音 ua 的主要共振峰折线图

　　ua 发音时,由后、高、圆唇元音 u 过渡为后、低、不圆唇元音 ɑ,F_1、F_2 都应由低到高。观察图 4 - 3 - 13 可知,F_1 前半部分呈上升趋势,后半部分呈现下降趋势,但增幅不大,说明 ua 在发音时前半部分舌位由高到低,略微下降,后半部分舌位又出现了略微抬高的现象。F_2 虽在刚开始时有明显的下降,但随后一直呈现上升趋势,且升幅较大,说明发音时舌位先略微靠后,而后一直向前,且向前的幅度较大,由后变为央前。总体来看,二合元音 ua 的后半部分较为稳定。

(九) 后响二合元音 uə

后响二合元音 uə 的 F_1、F_2 数据如表 4 - 3 - 17 所示。

表 4 - 3 - 17　后响二合元音 uə 的 F_1、F_2 数据统计表

后响二合元音	共振峰	P_1	P_2	P_3	P_4	P_5	P_6	P_7	P_8	P_9	P_{10}
uə	F_1	470	467	439	429	406	363	432	450	409	501
	F_2	1 498	1 739	1 624	1 574	1 519	1 375	1 314	950	962	1 405

　　由表 4 - 3 - 17 的数值可知,后响二合元音 uə 的 F_1 总体略呈上升趋势,幅度比较平稳;F_2 变化趋势比较复杂,先上升后下降,而后又上升,但总体为下降趋势,且幅度较大。后响二合元音 uə 的主要共振峰 F_1、F_2 变化折线图如图 4 - 3 - 14 所示。

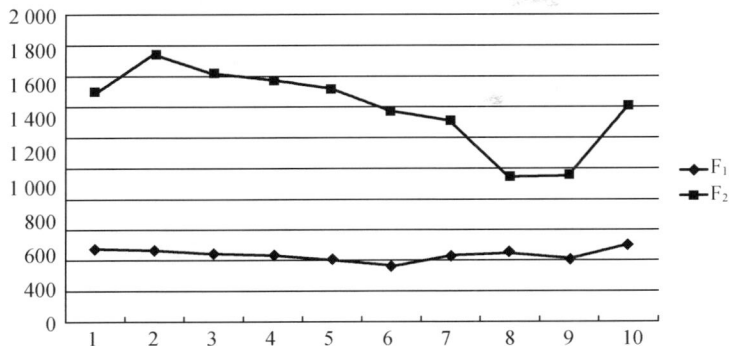

图 4 - 3 - 14　后响二合元音 uə 的主要共振峰折线图

uə 发音时,由后、高、圆唇元音 u 过渡为后、次高、不圆唇元音 ə,F_1、F_2 都应由低到高。观察图 4 - 3 - 14 可知,F_1 前半部分呈略微下降趋势,降幅为 100 Hz 左右,后半部分又呈上升趋势,增幅为 150 Hz 左右,说明 uə 在发音时前半部分舌位略微抬高,后半部分舌位下降,由高变为次高。F_2 虽在开始时有明显的上升,但随即下降,说明发音时舌位变为靠后。单元音 u(F_2 = 1 143 Hz)和 ə(F_2 = 1 161 Hz)的 F_2 之差为 18 Hz,说明二者舌位前后相差不大。而在二合元音 uə 中,刚开始时的 F_2 = 1 498 Hz,结束时的 F_2 = 1 405 Hz,二者之差为 93 Hz,说明二合元音 uə 发音时,舌位前后变化不大,并略微靠后。总体来看,后响二合元音 uə 在发音时没有固定的稳定段。

（十）后响二合元音 uɛ

后响二合元音 uɛ 的 F_1、F_2 数据如表 4 - 3 - 18 所示。

表 4 - 3 - 18　后响二合元音 uɛ 的 F_1、F_2 数据统计表

后响二合元音	共振峰	P_1	P_2	P_3	P_4	P_5	P_6	P_7	P_8	P_9	P_{10}
uɛ	F_1	568	575	576	607	645	621	658	618	593	519
	F_2	1 285	1 351	1 391	1 545	1 589	1 630	1 671	1 523	1 391	1 556

由表 4 - 3 - 18 的数值可知,后响二合元音 uɛ 的 F_1 总体呈上升趋势,但升幅不大;F_2 总体表现为上升趋势,但升幅较大。后响二合元音 uɛ 的主要共振峰 F_1、F_2 变化折线图如图 4 - 3 - 15 所示。

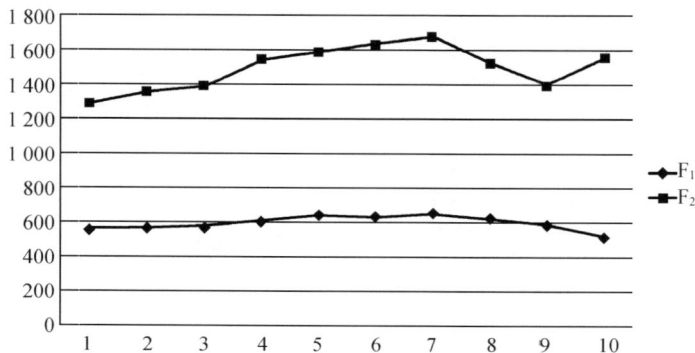

图 4 – 3 – 15　后响二合元音 uɛ 的主要共振峰折线图

uɛ 发音时,由后、高、圆唇元音 u 过渡为前、次低、不圆唇元音 ɛ,F_1、F_2 都应由低到高。观察图 4 – 3 – 15 可知,F_1 前半部分呈上升趋势,后半部分表现为下降趋势,但升降幅度较小,都在 50 Hz 左右,说明二合元音 uɛ 在发音过程中舌位高低变化不大,总体表现为舌位略微降低。F_2 虽在后半部分呈现降低趋势,但总体是升高的,且升幅较大,达到 300 Hz 左右,说明后响二合元音 uɛ 在发音时舌位向前较大,由后变前。总体来看,后响二合元音 uɛ 在发音时没有固定的稳定段。

(十一)后响二合元音 ue

后响二合元音 ue 的 F_1、F_2 数据如表 4 – 3 – 19 所示。

表 4 – 3 – 19　后响二合元音 ue 的 F_1、F_2 数据统计表

后响二合元音	共振峰	P_1	P_2	P_3	P_4	P_5	P_6	P_7	P_8	P_9	P_{10}
ue	F_1	475	412	447	467	463	442	437	512	548	472
	F_2	994	1 069	989	1 000	1 059	1 224	1 253	982	943	1 062

由表 4 – 3 – 19 的数值可知,后响二合元音 ue 的 F_1 在发音过程中虽有升有降,但总体处于上升趋势;F_2 先升后降而后又上升,总体变化比较复杂。后响二合元音 ue 的主要共振峰 F_1、F_2 变化折线图如图 4 – 3 – 16 所示。

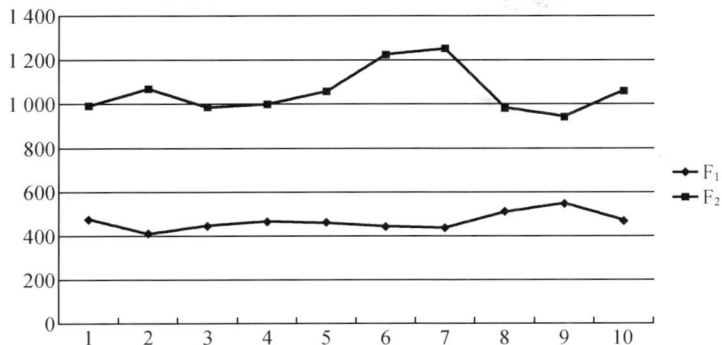

图 4 - 3 - 16　后响二合元音 ue 的主要共振峰折线图

ue 发音时,由后、高、圆唇元音 u 过渡为前、次高、不圆唇元音 e,F_1 应略微上升,F_2 应由低到高。观察图 4 - 3 - 16 可知,F_1 虽有升有降,但总体呈上升趋势,变幅在 70 Hz 左右,较为平缓,说明二合元音 ue 在发音过程中舌位总体表现为略微降低。F_2 虽在后半部分呈现降低趋势,但总体是升高的,且升幅较大,达到了 300 Hz,说明二合元音 uɛ 在发音时舌位向前较大,由后变前。总体来看,后响二合元音 uɛ 在发音时没有固定的稳定段。

四、二合元音的共振峰模式比较研究

(一)前响二合元音的比较研究

1. əi 与 ui

前响二合元音 əi 与 ui 的 F_1、F_2 数据见表 4 - 3 - 20,折线图如图 4 - 3 - 17 所示。

表 4 - 3 - 20　前响二合元音 əi 与 ui 的 F_1、F_2 数据表

前响二合元音	共振峰	P_1	P_2	P_3	P_4	P_5	P_6	P_7	P_8	P_9	P_{10}
əi	F_1	388	368	354	347	328	361	323	336	350	329
	F_2	2 215	2 211	2 229	2 151	2 187	2 321	2 379	2 310	2 190	2 125
ui	F_1	324	340	329	314	328	328	321	326	342	299
	F_2	1 753	1 748	1 645	1 636	1 703	1 764	1 960	1 999	1 991	1 956

前响二合元音 ui 中的后、高、圆唇元音 u 的舌位比后、次高、不圆唇元音 ə 的舌位略靠上和靠后,因此前响二合元音 əi 的 F_1、F_2 都要略大于 ui 的 F_1、F_2。观察图

4 - 3 - 17 可知,前响二合元音 əi 的 F_1 在前半部分略微大于 ui 的 F_1,而二者在后半部分基本重合,并且变化比较平滑,幅度较小,说明在发音过程中,二者舌位高低变化很小。əi 的 F_2 都要大于 ui 的 F_2,说明发音过程中 əi 的舌位要比 ui 的舌位靠前。əi 与 ui 中都含有前、高、不圆唇元音 i,但 i 受到 ə 和 u 的影响,发音状态却不尽相同,说明 əi 中的 i 在次高元音 ə 的影响下,比 ui 中的 i 靠下且向前些。

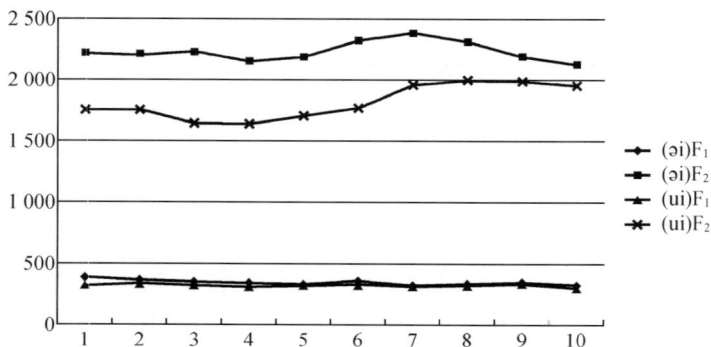

图 4 - 3 - 17　前响二合元音 əi 与 ui 的主要共振峰对比折线图

2. au 与 əu

前响二合元音 au 与 əu 的 F_1、F_2 数据见表 4 - 3 - 21,折线图如图 4 - 3 - 18 所示。

表 4 - 3 - 21　前响二合元音 au 与 əu 的 F_1、F_2 数据表

前响二合元音	共振峰	P_1	P_2	P_3	P_4	P_5	P_6	P_7	P_8	P_9	P_{10}
au	F_1	686	710	691	686	682	622	629	592	571	561
	F_2	1 192	1 197	1 192	1 171	1 165	1 189	1 226	1 220	1 208	1 194
əu	F_1	479	468	470	477	466	451	426	426	449	470
	F_2	1 237	1 111	1 096	1 055	1 091	1 142	1 228	1 201	1 197	1 233

前响二合元音 au 中的 a 是后、低、不圆唇元音,比后、次高、不圆唇元音 ə 的舌位低且靠前,au 的 F_1、F_2 都应高于 əu 的 F_1、F_2。观察图 4 - 3 - 18 可知,在整个发音过程中,二合元音 au 的 F_1、F_2 都要大于 əu 的 F_1、F_2,且二者的 F_1、F_2 变化都比较平缓,幅度较小,说明在发音过程中,au 的舌位一直低于 əu 的舌位。əu 的 F_2 前半部分先降后升,变幅接近 200 Hz,到后半部分基本和 au 的 F_2 重合,说明在发音

过程中,au 的舌位前后变化不大,而 əu 在前半部分舌位前后变化明显,后半部分与 au 舌位变化基本相同。综上可知,在发音过程中,后、高、圆唇元音 u 分别受到后、低、不圆唇元音 ɑ 和后、次高、不圆唇元音 ə 的影响,呈现了不一样的发音状态。虽然两个前响二合元音后半部分都发 u 的音,但受 ə 影响的 u 的舌位要比受 ɑ 影响的 u 的舌位靠后一些。

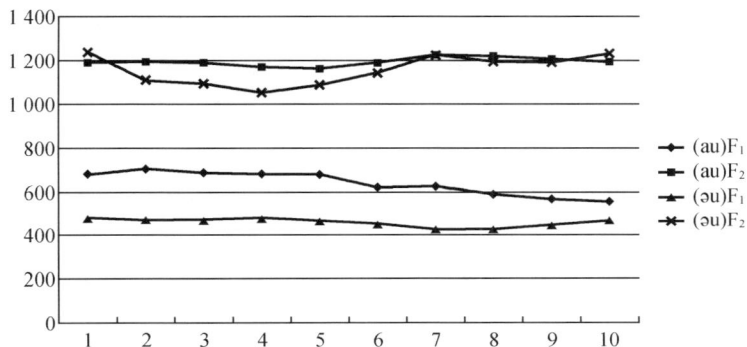

图 4-3-18　前响二合元音 au 与 əu 的主要共振峰对比折线图

(二)后响二合元音的比较研究

1. ia 与 ie

后响二合元音 ia 与 ie 的 F_1、F_2 数据见表 4-3-22,折线图如图 4-3-19。

表 4-3-22　后响二合元音 ia 与 ie 的 F_1、F_2 数据表

后响二合元音	共振峰	P_1	P_2	P_3	P_4	P_5	P_6	P_7	P_8	P_9	P_{10}
ia	F_1	504	564	613	651	675	689	722	729	723	665
	F_2	1 909	1 827	1 763	1 779	1 737	1 641	1 715	1 741	1 706	1 728
ie	F_1	425	446	480	524	535	513	489	484	504	465
	F_2	1 860	1 746	1 691	1 600	1 612	1 573	1 598	1 613	1 463	1 541

后响二合元音 ia 由前、高、不圆唇元音 i 和后、低、不圆唇元音 ɑ 组成。发音时 F_1 应由小变大,F_2 应由大变小。ie 由前、高、不圆唇元音 i 和前、次高、不圆唇元音 e 组成,发音时 F_1 应由小变大,F_2 应由大变小。观察图 4-3-19 可知,ia 与 ie 的 F_1 整体都是由小到大,F_2 都是由大到小的。虽然 ia 和 ie 的首元音都是 i,但 ia 的

F_1、F_2 都比 ie 的 F_1、F_2 大,由于 ia 的主要元音是 a,ie 的主要元音是 e,受主要元音的影响,ia 中的 i 要比 ie 的 i 靠前且低。

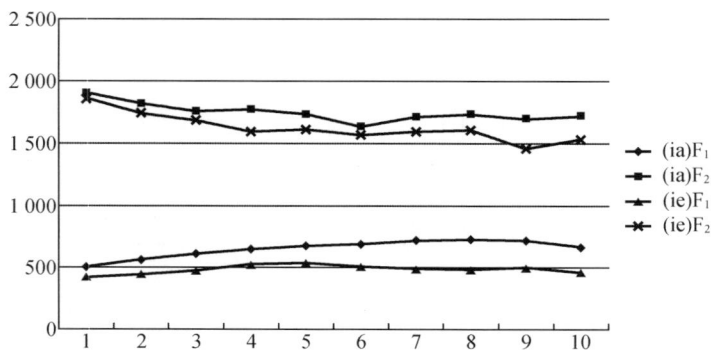

图 4-3-19　后响二合元音 ia 与 ie 的主要共振峰对比折线图

2. ua 与 uε

后响二合元音 ua 与 uε 的 F_1、F_2 数据见表 4-3-23,折线图如图 4-3-20 所示。

表 4-3-23　后响二合元音 ua 与 uε 的 F_1、F_2 数据对比表

后响二合元音	共振峰	P_1	P_2	P_3	P_4	P_5	P_6	P_7	P_8	P_9	P_{10}
ua	F_1	651	673	678	711	728	741	681	666	585	585
	F_2	1 386	1 443	1 214	1 329	1 492	1 632	1 648	1 683	1 678	1 671
uε	F_1	568	575	576	607	645	621	658	618	593	519
	F_2	1 285	1 351	1 391	1 545	1 589	1 630	1 671	1 523	1 391	1 556

后响二合元音 ua 由后、高、圆唇元音 u 和后、低、不圆唇元音 a 组成,F_1 和 F_2 都应由小变大。uε 由后、高、圆唇元音 u 和前、次低、不圆唇元音 ε 组成,F_1 和 F_2 也应是由小变大的。观察图 4-3-20 可知,ua 和 uε 的 F_1、F_2 整体都是由小变大的,但后半部分变化不同,略有下降。由于 ua 的主要元音是 a,uε 的主要元音是 ε,受主要元音的影响,ua 的首元音 u 要低于 uε 的 u。从二者的 F_2 可以看出,前半部分 ua 要低于 uε,说明 ua 的首元音 u 比 uε 的首元音 u 靠后。而后半部分,由于单元音 ε 要比 a 靠前,受其影响,uε 的 F_2 要低于 ua 的 F_2,说明 uε 中的 u 要比 ua 中的 u 靠后。

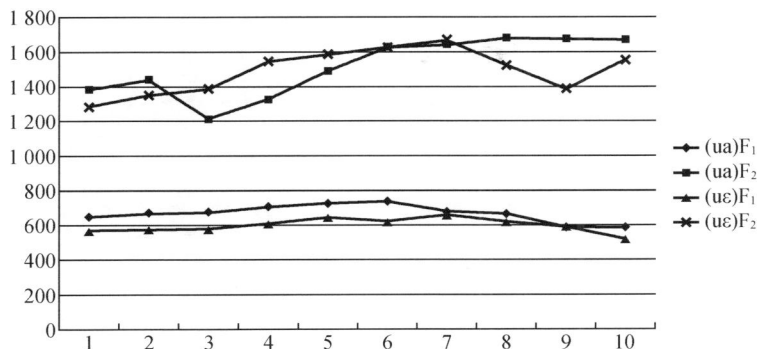

图 4 - 3 - 20　后响二合元音 uɑ 与 uɛ 的主要共振峰对比折线图

3. ye 与 yɛ

后响二合元音 ye 与 yɛ 的 F_1、F_2 数据见表 4 - 3 - 24,折线图如图 4 - 3 - 21 所示。

表 4 - 3 - 24　后响二合元音 ye 与 yɛ 的 F_1、F_2 数据表

后响二合元音	共振峰	P_1	P_2	P_3	P_4	P_5	P_6	P_7	P_8	P_9	P_{10}
ye	F_1	475	480	484	488	520	573	510	535	613	586
	F_2	1 846	1 815	1 762	1 820	1 777	1 748	1 742	1 830	1 859	1 833
yɛ	F_1	479	497	544	539	569	544	503	465	511	496
	F_2	1 384	1 285	1 349	1 406	1 451	1 345	1 426	1 457	1 480	1 442

后响二合元音 ye 由前、高、圆唇元音 y 和前、次高、不圆唇元音 e 组成,由于 y 和 e 的舌位高低及前后相差不大,因此二合元音 ye 的 F_1 应是由小到大的,F_2 应是由大变小的,且变幅都不大。二合元音 yɛ 由前、高、圆唇元音 y 和前、次低、不圆唇元音 ɛ 组成,F_1、F_2 应是由大到小的。观察图 5 - 3 - 21 可知,ye 的 F_1 呈现由低到高的变化趋势,但变化非常平缓,幅度较小,说明发音时舌位是缓慢下降的。yɛ 的 F_1 也缓慢下降,变幅很小,说明在发音过程中舌位是缓慢上升的。ye 的 F_2 前半部分由高到低,后半部分又出现小幅上升,但总体变化不大,说明 y 与 e 舌位前后相差不大。yɛ 的 F_2 变化趋势呈小幅上升状态,总体表现为由低到高。ye 和 yɛ 的首元音都是 y,二者的 F_1 相似,说明高低相近,变化不大。但二者的 F_2 却相差较大,ye 的 F_2 大于 yɛ 的 F_2,说明受不同主要元音的影响,ye 中的 y 要比 yɛ 中的 y 靠前。

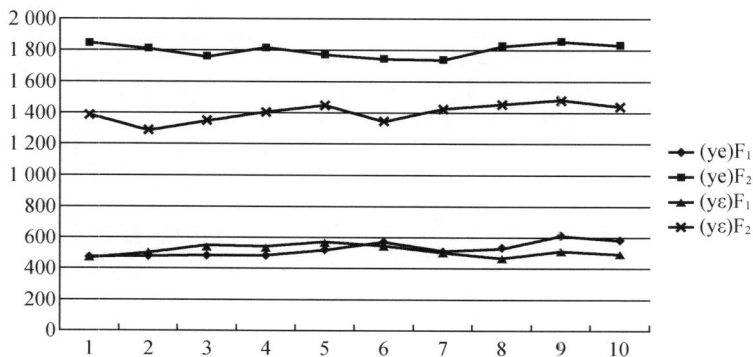

图 4 - 3 - 21　后响二合元音 ye 与 yɛ 的主要共振峰对比折线图

4. ia 与 ua

后响二合元音 ia 与 ua 的 F_1、F_2 数据见表 4 - 3 - 25，折线图如图 4 - 3 - 22 所示。

表 4 - 3 - 25　后响二合元音 ia 与 ua 的 F_1、F_2 数据对比表

后响二合元音	共振峰	P_1	P_2	P_3	P_4	P_5	P_6	P_7	P_8	P_9	P_{10}
ia	F_1	504	564	613	651	675	689	722	729	723	665
	F_2	1 909	1 827	1 763	1 779	1 737	1 641	1 715	1 741	1 706	1 728
ua	F_1	651	673	678	711	728	741	681	666	585	585
	F_2	1 386	1 443	1 214	1 329	1 492	1 632	1 648	1 683	1 678	1 671

i 为前、高、不圆唇元音，u 是后、高、圆唇元音。高低维度看，二者基本相同；前后维度看，差别却很大。观察图 4 - 3 - 22 可知，ia 和 ua 发音时整体差别不大。ia 的 F_1 是由低变高，ua 的 F_1 是由低变高再变低，说明发音时，ia 的舌位是由高到低变化，ua 的舌位先由高到低，后又出现了小幅升高的现象。ia 的 F_2 是由高到低变化的，变化幅度较为平缓，但 ua 的 F_2 是由低到高变化的，变化幅度较大。由图 4 - 3 - 22 后半部分可以看出，ia 的 F_2 比 ua 略高，可知 a 在 i 和 u 的影响下，发音状态出现了差别。虽然这两个二合元音的尾元音都是 a，但 i 的影响比 u 的影响要大，因此 ia 中的 a 比 ua 的 a 要靠前些。

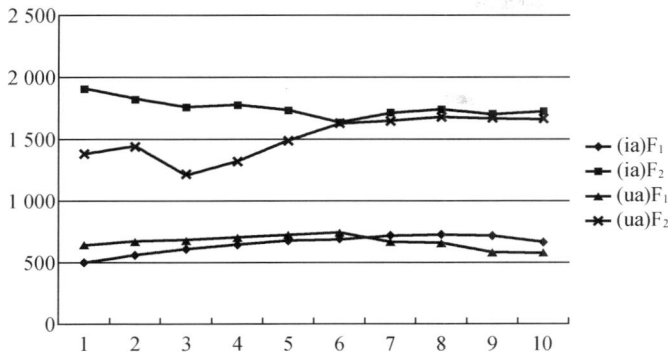

图 4 - 3 - 22 后响二合元音 ia 与 ua 的主要共振峰对比折线图

5. uɛ 与 yɛ

后响二合元音 uɛ 与 yɛ 的 F_1、F_2 数据见表 4 - 3 - 26，折线图如图 4 - 3 - 23 所示。

表 4 - 3 - 26 后响二合元音 uɛ 与 yɛ 的 F_1、F_2 数据表

后响二合元音	共振峰	P_1	P_2	P_3	P_4	P_5	P_6	P_7	P_8	P_9	P_{10}
uɛ	F_1	568	575	576	607	645	621	658	618	593	519
	F_2	1 285	1 351	1 391	1 545	1 589	1 630	1 671	1 523	1 391	1 556
yɛ	F_1	479	497	544	539	569	544	503	465	511	496
	F_2	1 384	1 285	1 349	1 406	1 451	1 345	1 426	1 457	1 480	1 442

后、高、圆唇元音 u(F_1 = 383 Hz) 和前、高、圆唇元音 y(F_1 = 368 Hz) 的 F_1 之差为 15Hz，说明二者的舌位相近。因 u 和 y 都是高元音，所以 uɛ 和 yɛ 的 F_1 的位置应该是相似的。但由于 u 是后元音，y 是前元音，所以 uɛ 与 yɛ 的 F_2 应差别很大。观察图 4 - 3 - 23 可知，uɛ 与 yɛ 的 F_1 变化情况相同，都是前半部分缓慢升高，后半部分降低，说明发音时，二者的舌位都是由高到次低变化的。uɛ 的 F_1 要略高于 yɛ 的 F_1，可知 uɛ 中 u 的舌位要略低于 yɛ 中的 y。uɛ 的 F_2 在后半部分出现了降低的现象，但总体呈现由低到高的变化趋势，舌位由后向前。yɛ 的 F_2 整体变化趋势也是低到高，但变化比较平缓，幅度较小，说明在发音过程中舌位略向前靠。对比图 4 - 3 - 23 的后半部分可以看出，uɛ 的 F_2 虽然出现了下降且幅度较大，但总体还是要比 yɛ 的 F_2 高，说明发音时 ɛ 在 u 和 y 的影响下，具有不同的发音状态，u 影响下

的 ε 要比 y 影响下的 ε 略低且靠前。

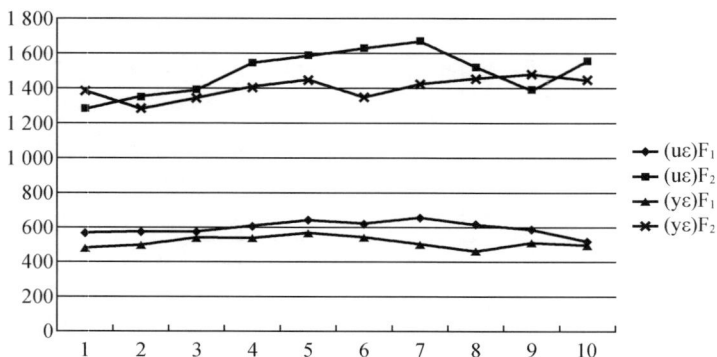

图 4 - 3 - 23　后响二合元音 uε 与 yε 的主要共振峰对比折线图

第四节　黑河地区满语三合元音共振峰模式研究

参考王庆丰的研究[1]和相关语料,黑河地区满语三合元音有两个,分别是 uɑi 和 iɑu。本节主要对其主要共振峰走向及特征进行实验。实验模式为:

1. 对 2 个三合元音各取 5 个语音样本,将三合元音的起始点和末尾点按等时间序列选取 10 个测量点,从三维语图中提取这 10 个点的主要共振峰(F_1、F_2)数据。由于三合元音 uɑi 样本语料极少,仅搜集到了两个,为了便于研究,便分别对其共振峰数据测试 5 次,获得 5 组数据,对此取平均值进行分析讨论,这里三合元音 uɑi 的相关数据和实验研究结果仅供参考。

2. 用 Excel 对所提取的共振峰 F_1、F_2 数据进行统计,以 F_1、F_2 的平均值作为三合元音的共振峰数据进行分析。

3. 将每个测量点的数据连接起来做出三合元音主要共振峰动程图,观察共振峰在时间序列上的变化。

4. 根据主要共振峰数据及动程图分析三合元音动态变化特征。

---

① 　王庆丰. 满语研究[M]. 北京:民族出版社,2005.

一、三合元音 uai、iau 的主要共振峰数据表

三合元音 uai、iau 的 F_1、F_2 数据表见表 4 – 4 – 1。

表 4 – 4 – 1　三合元音 uai、iau 的 F_1、F_2 数据表

三合元音	共振峰	P_1	P_2	P_3	P_4	P_5	P_6	P_7	P_8	P_9	P_{10}
iau	F_1	540	577	581	600	643	711	675	620	641	661
	F_2	1 676	1 519	1 456	1 342	1 281	1 297	1 190	1 251	1 242	1 255
uai	F_1	460	466	516	597	684	535	711	682	679	565
	F_2	1 642	1 453	1 467	1 559	1 549	1 597	1 624	1 599	1 640	1 667

二、三合元音 uai 的共振峰模式研究

三合元音 uai 的 F_1、F_2 数据如表 4 – 4 – 2 所示。

表 4 – 4 – 2　三合元音 uai 的 F_1、F_2 数据表

三合元音	共振峰	P_1	P_2	P_3	P_4	P_5	P_6	P_7	P_8	P_9	P_{10}
uai	F_1	460	466	516	597	684	535	711	682	679	565
	F_2	1 642	1 453	1 467	1 559	1 549	1 597	1 624	1 599	1 640	1 667

从表 4 – 4 – 2 中可以看出,三合元音 uai 的 F_1 整体呈现增大趋势,但在发音的中间位置和后半部分出现了下降现象;F_2 整体也是增大的,虽然刚开始时出现下降现象,但后来是一直变大的。三合元音 uai 的主要共振峰 F_1、F_2 变化折线图如图 4 – 4 – 1 所示。

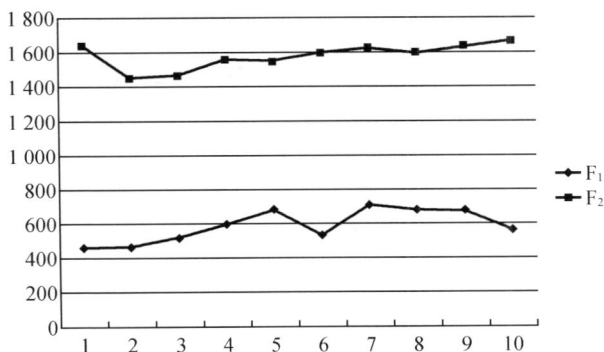

图 4 – 4 – 1　三合元音 uai 的主要共振峰折线图

uai 由后、高、圆唇元音 u 和后、低、不圆唇元音 a 及前、高、不圆唇元音 i 组成，F_1 应先由低变高，再由高变低。F_2 应是由低变高。观察图 4 - 4 - 1 可知，uai 的 F_1 是逐渐升高的，到了 680 Hz 左右开始下降，降幅在 140 Hz 左右，而后又开始上升，达到 711 Hz，升幅为 170 Hz 左右，但 F_1 总体变化幅度在 250 Hz 左右。F_2 虽然刚开始时出现了下降的现象，但总体来看是升高的，变化的范围在 200 Hz 左右，变化的幅度较大。综上可知，uai 发音时，从高低维度看，是由高变低，再由低变高的；从前后维度看，是由后向前变化的。

三、三合元音 iau 的共振峰模式研究

三合元音 iau 的 F_1、F_2 数据如表 4 - 4 - 3 所示。

表 4 - 4 - 3　三合元音 iau 的 F_1、F_2 数据表

三合元音	共振峰	P_1	P_2	P_3	P_4	P_5	P_6	P_7	P_8	P_9	P_{10}
iau	F_1	540	577	581	600	643	711	675	620	641	661
	F_2	1 676	1 519	1 456	1 342	1 281	1 297	1 190	1 251	1 242	1 255

从表 4 - 4 - 3 可以看出，F_1 变化是先增大后减小的，增幅在 170 Hz 以内，降幅在 90 Hz 左右。F_2 变化的总体趋势是减小的，幅度比 F_1 要大，变化幅度为 480 Hz 左右。三合元音 iau 的主要共振峰 F_1、F_2 变化折线图如图 4 - 4 - 2 所示。

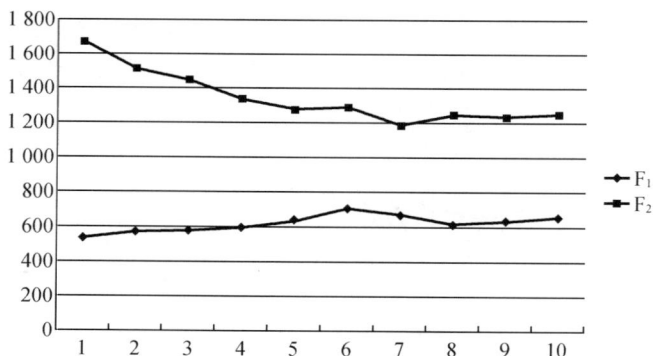

图 4 - 4 - 2　三合元音 iau 主要共振峰折线图

iau 由前、高、不圆唇元音 i 和后、低、不圆唇元音 a 及后、高、圆唇元音 u 组成，F_1 应由低到高，再由高到低；F_2 应由高变低。观察图 4 - 4 - 2 可知，F_1 前半部分上

升,到 710 Hz 时变得较为稳定,而后出现了下降的现象,但 F_1 总体来看是上升的。F_2 总体是下降的,且变幅不小。综上可知,iau 发音时,舌位变化是由高到低而后升高的,是由前到中再到后的。由于 F_2 值变小,增强了圆唇作用,使得 iau 发生了从不圆唇到圆唇的变化。

四、三合元音 uai 和 iau 的共振峰模式比较研究

三合元音 uai 和 iau 的 F_1、F_2 数据和折线图如表 4-4-4 所示。

表 4-4-4　三合元音 uai 和 iau 的 F_1、F_2 数据对比表

三合元音	共振峰	P_1	P_2	P_3	P_4	P_5	P_6	P_7	P_8	P_9	P_{10}
uai	F_1	460	466	516	597	684	535	711	682	679	565
	F_2	1 642	1 453	1 467	1 559	1 549	1 597	1 624	1 599	1 640	1 667
iau	F_1	540	577	581	600	643	711	675	620	641	661
	F_2	1 676	1 519	1 456	1 342	1 281	1 297	1 190	1 251	1 242	1 255

三合元音 uai 是由后、高、圆唇元音 u 和后、低、不圆唇元音 α 及前、高、不圆唇元音 i 组成的;iau 是由前、高、不圆唇元音 i 和后、低、不圆唇元音 α 及后、高、圆唇元音 u 组成的。由于 u 和 i 都是高元音,α 是低元音,因此二者的 F_1 变化趋势应该相同,都是先高后低,然后由低变高。而 F_2 的走势应相反,其中 uai 的 F_2 走势为由低变高,iau 的 F_2 的走势由高变低。

三合元音 uai 和 iau 的主要共振峰对比折线图如图 4-4-3 所示。观察图 4-4-3 可知,uai 和 iau 的 F_1 的走势非常相近,都是先升后降而后又升高。因二者的主要元音 α 分别受到首元音和尾元音的不同影响,导致二者的变化幅度不同,总体上 uai 的变幅要大于 iau 的,说明在发音过程中 uai 的主要元音 α 在元音 u 和 i 的影响下舌位升高的幅度比 iau 的 α 的大。uai 和 iau 的 F_2 变化走势是相反的,uai 的 F_2 走势是逐渐升高,iau 的 F_2 走势是逐渐降低,说明在发音过程中,uai 的舌位是由后向前,iau 的舌位是由前向后,与二者共振峰 F_1、F_2 的数据走势一致。

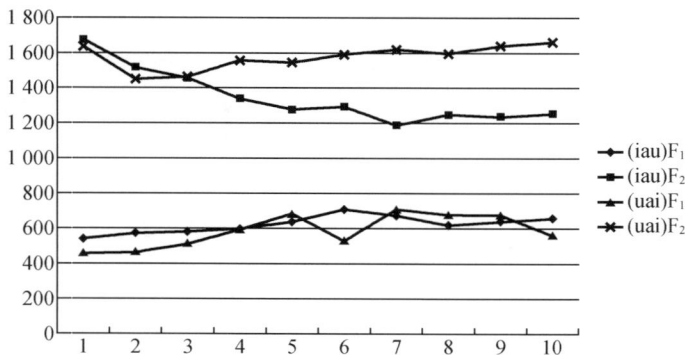

图4-4-3 三合元音 uɑi 和 iɑu 的主要共振峰对比折线图

第五节 黑河地区满语复合元音的声学讨论

本章根据复合元音的有关语料,以共振峰描写为主要方式,对黑河地区满语的复合元音进行一些探讨,研究这些复合元音的组成成分特征、共振峰模式等,初步论述满语复合元音的一些特点。通过语料整理和实验情况来看,黑河地区满语复合元音具有以下特点。

1.复合元音数量较多。黑河地区满语元音比较复杂,复合元音的数量要远远多于单元音,性质上也表现出了不同的特点。黑河地区满语共有 26 个元音,单元音 8 个,占比为 30.7%;二合元音 16 个,占比为 61.5%;三合元音 2 个,占比为 7.8%,其中二合元音最多。据有关研究显示,"复合元音的数量与相关单元音的性质有着密切关系,元音三角形里,各元音之间的空间距离和听感区别度越大,单元音组合成复合元音的数量就越多。而各顶点元音位于元音空间的顶点位置,元音间的空间距离最大,听感区别度也最大,因此组成的复合元音的周边性最强,出现数量最多,比例最高"。[①] 由本章实验和图 4-2-1 可知,黑河地区满语的 18 个复合元音中,数量最多的是 3 个顶点元音之间或与其他元音所组成的复合元音。其中顶点元音 ɑ、u、i 组成的复合元音有 8 个,所占比例为 44%;顶点元音与其他元音组成的复合元音有 8 个,所占比例为 44%;非顶点元音组成的复合元音仅有 2 个,

---

① 田阡子.东亚语言复合元音的类型及其渊源[D].北京:中国社会科学院研究生院,2009.

所占比例为 12% 。根据 Maddieson(1984)对 UPSID(317 版)的世界语言中复合元音的统计和描述可知,"83 个双元音分布于 23 种语言中;双元音有一个偏向,就是常常倾向于包含一个高元音成分"。[①] 黑河地区满语的 16 个二合元音中,全部由高元音组成的有 2 个,占比为 12.5% ;其他 14 个都包含一个高元音,占比为 87.5% 。综上说明黑河地区满语复合元音由顶点元音组成的数量最多且组成都至少包含一个高元音的成分,符合世界语言的一般规律。

2. 部分复合元音具有对称性。刘新中、王茂林、谭洁莹对广州话二合元音共振峰模式进行了实验和探讨,认为"多数广州话的二合元音在共振峰走势和时间分配上都具有显著的对称性特点"。[②]黑河地区满语的 16 个二合元音中,有 4 对呈首尾对称的二合元音,分别为 ia、ai,au、ua,ui、iu,uə、əu,占比为 50% 。这些二合元音的共振峰走势和时间分配具有明显的对称性,都是主要元音体现音质稳定段。例如,由前响二合元音 ai 的共振峰折线图(图 4 - 3 - 1)和后响二合元音 ia 的共振峰折线图(图 4 - 3 - 6)可以看出,前响二合元音 ai 的音质稳定段在前半部分,后响二合元音 ia 的音质稳定段在后半部分,说明二者音质的稳定段都集中在 a 上,体现了二合元音的音质特点,呈现出了一定的对称性。其他呈首尾对称的二合元音也具有上述特点。

3. 复合元音中各成分地位不同。据有关成果显示,真性复合元音主要分布在藏语卫藏方言里,其他语言和方言里的复合元音大多是假性复合元音。假性复合元音根据目标值音质又可分为前响二合元音和后响二合元音,由主要元音和次要元音组成,发音时从一个元音向另一个元音过渡,舌位和声腔都有变化,动态特征主要体现在主要共振峰(F_1 和 F_2)的滑移之中。主要元音和次要元音在其音质特征中的地位和作用不同,受主要元音影响较大,次要元音影响较小;同时主要元音和次要元音之间能够相互影响。与相应的单元音相比,舌位高低和前后都会发生变化,有的变化幅度还较大。具体表现为,在前响二合元音中,主要元音是首元音,音质特征集中在首元音上,而后响二合元音的主要元音是尾元音,音质特征则集中在尾元音上。由前人研究成果和本章实验可知,黑河地区满语复合元音都是假性复合元音,遵循复合元音发音的一般规律。例如,前响二合元音 ai 的主要元音是 a,从图 4 - 3 - 1 可以看出,ai 的 F_1 前半部分小幅上升,舌位变为缓慢下降,此过程中 F_2 保持稳定状态;到 P_3 点时 F_1 下降,舌位由低变高呈上升态势,此时 F_2 升高舌

①　冉启斌.汉语语音新探[M].北京:中国社会科学出版社,2012.

②　刘新中,王茂林,谭洁莹.广州话二合元音的共振峰模式初探[J].中国语音学报,2016:(6)21.

位由后向前移动,ɑi 发音过程中由前半部分 ɑ 向后滑移到 i,稳定段位于整个二合元音的前半部分,其成分 ɑ 体现了目标值的作用。

4.复合元音的主要成分体现分类特点。一般的复合元音都是假性复合元音。吴宗济对这种说法进行了声学界定,提出"真性复合元音的目标元音在语图上各自有较长的稳定段,音强曲线上常常出现两个峰值。而假性复合元音的目标值没有稳定段或者只有一个目标值具有稳定段"。① 由前人研究成果和本章实验可知,黑河地区满语二合元音都是假性复合元音,它们在共振峰变化中有一个核心,依据核心位置可以判断其属性。例如,由主要共振峰折线图 4 - 3 - 1、4 - 3 - 2、4 - 3 - 4 可以看出二合元音 ɑi、əi、ɑu 的目标元音 ɑ、ə、ɑ 首先出现,而后出现滑音 i、i、u,目标元音的时间和响度要大于词尾音,由此可认为它们是前响二合元音。由图 4 - 3 - 6、4 - 3 - 7、4 - 3 - 10、4 - 3 - 13 可以看出,二合元音 iɑ、io、yɑ、uɑ 发音时先出现目标元音 ɑ、o、ɑ、ɑ,然后出现滑音,主要元音体现了复合元音的音值,由此可认为它们是后响二合元音。

本章小结

黑河地区满语有 16 个二合元音和 2 个三合元音,学界对这些复合元音的研究较少。本章借鉴当前其他语言复合元音实验研究成果,对黑河地区满语复合元音进行了实验研究。本章的研究主要体现在两个方面:一是对复合元音的各成分声学特点进行实验。使用 Praat 软件提取语料样本的 F_1、F_2 数据,统计处理后计算出各组成成分的 F_1、F_2 平均值,运用 Matlab 软件做出声学分布图,再与相应单元音进行比较,逐一分析其声学特征,总结特点及规律。二是对复合元音主要共振峰走向及特征进行实验。18 个复合元音,每个各取 5 个语音样本,将其起始点和末尾点按等时间序列选取 10 个测量点,从三维语图中提取其主要共振峰(F_1、F_2)数据,然后进行统计求平均值,做出主要共振峰动程图,观察共振峰在时间序列上的变化,分析该复合元音的动态变化特征。

实验表明,黑河地区满语复合元音遵循复合元音发音的一般规律,即发音时从一个元音向另一个元音过渡,舌位和声腔都有变化,其动态特征主要体现在主要共振峰(F_1 和 F_2)的滑移之中。复合元音中各个组成元音的地位不同,复合元音受主要元音影响较大,次要元音影响较小;同时主要元音和次要元音之间能够相互影

---

① 吴宗济,林茂灿.实验语音学概要[M].北京:高等教育出版社,1989.

响。与相应的单元音相比,舌位高低和前后都会发生变化,有的变化幅度还较大。对于二合元音而言,目标元音反映出分类特点,其共振峰变化中有一个核心,可以依据其位置判断该二合元音是前响二合元音或后响二合元音。

第五章 黑河地区满语元音格局研究

语音格局是语音系统性的表现,可以实现对语音定位、变体描写、音位分布等的讨论和分析,对于系统认识语音规律有着积极的意义。本章通过对黑河地区满语元音的格局进行考察,能够深入了解元音的整体分布情况及各音位间的相互关系,有助于系统认识满语元音的特点和规律,同时也可为满语科研教学的改进和口语习得提供实验参考。

第一节 黑河地区满语元音格局实验概述

一、元音格局的实验内容

人类的语音由于性别、年龄、文化程度等差异而呈现出不同变化,但实际交流中,只要讲同种语言就基本能够进行交流,语音"框架"差别不大就能够被理解。这个"框架"就是"格局"。研究元音格局具有很强的实际运用和现实意义,"通过元音格局可使语音实验与音系学联系起来,用声学元音图作直观的分布描写和层级分析,对语言或方言的主要元音进行细致的描写和分析"。[①]"元音格局是以汉语为对象进行研究的,从汉语的音节结构出发,依据主要元音跟韵母中其他成分组合关系把同一方言的元音分为不同的层级进行研究"。[②]为了便于研究和分析,本书采用元辅理论的有关术语,在黑河地区满语调查基础上,参考石锋元音格局理论及相关成果,对黑河地区满语元音的定位特征、分布关系等问题进行考察。同时对满语复合元音的词首、词中及词尾元音的 F_1、F_2 值进行分别统计,并获得实验数据,以此为基础进行声学论述。马丁·裘斯提出"尽管不同的人发出的同一元音共振峰频

① 时秀娟. 论元音格局在汉语方言研究中的运用[J]. 齐鲁学刊,2016(1):157.
② 贝先明,石锋. 方言的接触影响在元音格局中的表现:以长沙、萍乡、浏阳方言为例[J]. 南开语言学刊,2008(2):20.

率不同,但每个人所发的元音在声学元音图上具有稳定的相对位置,人的大脑是以这种相对位置为背景来感知语音的"。对于同种语言或方言发音人而言,所发出的语音系统具有同样的格局,可以通过元音格局图体现出来。① 本书运用声学元音图对黑河地区满语元音的格局进行研究和描写。

二、元音格局的实验方法

元音格局是以共振峰数据的归一化为基础进行的。共振峰数据归一化后可以获得元音的 V 值,做出元音格局图。归一化后得到的 V 值"可以淡化不同发音人的个性差异,增强不同地点和不同发音人相互之间的可比性,突显同一语言元音系统的共性特征"。②

由于发音人个体条件的差异,每人所发元音格局的大小、高低各不相同,可通过归一化的方式将共振峰数据的频率值转换为 V 值,使大部分元音关系呈现出一定的系统性。本节提取相关语料的第一、第二共振峰数据后,运用 Schroeder 等学者提出的转换公式 Bark = $7\ln\{(f/650) + [(f/650)^2 + 1]^{1/2}\}$,将测到的元音共振峰值转换成 Bark 值后,使用石锋、时秀娟提出的 V 值计算公式对共振峰数据进行归一化处理,③使用 Praat 软件做出元音格局图,相关研究方法如下。

单元音的格局:对黑河地区满语的 8 个元音的实验数据进行归一化处理,运用 Praat 声学软件绘制成元音格局图,以国际音标为参照,结合 V 值对单元音的格局进行分析和讨论。

二合元音的格局:对二合元音各成分的共振峰数据进行归一化求出 V 值,运用 Praat 软件做出二合元音格局图,考察各成分的分布情况。并重点对三个顶点元音 ɑ、i、u 组成的二合元音格局进行考察,对其作为首元音或尾元音时的声学性质进行讨论。

三合元音的格局:对三合元音 uɑi 和 iɑu 中各成分的 F_1、F_2 进行归一化求出 V 值,运用 Praat 软件做出元音格局图,对三合元音中主要元音 ɑ、i、u 的格局进行声学分析。

① 石锋.北京话的元音格局[J].南开语言学刊,2002(1):30 – 36.

② 石峰,冉启斌,王萍.论语音格局.[J].南开语言学刊,2010(1):6.

③ 石锋,时秀娟.语音样品的选取和实验数据的分析[J].语言科学,2007(2):23 – 33.

第二节 黑河地区满语单元音格局研究

一、黑河地区满语单元音数据的归一化

对黑河地区满语单元音主要共振峰（F_1、F_2）值求平均值，如表 5 - 2 - 1 所示。

表 5 - 2 - 1 黑河地区满语单元音 F_1、F_2 数据平均值表

	i	e	ɛ	ɑ	o	u	y	ə
F_1	375	449	635	830	516	383	368	465
F_2	1 817	1 757	1 755	1 306	1 052	1 143	1 786	1 161

对表 5 - 2 - 1 中的数据进行归一化处理，得到 V 值数据如表 5 - 2 - 2 所示。

表 5 - 2 - 2 黑河地区满语单元音 V 值表

vowel	V_1	V_2
ɑ	100	38
e	20	94
i	2	100
o	36	0
u	4	14
y	0	97
ə	24	17
ɛ	62	93

根据归一化处理后的 V 值，运用 Praat 软件做出元音格局图如图 5 - 2 - 1 所示。

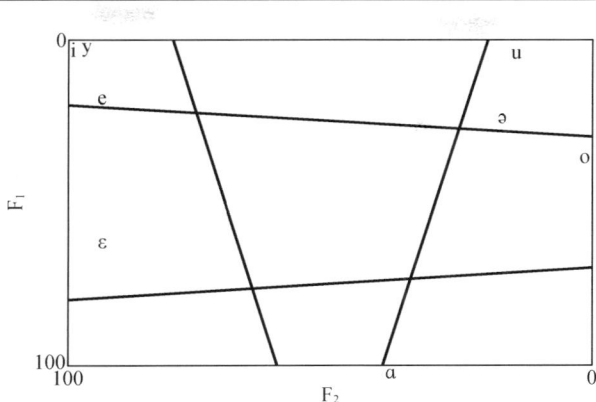

图5－2－1　黑河地区满语单元音格局图

二、黑河地区满语单元音格局分析

由图5－2－1可以看出,黑河地区满语有高、中、低三种元音,不同音位间的相对位置比较均衡。8个单元音分布比较均匀,其中i、y、e位于前高音区,ε位于前、次低音区,ɑ最低,位于后、低音区,u、ə位于后高音区,o位于最后。

从高低维度看,ɑ占据了格局图最底部的位置,其V_1值为100;i、y位于图的最高位置,y的V_1值为0,是8个单元音中最高的,i的V_1值为2,比y略低。从前后维度看,i的V_2值为100,占据了图中最前的位置;o的V_2值为0,分布在最后的位置;ɑ的V_2值为38,位于图的略后位置,构成了黑河地区满语元音格局的极限范围,其他四个元音位于此范围内,形成了既有联系又有区别的分布格局。

ɑ:从表5－2－2可知,ɑ的V_1值为100,表明舌位最低,为低元音。V_2值为38,属于低元音中的后元音范围。由表2－4－2(元音舌位、唇形特征表)[1]可知,国际音标[ɑ]是后、低、不圆唇元音,位于后、低音区。观察图5－2－1可知,ɑ在8个单元音中位于后、低音区,但比[ɑ]靠前。综上可知,ɑ是元音格局中最低且略靠后的元音,表明元音格局图与生理发音具有相对的一致性。

ə:从表5－2－2可知,ə的V_1值为24,表明ə在V_1值前、央、后3个元音各范围内均位于高元音音区,但位置相对较低,是次高元音;V_2为17,据V_1值可知其位于后元音音区,舌位靠后,是后元音。由表2－4－2可知,[ə]是央、中、不圆唇元音,位于央、中音区。通过图5－2－1可以看出,ə位于后、高音区,要比[ə]靠后,

---

①　贝先明,向柠.实验语音学的基本原理与Praat软件操作[M].长沙:湖南师范大学出版社,2016.

是后、次高元音。

i:从表 5-2-2 可知,i 的 V_1 值为 2,表明 i 在 V_1 值的前、央、后 3 个元音的各范围内均属于高元音;V_2 值为 100,表示舌位最前,是前元音。综上可知,i 位于元音格局的前高音区内。由表 2-4-2 可知,国际音标[i]是前、高、不圆唇元音,通过图 5-2-1 可以看出,i 也位于前高音区,且占据了元音格局图中最前的位置,是前、高元音。

o:从表 5-2-2 可知,o 的 V_1 值为 36,表明 o 在 V_1 值前、央、后 3 个元音的各范围内均属于中元音;V_2 值为 0,表示舌位最后,是后元音。综上可知,o 位于元音格局图的后中音区内,但位置略高,是半高元音。由表 2-4-2 可知,国际音标[o]为后、半高、圆唇元音,通过图 5-2-1 可以看出,o 位于元音格局图的后中略高的位置,比[o]略低,但要高于[ɔ]。

u:从表 5-2-2 可知,u 的 V_1 值为 4,表明 u 在 V_1 值的前、央、后 3 个元音的各范围内均属于高元音;V_2 为 14,据 V_1 值可知其位于后元音中靠后的位置,是后元音。由表 2-4-2 可知,国际音标[u]为后、高、圆唇元音,通过图 5-2-1 可以看出,u 与国际音标[u]一同位于后高音区,是比较靠后的后、高元音。

e:从表 5-2-2 可知,e 的 V_1 值为 20,表明 e 在 V_1 值的前、央、后 3 个元音的各范围内均位于高元音音区,但位置相对较低,是次高元音;V_2 值为 94,据 V_1 值可知其位于前元音音区,舌位相当靠前,为前元音。由表 2-4-2 可知,国际音标[e]是前、半高、不圆唇元音。通过图 5-2-1 可以看出,e 位于元音格局图的前高位置,且较靠下,要略低于国际音标[e],是前、次高元音。

ε:从表 5-2-2 可知,ε 的 V_1 值为 62,舌位较低,表明其位于中元音音区的半低位置,是半低元音;V_2 值为 93,据 V_1 值可知其位于前元音音区,舌位较靠前,是前元音。由表 2-4-2 可知,国际音标[ε]是前、半低、不圆唇元音。通过图 5-2-1 可以看出,ε 位于前中音区,位置较为靠前靠下,是前、次低元音。

y:从表 5-2-2 可知,y 的 V_1 值为 0,舌位最高,表明其位于高元音音区,是高元音;V_2 值为 97,据 V_1 值可知其位于前元音音区,舌位较靠前,是前元音。由表 2-4-2 可知,国际音标[y]是前、高、圆唇元音。通过图 5-2-1 可以看出,y 位于前高音区,位置最高且非常靠前,是前、高元音。

第三节　黑河地区满语二合元音格局研究

一、黑河地区满语二合元音数据的归一化

黑河地区满语共有 16 个二合元音,分别为:ɑi、ɑu、iɑ、yɑ、uɑ、ue、uɛ、uə、iu、əu、ui、yɛ、ye、ie、io、əi。其共振峰数据平均值如表 6 – 3 – 1 所示。

表 5 – 3 – 1　黑河地区满语二合元音 F_1、F_2 数据平均值表(单位:Hz)

序号	二合元音	第一元音(首元音)		第二元音(尾元音)	
		F_1	F_2	F_1	F_2
1	ɑi	755	1 415	527	1 737
2	ɑu	767	1 346	584	1 216
3	iɑ	374	1 807	753	1 478
4	yɑ	412	1 763	715	1 547
5	uɑ	509	1 202	681	1 400
6	ue	430	1 339	510	1 710
7	uɛ	446	1 291	632	1 647
8	uə	421	1 178	477	1 276
9	iu	405	1 754	394	1 321
10	əu	470	1 168	451	1 217
11	ui	396	1 256	408	1 653
12	yɛ	468	1 751	566	1 776
13	ye	419	1 819	455	1 772
14	ie	381	1 716	459	1 756
15	io	434	1 613	493	1 230
16	əi	468	1 247	409	1 552

对数据进行归一化处理,得出 V 值数据如表 5 – 3 – 2 所示。

表5-3-2 黑河地区满语二合元音及单元音 V 值表(单位:Hz)

序号	二合元音	第一元音(首元音)		第二元音(尾元音)	
		V₁	V₂	V₁	V₂
1	ɑi	86	53	38	91
2	ɑu	88	44	51	25
3	iɑ	2	99	86	61
4	ie	3	89	23	93
5	io	16	77	31	27
6	iu	9	93	7	40
7	uɑ	34	23	71	51
8	ue	15	43	34	88
9	ui	7	31	10	82
10	uə	13	20	27	34
11	uɛ	19	36	61	81
12	yɑ	11	94	78	69
13	ye	13	100	22	95
14	yɛ	25	93	47	95
15	əi	25	30	10	70
16	əu	25	18	21	26

单元音 V 值数据表

	vowel	V₁	V₂		
1	ɑ	100	38		
2	e	20	93		
3	i	2	100		
4	o	36	0		
5	u	4	14		
6	y	0	97		
7	ə	24	17		
8	ɛ	62	93		

根据表5-3-2中的 V 值数据,运用 Praat 软件做出二合元音格局图(含8个单元音)如图5-3-1所示。

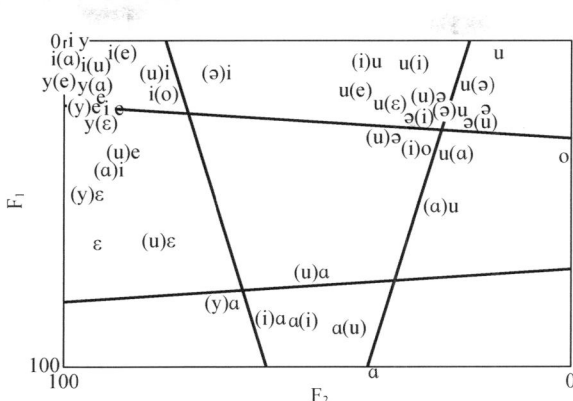

图 5 - 3 - 1　黑河地区满语二合元音格局图

16 个二合元音中,ɑ 为主要元音的有 5 个,分别为:ɑi、ɑu、iɑ、uɑ、yɑ;ə 为主要元音的有 3 个,分别为:əi、əu、uə;以 u 为主要元音的有 2 个,分别为:iu、ui;以 e 为主要元音的有 3 个,分别为:ye、ie、ue;以 ɛ 为主要元音的有 2 个,分别为:uɛ、yɛ;以 o 为主要元音的有 1 个,为 io。从图 5 - 3 - 1 来看,16 个二合元音主要分布在元音 ɑ、i、u 所围成的元音三角形的内部及附近,元音 ɑ、i、u 所组成的二合元音向各自相应的单元音聚拢。由于组成二合元音的各元音地位不同,在同一个二合元音中,在主要元音的影响下,二合元音整体接近其主要元音的单元音,次要元音则与相应的单元音位置较远。当同一元音既可充当首元音,又可充当尾元音时,首元音距离相应的单元音较近,尾元音距离相应的单元音较远。

二、黑河地区满语二合元音格局分析

1. ɑ 作为主要元音的二合元音有 5 个,具体为:ɑi、ɑu、iɑ、yɑ、uɑ,其中前响二合元音 2 个:ɑi、ɑu;后响二合元音 3 个:iɑ、yɑ、uɑ。有关 V 值数据如表 5 - 3 - 3 所示。

表 5 - 3 - 3　以 ɑ 为主要元音的二合元音 V 值表(单位:Hz)

序号	二合元音	第一元音(首元音)		第二元音(尾元音)	
		V_1	V_2	V_1	V_2
1	ɑi	86	53	38	91
2	ɑu	88	44	51	25
3	iɑ	2	99	86	61
4	uɑ	34	23	71	51

表 5 –3 –3（续）

序号	二合元音	第一元音（首元音）		第二元音（尾元音）	
		V_1	V_2	V_1	V_2
5	ya	11	94	78	69
	单元音	V_1	V_2		
1	a	100	38		

观察图 5 –3 –1 和表 5 –3 –3 可知，单元音 a（$V_1 = 100$，$V_2 = 38$）最低，且处于后低音区。前响二合元音 ai（$V_1 = 86$，$V_2 = 53$）和 au（$V_1 = 88$，$V_2 = 44$）中的 a 都与单元音 a 比较接近，ai 中 a 的 V_1 值要小于单元音 a 的 V_1 值，二者之差为 14，ai 中 a 的 V_2 值要大于单元音 a 的 V_2 值，二者之差为 7，说明 ai 中的 a 在单元音 a 的略上且略前的相近位置。au 中 a 的 V_1、V_2 值与单元音 a 的 V_1、V_2 值相比，差值分别为 12、2，说明 au 中的 a 在单元音 a 的略上且前的位置。后响二合元音 ia、ya、ua 中的 a 与单元音 a 的 V_1 值相比，a > ia > ya > ua，差值分别为 14、22、29，说明 ia、ya、ua 都在单元音 a 的略上位置，其中 ua 最高，ia 最低，ya 处于中间位置。与 V_2 值相比，ya > ia > ua > a，差值分别为 31、23、13，说明 ia、ya、ua 都在单元音 a 的略前位置，ya 最为靠前，ia、ua 位于中间，ua 比 ia 稍后。综上可知，单元音 a 位于最低位置，5 个以 a 为主要元音的二合元音与单元音 a 的声学位置相差不远，都在 a 的上方，其中 au、ai、ia 与 a 最为接近。从前后维度看，ai、ia 比 a 略靠前，相比 ai、ia，au 略靠后。ya、ua 位于 a 的前且上，ua 中的 a 与单元音 a 前后位置最相近；从高低维度看，ya 和 au 位置略高。

贝先明、向柠提出："同一元音充当韵头韵尾时其声学位置相差很大。在汉语标准普通话中，ia 要比 ai 高且前很多，韵头元音距离相应的单元音较近，韵尾元音距离相应的单元音较远"。[①]黑河地区满语以单元音 a 为主要元音的 5 个二合元音中，ai 与 ia，ua 与 au 分别是元音 i 和 u 充当首元音（第一元音）和尾元音（第二元音），类似汉语普通话的韵头韵尾。观察表 5 –3 –3 的 V 值数据可知：当 i 作为二合元音 ia（$V_1 = 2$，$V_2 = 99$）的首元音和二合元音 ai（$V_1 = 38$，$V_2 = 91$）的尾元音时，V_1 值之差为 36，V_2 值之差为 8，V 值相差较大，说明 i(a) 比 (a)i 高且靠前，i(a) 距离单元音 i 较近，而 (a)i 距离单元音 i 较远。当 u 作为二合元音 ua（$V_1 = 34$，$V_2 =$

---

① 贝先明，向柠. 实验语音学的基本原理与 Praat 软件操作［M］. 长沙：湖南师范大学出版社，2016.

23)的首元音和二合元音 au($V_1 = 51$，$V_2 = 25$)的尾元音时，V_1 值之差为 17，V_2 值之差为 2，说明 u(ɑ)比(ɑ)u 高且靠后，u(ɑ)比(ɑ)u 距离单元音 u 近。综上可知，二合元音 iɑ 和 ɑi，uɑ 和 au，当同一元音 i 和 u 可同时充当首尾元音时，首元音距离相应的单元音较近，尾元音距离相应的单元音较远。

2. 以 ə、u 为主要元音的二合元音有 5 个，其中以 ə 为主要元音的二合元音有 3 个，分别为：əu、uə、əi；以 u 为主要元音的有 2 个，分别为：ui、iu。有关 V 值数据如表 5 - 3 - 4 所示。

表 5 - 3 - 4　以 u、ə 为主要元音的二合元音 V 值表

序号	二合元音	第一元音（首元音）		第二元音（尾元音）	
		V_1	V_2	V_1	V_2
1	əi	25	30	10	70
2	əu	25	18	21	26
3	uə	13	20	27	34
4	iu	9	93	7	40
5	ui	7	31	10	82
	单元音	V_1	V_2		
1	ə	24	17		
2	u	4	14		

由表 5 - 3 - 4 可知，上述以 u、ə 为主要元音的二合元音，当 ə 充当首元音和尾元音时，二合元音 ə(u)($V_1 = 25$，$V_2 = 18$)和(u)ə($V_1 = 27$，$V_2 = 34$)中的 ə 与单元音 ə($V_1 = 24$，$V_2 = 17$)的 V_1 值相比：(u)ə > ə(u) > ə，与单元音 ə 的差值分别为：3、1，说明 ə(u)和(u)ə 都位于单元音 ə 的略下位置，高低相近，其中(u)ə 最靠下，ə(u)稍靠上。比较其 V_2 值可知，(u)ə > ə(u) > ə，与单元音 ə 的 V_2 值之差分别为：17、1，(u)ə 和 ə(u)都比单元音 ə 略前，其中(u)ə 在最前部，ə(u)在(u)ə 的略后位置，但比单元音 ə 稍前。综上可知，ə(u)比(u)ə 更加接近单元音 ə。当 u 充当首尾元音时，二合元音 u(i)($V_1 = 7$，$V_2 = 31$)和(i)u($V_1 = 7$，$V_2 = 40$)中的 u 与单元音 u($V_1 = 4$，$V_2 = 14$)的 V 值数据相比，从高低维度看，u(i)和(i)u 高度相等，都在单元音 u 的略下位置；从前后维度看，(i)u 最前，u(i)略后但比单元音 u 靠前。综上可知，u(i)要比(i)u 更加接近单元音 u。

3. 以 e、ε、o 为主要元音的二合元音共有 6 个，其中以 e 为主要元音的有 3 个，

分别为:ye、ie、ue;以 ε 为主要元音的有 2 个,分别为:uε、yε;以 o 为主要元音的有 1 个,为 io。有关 V 值数据如表 5 - 3 - 5 所示。

表 5 - 3 - 5　以 e、ε、o 为主要元音的二合元音的 V 值表

序号	二合元音	第一元音(首元音)		第二元音(尾元音)	
		V_1	V_2	V_1	V_2
1	ye	13	100	22	95
2	ie	3	89	23	93
3	ue	15	43	34	88
4	uε	19	36	61	81
5	yε	25	93	47	95
6	io	16	77	31	27
单元音 V 值数据表					
	vowel	V_1	V_2		
1	e	20	93		
2	ε	62	93		
3	o	36	0		

观察图 5 - 3 - 1 和表 5 - 3 - 5 可知,上述 6 个二合元音中,没有同一元音可同时充当首尾元音。以单元音 e 为主要元音的二合元音 ye、ie、ue 中 e 的 V 值(22、95;23、93;34、88)与单元音 e 的 V 值($V_1 = 20$,$V_2 = 93$)相比可知,3 个二合元音的 V 值都与单元音 e 的 V 值相差不大,可见 ye、ie、ue 在单元音 e 的影响下,都向单元音 e 靠拢,ye 和 ie 与单元音 e 较近,ue 位于单元音 e 的靠下位置,但相比距离略远,说明前高元音 i 和 y 与前次高元音 e 组成二合元音后,在主要元音 e 的影响下,位置与 e 比较接近。而后高元音 u 与前次高元音 e 组成二合元音后,在 u 的影响下,要比 ye、ie 距离相应的单元音 e 稍远。以 ε 为主要元音的二合元音 uε、yε 距离单元音 ε 都较近,但在组成元音 u 和 y 的影响下,分别稍向 u 和 y 的位置靠近,yε 在单元音 ε 的略上位置,uε 在单元音 ε 的略后位置。综上可知,在主要元音的影响下,二合元音整体会接近其主要元音的单元音,但同时也会稍向次要元音的方向移动。

4. 黑河地区满语的 16 个复合元音中,由 ɑ、i、u 组成的复合元音比例较大。根据第四章关于复合元音的实验和图 5 - 3 - 1 可知,这些二合元音都向着单元音 ɑ、

i、u 靠拢,它们的动程变化在二合元音格局图中也具有显著特征,说明 ɑ、i、u 在二合元音中意义重大。为此,有必要对以 i、ɑ、u 为首尾元音所组成的二合元音的格局进行讨论。

(1)含 ɑ 的二合元音有 5 个,分别是 ai、au、iɑ、yɑ、uɑ,ɑ 作为首元音的有 2 个:ai、au;ɑ 作为尾元音的有 3 个:iɑ、yɑ、uɑ。观察图 5 – 3 – 2 发现,无论 ɑ 作为首元音或尾元音时,其二合元音都要靠近单元音 ɑ,且 ɑ 作为首元音比作为尾元音靠近的程度更大。但与 ɑ 组成二合元音的前高元音 i 和后高元音 u 则在前低元音 ɑ 的影响下,虽然也向其相应的单元音靠拢却整体向下移动了,如 i(ɑ)、y(ɑ)、(ɑ)i、u(ɑ)、(ɑ)u 分别出现了下降现象,其中 iɑ 和 yɑ 降幅不大,ai、uɑ 和 au 降幅较大。

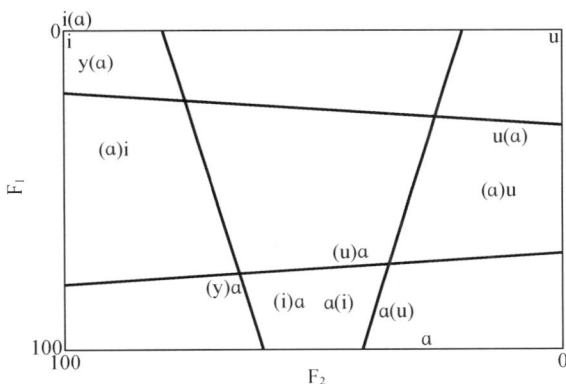

图 5 – 3 – 2　关于 ɑ 组成的二合元音格局图

(2)含 i 的二合元音有 7 个,分别是 ai、iu、io、əi、iɑ、ui、ie;以 i 为首元音的为 iu、io、iɑ、ie,以 i 为尾元音的为 ai、əi、ui。观察图 5 – 3 – 3 发现,无论 i 作为首元音或尾元音,其二合元音都要靠近单元音 i,且 i 作为首元音比作为尾元音靠近的程度更大。考察含有 i 的二合元音中的另一元音可知,这些元音虽然也向其相应的单元音靠拢,但在前高元音 i 的影响下,舌位都不同程度地发生了上移,如 (i)ɑ、ɑ(i)、ə(i)、(i)o、(i)e 等都向上发生了移动,其中 ɑ(i)、(i)e、ə(i)、(i)o 上移幅度较小。

(3)含有 u 的二合元音有 8 个,分别是:au、uɑ、ue、uɛ、uə、ui、əu、iu。其中以 u 为首元音的为:uɑ、ue、uɛ、uə、ui;以 u 为尾元音的为:au、iu、əu。观察图 5 – 3 – 4 发现,无论 u 作为首元音或尾元音,其二合元音都要靠近单元音 u,且 u 作为首元音比作为尾元音靠近的程度更大,例如 u(ɑ) > (ɑ)u,u(i) > (i)u,u(ə) > (ə)u。考察含有 u 的二合元音中的另一元音可知,有些元音虽然也向其相应的单元音靠拢,但在后高元音 u 的影响下,都不同程度地发生了上移,如 ɑ(u)、(u)ɑ、ə(u)、(u)ə 等都向上发生了移动。其中 ɑ(u)、ə(u)、(u)ə 上移幅度较小,(u)ɑ 上移幅度较大。但也有些由 i 组成的二合元音,则发生了幅度略下降的现象,例如,i(u)、(u)i 在元音 u 的影响下,则发生了下移。

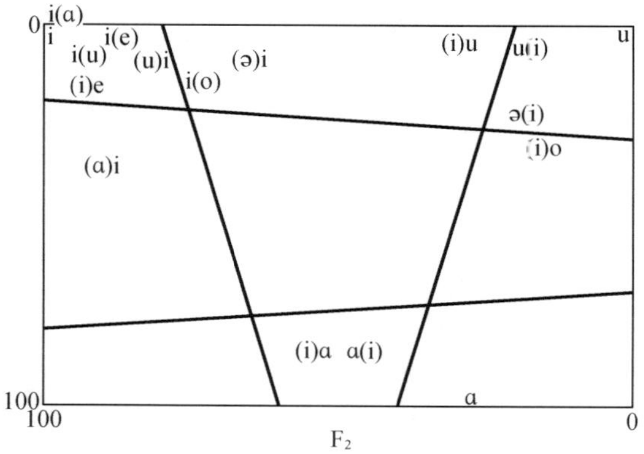

图 5 - 3 - 3　关于 i 组成的二合元音格局图

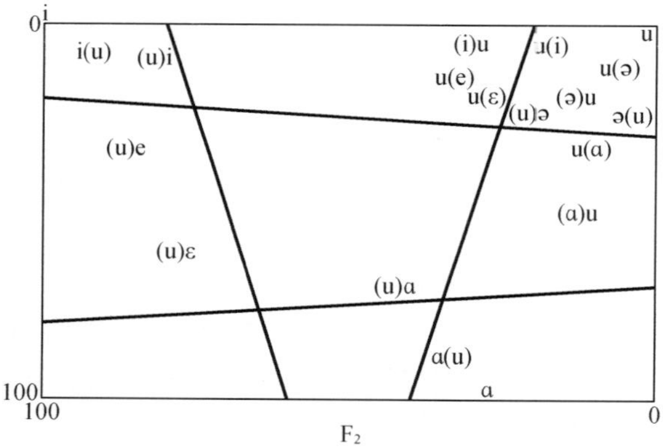

图 5 - 3 - 4　关于 u 组成的二合元音格局图

第四节　黑河地区满语三合元音格局研究

一、黑河地区满语三合元音数据归一化

黑河地区满语三合元音有两个,分别是:iɑu 和 uɑi,共振峰数据如表 5 - 4 - 1 所示。

表 5 - 4 - 1　黑河地区满语三合元音 F_1、F_2 数据统计表

三合元音	第一元音(首元音)		第二元音(中间元音)		第三元音(尾元音)	
	F_1	F_2	F_1	F_2	F_1	F_2
iɑu	387	1 730	785	1 379	587	1 260
uɑi	453	1 221	812	1 489	552	1 648
单元音						
	F_1	F_2				
ɑ	830	1 306				
i	375	1 817				
u	383	1 143				

对表 5 - 4 - 1 的数据进行归一化处理,得到 V 值数据如表 5 - 4 - 2 所示。

表 5 - 4 - 2　黑河地区满语三合元音 V 值表

三合元音	第一元音(首元音)		第二元音(中间元音)		第三元音(尾元音)	
	V_1	V_2	V_1	V_2	V_1	V_2
iɑu	3	89	92	40	51	20
uɑi	20	14	97	56	43	78
单元音						
	V_1	V_2				
ɑ	100	38				
i	0	100				
u	2	0				

根据表 5 - 4 - 2 的 V 值数据,运用 Praat 软件做出三合元音格局图如图 5 - 4 - 1 所示。

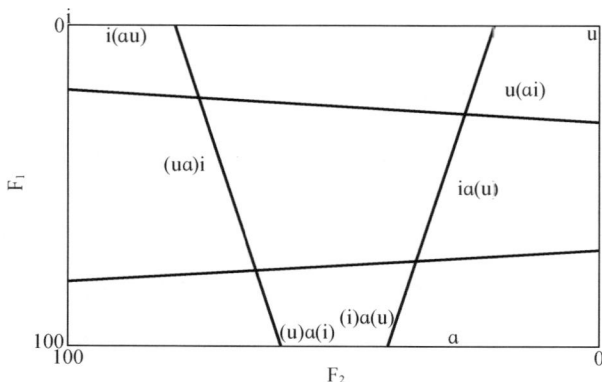

图 5 - 4 - 1   黑河地区满语三合元音格局图

二、黑河地区满语三合元音格局分析

对三合元音 uai 和 iau 的组成元音 ɑ、i、u 的分布情况讨论如下。

ɑ:观察表 5 - 4 - 2 及图 5 - 4 - 1 可知,单元音 ɑ($V_1 = 100$, $V_2 = 38$)位于元音格局图的最低位置,前后维度较靠近央音区。两个以 ɑ 为主要元音的三合元音 iau($V_1 = 92$, $V_2 = 40$)和 uai($V_1 = 97$, $V_2 = 56$),其 ɑ 的声学位置相差不大,与单元音 ɑ 相比,从高低维度看,iau 在 uai 的略上位置,uai 在单元音 ɑ 的略上位置,说明受首尾高元音 i、u 的影响,二者都要高于单元音 ɑ,其中 iau 比单元音 ɑ 高的幅度较大,uai 比单元音 ɑ 高的幅度较小;从前后维度看,iau 比单元音 ɑ 略前,uai 在单元音 ɑ 的较为靠前位置。

i:由表 5 - 4 - 2 及图 5 - 4 - 1 可知,单元音 i($V_1 = 0$, $V_2 = 100$)位于元音格局图的最前最高位置。三合元音 iau($V_1 = 3$, $V_2 = 89$)和 uai($V_1 = 43$, $V_2 = 78$)中 i 的 V_1 值与单元音 i 的相比:i < i(au) < (ua)i,与单元音 i 的 V_1 值之差分别为 3、43,说明单元音 i 位置最高,i(au)在 i 的下面,(ua)i 位置最下。与 V_2 值相比,i > i(au) > (ua)i,与单元音 i 的 V_2 值之差分别为 11、22,说明 i 位于最前,i(au)在 i 的稍靠后位置,(ua)i 在 i(au)之后。从高低、前后维度看,i(au)与单元音 i 距离较近,(ua)i 与单元音 i 距离较远,i 作首元音的 i(au)位置高于 i 作尾元音(ua)i。综上可知,与二合元音相似,当 i 分别作三合元音 i(au)的首元音和(ua)i 的尾元音时,作首元音要比作尾元音更加靠近相应的单元音 i。

u：由表 5 – 4 – 2 及图 5 – 4 – 1 可知，单元音 u（$V_1 = 2$，$V_2 = 0$）位于元音格局图的最后且高的位置，仅比 i 略低一些。三合元音 iau（$V_1 = 51$，$V_2 = 20$）和 uai（$V_1 = 20$，$V_2 = 14$）中 u 的 V_1 值与单元音 u 的相比：u＜u（ai）＜（ia）u，与单元音 u 的 V_1 值之差分别是：18、49，说明在高低维度上单元音 u 位置最高，u（ai）位于 u 的下方，而（ia）u 最为靠下，u（ai）要比（ia）u 更接近单元音 u。与 V_2 值相比，u＜u（ai）＜（ia）u，与单元音 u 的 V_2 值之差分别是：14、20，说明在前后维度上，单元音 u 位置在最后，u（ai）位于 u 的略前方，而（ia）u 最靠前，u（ai）比（ia）u 更接近单元音 u。综上可知，当 u 分别作三合元音 u（ai）的首元音和（ia）u 的尾元音时，作首元音要比作尾元音更加靠近相应的单元音 u，体现出了在主要元音的作用下，位于主要位置的元音对三合元音的影响要大于位于次要位置的元音。

第五节　黑河地区满语元音格局的讨论

John Crothers 根据"'斯坦福语音档案项目'收集的 209 种语言，归纳出元音系统的 15 条共性规律，在语音学上具有重要的意义"。根据 Crothers 的研究，很多语言元音的数量、系统及分布具有一定的代表性：关于元音的数量，"在 UPSID 的所有语言中共有 2 632 个元音，高元音和低元音分布最为广泛，中元音则相对较少。典型的元音数量是 5 个，平均数量 8.7 个"。关于元音的系统，"普遍存在的是'元音三角形'模式，主要以五元音系统为主"。[①]关于元音的分布，"在一种语言的元音空间里元音的分布会倾向于均匀的，元音会最大限度地分配在语音空间中"。[②]"虽然在 UPSID（317 版）中有各种各样的例外，但绝大多数语言是符合这一原则的（86.4％）"。J. L. Schwartzet al 提出，"对于外围元音，前后元音数目对等是主流，如果前后元音不对称，则前元音通常比后元音多"。[③]这些成果揭示了人类语言语音的共同特征，对于深入研究其他语言与方言的元音格局具有重要的意义。

①　SCHWARTZ J L，LOUIS J B，NATHALIE V. Major trends in vowel system inventories［J］. Journal of Phonetics，1997（25）：233 – 253.

②　LILJENCRANTS J，LINDBLOM B. Numerical simulation of vowel quality systems：the role of perceptual contrast［J］. Language，1972（48）：839 – 862.

③　SCHWARTZ J L，LOUIS J B，NATHALIE V. Major trends in vowel system inventories［J］. Journal of Phonetics，1997（25）：233 – 253.

一、单元音的格局讨论

1. 元音的数量。元音在元音空间的分布具有对称性和结构性,呈现出一定的分布规律。"一种语言的表达功能是随着元音的增加而增强的,但也会出现模糊度的问题,因此语言中元音的数量是受到限制的"。[①] 现代满语口语的单元音一般是 8 个,黑河地区满语口语也是 8 个,与各语言元音音位的平均数目基本相同。从本章实验得出的元音格局图(图 5 - 2 - 1)可以看出,i、y、e 在前高音区,ɛ 在前、次低音区,ɑ 的舌位最低,在后、低音区,u、ə 在后高音区,o 位于最后。高元音 i 与高元音 y 高低基本相同,但 i 比 y 略靠前。u 和 ə 同位于高音区,但 u 是高元音,ə 是次高元音,ə 位于 u 的下方。

2. 顶点元音的格局。John Crothers 对 209 种语言调查发现,"每一种语言的元音系统中都有 a,且出现频率是最高的,其次是 i、u。如果一种语言的元音系统有 3 个元音音位,一般是 a、i、u"。时秀娟对汉语方言格局进行实验后认为:"许多语言都有 3 个顶点元音 i、u、a,占据声学元音图中元音三角形的顶点位置,其他主要元音均衡或不均衡地分布在元音三角形的附近"。[②]孙雪对 26 种语言元音的格局情况进行考察后发现:"元音 i 的分布最集中、语际和人际差异都最小,是人类元音发音中的基点。从基点出发在高低维度上延伸确定 a,在前后维度上延伸确定 u,其他元音位置都随这三个元音而定"。[③]上述规律是人类语言的共同规律,对人类语言元音的研究具有重要的指导意义。据图 5 - 2 - 1 显示,黑河地区满语元音 ɑ、i、u 的格局具有相对独立性,ɑ、i、u 分别位于元音格局图中的最低、最前高和最后高的位置,它们的连线构成了一个三角形,形成了固定的声学空间,其他 5 个元音 y、e、ə、o、ɛ 分布在三角形附近。

关于元音 u 的分布情况,需单独讨论一下。时秀娟通过对 40 个汉语方言点元音的实验研究发现,在这些方言的元音格局中,ɑ、i 比较稳定,u 的位置非最高最后,而是呈现出趋中的现象,[④]这种现象在很多语言中得到了验证。观察图 5 - 2 - 1 和表 5 - 2 - 2 可知,i(V₁ = 2,V₂ = 100)、a(V₁ = 100,V₂ = 38)、u(V₁ = 4,V₂ = 14)3 个

---

① 时秀娟. 论元音格局在汉语方言研究中的运用[J]. 齐鲁学刊,2016(1):158.

② 时秀娟. 元音格局研究方法的理解与阐释[J]. 山东大学学报(哲学社会科学版),2005(3):68.

③ 孙雪,石峰. 自然语言与国际音标元音发音比较分析.[J]. 南开语言学刊,2009(2):29.

④ 时秀娟. 汉语方言元音格局的系统性表现[J]. 方言,2006(4):323 - 331.

元音中,i 的位置最高、最前,α 的位置最低,i 位于 u 略上方。为了便于研究和分析,我们以元音 o($V_1=36,V_2=0$)为参照,可知 o 是分布最靠后的元音,u 位于 o 的靠前位置。说明黑河地区满语元音 u 的位置也不是最高和最后的,同样呈现出了趋中的特点。

3.元音的声学分布。对于汉语普通话元音的格局,贝先明认为,"普通话元音格局的主要特征之一是高元音多,低元音少"。[1]时秀娟认为"汉语方言元音格局一般有 6 到 9 个基础元音,中、高元音居多,央元音不多于一个"。[2]这些研究表明,汉语及方言高低元音的分布与格局和世界各语言的共性特点较为一致,体现了人类语言语音的共性特征。据图 5-2-1 显示,黑河地区满语元音格局图高、中、低三个位置上都有元音分布。从高低维度看,y、i、e、u、ə 处于高元音位置,其中 y、i、u 是高元音,e、ə 是次高元音;o 处于中元音位置;ɛ、α 处于低元音位置,其中 ɛ 是次低元音,α 是低元音。从前后维度看,除低元音 α 外,高、中元音 y、i、e、ɛ 在前,u、o、ə 在后。元音格局图与声学元音图表现基本一致,高元音 5 个,中元音 1 个,低元音 2 个。

综上可知,黑河地区满语元音为 8 个,其中 α、i、u 为顶点元音,且中、高元音较多,共有 6 个,在声学空间分布上呈现出一定的对称性和规律性,表现出了与汉语普通话及其他世界语言的共性特点。

二、复合元音的格局讨论

贝先明、向柠对北京标准普通话的二合元音 ia、ua、ai、au 的元音格局和 V 值数据进行了分析,提出"同一元音充当韵头、韵尾时,其声学位置相差很大,韵腹对韵尾的影响比对韵头的影响要大"。[3]从本章实验来看,黑河地区满语的二合元音与相应的主要元音声学位置相差不远,或分布于主要元音附近。由图 5-3-1、图 5-4-1 可知,每个二合元音的主要元音与单元音相比,位置不尽相同,有的分布在主要元音附近,有的几乎重合,也有的分布较远,但同一个元音充当首元音和尾元音时,其声学位置相差较大,首元音距离相应的单元音较近,尾元音距离相应的单元音较远。二合元音中,在主要元音的作用下,位于主要位置的元音对二合元音的影响要大于位于次要位置的元音,三合元音也是如此。与贝先明、向柠的实验结果比较接

①　贝先明.普通话的声调格局和元音格局[J].武陵学刊,2012(4):136.

②　时秀娟.汉语方言元音格局的类型分析[J].南开语言学刊,2007(2):76.

③　贝先明,向柠.实验语音学的基本原理与 Praat 软件操作[M].长沙:湖南师范大学出版社,2016.

近,表现出了与汉语标准普通话相似的语音现象。

由于顶点元音所组成的复合元音较多,需要对其进行单独分析。由本章实验及图5-3-2、图5-3-3、图5-3-4可知:

1.无论ɑ、i、u作为首元音还是尾元音,都向各自相应的单元音靠近,但作为首元音时要比作为尾元音靠近的程度更大。

2.其他元音和顶点元音共同组成的二合元音,其他元音作为首元音或尾元音时,该二合元音也向相应的单元音靠近,但在顶点元音的影响下,该二合元音与相应的单元音靠近幅度不大。

3.由高元音和低元音组成的二合元音,一般位于高低元音之间,位置更靠近其首元音所对应的单元音。三合元音和二合元音格局情况基本相似,由于三合元音语料较少,统计学意义不强,因此不做具体分析,有关实验结果仅供参考。由图5-4-1可知,两个三合元音,中间元音在首元音和尾元音的影响下,声学分布发生了一些改变,体现出了主要位置元音对三合元音的影响要大于次要位置元音的特点。

三、主要原因简析

满语作为一种曾在中国大地上使用的官方语言,其发展规律不能脱离语言语音的特点而存在,与世界其他语言的元音相比,存在着很多共性特征。对黑河地区满语而言,其本身独特的发展变化历程,使其具有了自己独特的语音特征。除了语音学的原因外,还可以从历史文化及社会等方面做一些探讨。

1.语言来源基本相同。黑河地区满语属于满语北方方言的黑龙江方言。各满语点的满语基本都是清初萨布素驻防八旗官兵所使用的语言,这些驻防八旗官兵是从吉林乌拉和宁古塔随征而来的,为了驻防和战备的需要沿黑龙江流域居住下来,经过历史的发展演变,形成了黑河地区满语的同一来源。相同的语言来源使得黑河地区满语元音系统呈现出大同小异的特点。

2.分布区域相对分散。集中聚居有利于语言环境的维持和语言的稳定发展,例如三家子满语的元音系统表现得比较稳定。与三家子满语情况不同,黑河地区满语主要分布在黑龙江流域沿江的满族聚居村屯,各个满语点比较分散,周围汉族和其他少数民族较多,整体语言环境受到了一定程度的影响。例如,大五家子、蓝旗村等地距离爱辉较近,交通比较便利,人员比较聚集,元音系统比较接近,而宏伟村较为偏远,原为老鱼亮泡子,人员也是后迁入的,与大五家子、四季屯等清初驻防八旗形成的满族村屯不同,表现出了与其他满语点元音系统的差异。

3.语言环境大同小异。黑河地区周边民族成分基本相同,除了改革开放后陆续迁入的汉族人口外,其他大多是语言文化相近的达斡尔族、锡伯族、鄂伦春族等本地少数民族,对语言语音的影响和冲击较小,因而呈现了相似的格局分布特征。

本章小结

本章以当前元音格局研究的相关理论为指导,对黑河地区满语元音的格局进行探析,有助于系统认识黑河地区满语元音的发音规律和特点。首先对黑河地区满语元音主要共振峰数据求平均值,使用 praat 软件对其进行归一化处理,求出元音 V 值,做出元音格局图,以此对黑河地区满语单元音和复合元音的格局进行考察和分析。

通过实验可知,对于单元音而言,整体分布比较均匀,其中 i、y、e 分布在前高音区,ε 位于前、次低音区,ɑ 的舌位最低,位于后、低音区,u、ə 位于后、高音区,o 位于最后。对于二合元音而言,二合元音与相应的主要元音声学位置相差不远,或分布于主要元音附近。每个二合元音的主要元音与单元音相比,位置不尽相同,有的分布在主要元音附近,有的几乎重合,也有的分布较远,但同一个元音充当首元音和尾元音时,其声学位置相差较大,首元音距离相应的单元音较近,尾元音距离相应的单元音较远。在主要元音的作用下,位于主要位置的元音对二合元音的影响要大于位于次要位置的元音,表现出了与汉语标准普通话相似的语音现象。关于三合元音,也体现出了在主要元音的作用下,位于主要位置的元音对三合元音的影响要大于位于次要位置的元音的现象。

结　　语

满语是历史上满族曾经使用的语言,具有较高的科学研究价值,但因各种社会环境因素的影响和制约,目前仅有黑龙江省富裕县的三家子村、孙吴县的四季屯等满族村屯的十几位满族老人能够熟练使用。面对满语濒危的态势,对其抢救性研究和保护的步伐亟须加快。当前,满语元音研究还以听音、记音的传统研究为主,研究者以个人的主观听感从发音器官的角度审辨元音音值,缺乏客观的量化标准,易造成智者见智的误解和偏差,本书借助语音分析软件和数据处理软件首次系统地对黑河地区满语口语元音进行实验研究,实验仪器的定量分析和大量实验数据的处理,使耳听的语音变为眼看的图形,以语音的可视化提高描写的准确性,以客观数据代替主观推断,使得语音研究从主观观察转为客观分析,从静态局部描写转变为量化客观的把握,极大地推动了语音研究结论的客观性和可重复性。

研究过程中,本书首先对黑河地区的大五家子、蓝旗村、四季屯和宏伟村四个满语点的元音进行了声学实验,其次在实验数据的基础上,审辨确定了单元音的音值,最后论述了复合元音的共振峰模式和声学特征,探讨了元音的格局情况,并对一些传统的研究成果和争议问题进行了实验验证和补充完善,同时提出了自己的观点。

一、本书的结论

1. 结合具体语料和实验,本书将黑河地区满语的元音归纳为 8 个:ɑ、ə、i、o、u、ɛ、e、y,比书面满语多出了 e、ɛ、y;复合元音 18 个,其中二合元音 16 个,三合元音 2 个。实验显示,黑河地区四个满语点的元音系统在地理环境和语言环境的影响下,呈现出了一些地域差异,但总体上是大同小异、差别较小。实验表明,黑河地区满语元音 ɑ、i、e、o、u、ə 的音值比较稳定,是独立的元音音位;元音 ɛ 和 y 虽然分布受限,但能够占据一定的声学空间,音位特征较为明显,为保持音位系统的均衡性,可将其作为音位看待。

2. 从实验来看,黑河地区满语单元音在空间分布上具有对称性和结构性,符合世界上大多数语言元音的数量及分布规律;顶点元音 ɑ、i、u 分别位于元音格局图的 3 个顶点位置,连线构成了锐角三角形,形成了固定的声学空间,其他元音分布在元音三角形附近;黑河地区满语元音的中、高元音较多,在声学空间分布上呈现一定的对称性和规律性,与世界语言及方言的高低元音分布格局共性特点较为一致,体现了人类语言的共性特征。其中元音 ɑ、i、e、o、u、ə 在口语中担负着重要的构词功能,音值比较稳定。实验显示,ɑ 是后低不圆唇元音,位于国际音标[ɑ]之后,[ɑ]之前;ə 是后次高不圆唇元音,位于国际音标[ɯ]、[ɣ]之间;i 是前高不圆唇元音,位于国际音标[i]的靠后略下位置;o 是后中元音位于[o]和[ɔ]之间,比[o]略低,但要高于[ɔ];u 是后高圆唇元音;e 是前次高不圆唇元音,位于国际音标[e]略上、后的位置。元音 ɛ、y 虽然在口语中音位功能不是很强,但实验表明它们也能够独立占据声学空间,具有了独立音位的特征,本书认为将其作为独立音位是合适的。通过实验可知,ɛ 是前次低不圆唇元音,比国际音标[ɛ]靠前且略下;y 位于国际音标[y]的前且略下位置,是前高圆唇元音。

3. 黑河地区满语复合元音的数量较多,一般出现在词中和词尾,在词首出现的较少。词汇量远小于单元音,且使用率不是很高,尤其是三合元音,主要应用于借词中。二合元音的组成符合世界语言的一般规律,所有二合元音的组合中都至少包含一个高元音的成分。一些二合元音的共振峰走势和时间分配具有显著的对称性,都是主要元音体现音质稳定段。黑河地区满语二合元音都是假性复合元音,遵循复合元音发音的一般规律,即发音时从一个元音向另一个元音过渡,舌位和声腔都有变化,其动态特征主要体现在主要共振峰(F_1 和 F_2)的滑移之中。复合元音中各个组成元音的地位不同,复合元音受主要元音影响较大,次要元音影响较小;同时主要元音和次要元音之间能够相互影响。与相应的单元音相比,舌位高低和前后都会发生变化,有的变幅还较大。复合元音的主要成分体现出分类特点,共振峰变化中有一个核心,可以依据其位置判断该二合元音是前响二合元音还是后响二合元音。

4. 黑河地区满语元音格局表现为单元音整体分布比较均匀,其中 i、y、e 分布在前高音区,ɛ 位于前、次低音区,ɑ 的舌位最低,位于后、低位置,u、ə 位于后高音区,o 位于最后。复合元音与相应的主要元音声学位置相差不远,同一个元音充当首元音和尾元音时,其声学位置相差较大,首元音距离相应的单元音较近,尾元音距离相应的单元音较远。在主要元音的作用下,位于主要位置的元音对复合元音的影响要大于位于次要位置的元音,表现出了与汉语普通话相似的语音现象。

二、不足之处及未来展望

1. 因满语濒危,语料极为稀少,特别是个别元音的语料更为稀少。例如在搜集到的语料中,关于大五家子满语元音 y 的语料仅找到 1 条;关于三合元音 uɑi 仅找到 2 条,因此关于二者的声学实验仅供参考,不作为结论使用。而复合元音的语料整体较少,只好将黑河地区四个满语点的复合元音放在一起进行语音实验。此外,由于语料有限,本书未将元音的变体单独作为实验对象,这可能会导致一些变体掺杂其中,出现数据"被平均"的现象,一定程度影响离散率计算的精准性,在这种情况下,本书仅对黑河地区满语元音的稳定性进行了简要论述。元音变体是元音发展变化的重要表现,对变体进行研究能够有助于深入了解元音变化的规律,下一步笔者会继续努力搜集相关语料,待语料丰富后再进行深入的实验探讨。

2. 当前满语元音系统实验研究尚处于空白阶段,本书只好参考借鉴其他语言语音的研究成果,自行设计方案开展实验,因水平所限,关于实验数据的汇总与处理、实验结果的讨论与分析肯定会有不少疏漏和错误,敬请各位专家学者批评指正。

综上,本书是对黑河地区满语元音系统实验研究的首次尝试,因样本语料和笔者能力水平所限,对黑河地区满语元音的特点及规律把握得还不够深入,其中难免存在舛谬之处,诚望在各位专家学者的指导帮助下,进一步加强学习和实践,提升理论素养和实验操作能力,在后续的学习和研究中进行补充和完善。

附　　录

一、实验数据附录

（一）黑河地区满语单元音实验数据

单元音 α 的实验数据（单位：Hz）

	F_1	F_2
	826	1 292
	832	1 285
	899	1 267
	874	1 250
	864	1 280
	842	1 262
	889	1 310
	859	1 265
	773	1 293
α	782	1 296
	780	1 298
	865	1 308
	795	1 298
	770	1 281
	747	1 263
	776	1 273
	849	1 298
	886	1 296
	810	1 302

表（续）

	F₁	F₂
	851	1 292
	883	1 294
	816	1 315
	951	1 299
	765	1 244
	843	1 313
	782	1 312
	795	1 305
	803	1 270
	786	1 314
	788	1 289
	746	1 286
	734	1 291
	762	1 298
	796	1 287
ɑ	786	1 319
	758	1 305
	928	1 276
	726	1 289
	776	1 287
	827	1 278
	797	1 296
	817	1 301
	798	1 289
	720	1 296
	765	1 295
	728	1 291
	779	1 303
	909	1 317
	853	1 255

表（续）

	F_1	F_2
	717	1 264
	748	1 309
	775	1 311
	756	1 316
	854	1 317
	791	1 304
	788	1 291
	859	1 273
	821	1 291
	899	1 315
	831	1 309
	839	1 301
	809	1 315
	812	1 306
	789	1 274
α	732	1 283
	718	1 305
	749	1 318
	805	1 314
	885	1 296
	861	1 299
	826	1 298
	858	1 292
	775	1 298
	825	1 292
	849	1 304
	772	1 292
	764	1 305
	708	1 287
	793	1 290

表（续）

	F_1	F_2
	784	1 337
	757	1 267
	753	1 284
	748	1 337
	819	1 282
	842	1 270
	895	1 317
	790	1 318
	903	1 310
	790	1 337
	798	1 314
	789	1 309
	888	1 269
	821	1 294
	838	1 278
α	803	1 289
	873	1 258
	826	1 289
	829	1 303
	833	1 273
	834	1 319
	777	1 304
	830	1 255
	811	1 285
	838	1 300
	854	1 315
	816	1 307
	785	1 309
	782	1 301
	824	1 295

表(续)

	F₁	F₂
	754	1 306
	806	1 305
	867	1 308
	778	1 304
	766	1 286
	800	1 302
	794	1 284
	838	1 301
	771	1 307
	866	1 300
	791	1 301
	835	1 306
	838	1 301
	862	1 330
	821	1 315
α	756	1 277
	814	1 321
	893	1 287
	833	1 333
	856	1 334
	796	1 320
	820	1 323
	877	1 308
	907	1 331
	813	1 308
	853	1 283
	817	1 291
	854	1 291
	937	1 285
	852	1 332

表(续)

	F_1	F_2
	886	1 323
	876	1 291
	913	1 267
	845	1 320
	882	1 316
	858	1 318
	839	1 308
	737	1 328
	845	1 301
	739	1 329
	749	1 320
	858	1 300
	902	1 299
	922	1 270
	889	1 283
ɑ	886	1 312
	903	1 293
	852	1 311
	827	1 317
	924	1 325
	875	1 274
	750	1 274
	875	1 306
	821	1 285
	824	1 309
	924	1 335
	859	1 270
	851	1 312
	821	1 274
	849	1 301

表（续）

	F_1	F_2
	828	1 294
	843	1 297
	759	1 272
	786	1 327
	872	1 310
	823	1 305
	787	1 317
	769	1 323
	815	1 306
	864	1 302
	795	1 337
	820	1 316
	867	1 282
	786	1 328
	779	1 298
α	782	1 307
	811	1 315
	788	1 313
	833	1 276
	893	1 310
	734	1 320
	796	1 300
	786	1 329
	882	1 301
	825	1 287
	878	1 269
	805	1 295
	890	1 314
	807	1 305
	830	1 286

表（续）

	F₁	F₂
	787	1 302
	811	1 292
	870	1 285
	821	1 317
	828	1 315
	813	1 348
	799	1 312
	885	1 330
	885	1 335
	852	1 293
	767	1 316
	821	1 318
	785	1 314
	875	1 298
	818	1 311
ɑ	874	1 316
	826	1 317
	820	1 348
	866	1 323
	857	1 322
	876	1 327
	889	1 294
	867	1 315
	874	1 329
	812	1 324
	820	1 313
	838	1 332
	797	1 345
	804	1 327
	859	1 314

表（续）

	F_1	F_2
	873	1 329
	859	1 356
	834	1 341
	879	1 298
	820	1 307
	779	1 319
	869	1 300
	810	1 326
	831	1 289
	868	1 317
	851	1 347
	775	1 296
	800	1 304
	789	1 292
	797	1 342
α	797	1 318
	799	1 290
	849	1 337
	886	1 317
	816	1 284
	851	1 337
	808	1 282
	761	1 320
	837	1 317
	893	1 338
	849	1 310
	875	1 337
	811	1 341
	870	1 339
	807	1 279

表（续）

	F₁	F₂
	825	1 344
	867	1 278
	783	1 341
	797	1 288
	886	1 289
	876	1 334
	797	1 319
	897	1 319
	820	1 304
	821	1 315
	833	1 285
	870	1 300
	893	1 315
	813	1 297
	800	1 329
ɑ	807	1 341
	852	1 295
	804	1 336
	866	1 331
	885	1 316
	879	1 334
	849	1 286
	847	1 322
	856	1 284
	882	1 301
	841	1 303
	820	1 300
	874	1 301
	825	1 306
	889	1 319

表（续）

	F₁	F₂
	886	1 330
	847	1 315
	877	1 277
	879	1 321
	798	1 327
	816	1 333
	910	1 334
	904	1 320
	875	1 323
	829	1 341
	816	1 331
	899	1 338
	803	1 343
	858	1 291
	830	1 301
α	851	1 325
	869	1 332
	886	1 323
	839	1 291
	824	1 331
	828	1 324
	851	1 336
	820	1 318
	801	1 308
	890	1 328
	799	1 311
	834	1 329
	863	1 320
	877	1 300
	842	1 299

表(续)

	F_1	F_2
	818	1 310
	809	1 283
	830	1 296
	952	1 293
	835	1 301
	824	1 317
	846	1 325
	842	1 344
	849	1 274
	873	1 306
	818	1 285
	812	1 309
	845	1 335
	867	1 307
	871	1 312
ɑ	830	1 274
	767	1 343
	865	1 344
	821	1 297
	845	1 342
	870	1 327
	789	1 309
	896	1 305
	824	1 304
	865	1 323
	864	1 276
	819	1 302
	906	1 337
	827	1 342
	877	1 312

表(续)

	F_1	F_2
	875	1 328
	847	1 298
	924	1 287
	810	1 310
	811	1 333
	887	1 276
	824	1 310
	844	1 320
	826	1 300
	816	1 329
a	833	1 311
	801	1 340
	796	1 289
	838	1 295
	792	1 314
	770	1 335
	881	1 286
	890	1 342
	824	1 286
	897	1 285

单元音 i 的实验数据(单位:Hz)

	F_1	F_2
	374	1 787
	383	1 741
	386	1 758
i	384	1 783
	333	1 768
	390	1 775
	451	1 744

表（续）

	F_1	F_2
	416	1 752
	421	1 752
	346	1 808
	410	1 753
	418	1 743
	394	1 816
	352	1 807
	371	1 876
	415	1 803
	329	1 865
	444	1 833
	420	1 865
	363	1 818
	386	1 802
	338	1 774
i	403	1 747
	402	1 810
	425	1 737
	325	1 782
	421	1 875
	433	1 823
	333	1 776
	429	1 760
	397	1 798
	367	1 818
	389	1 821
	387	1 830
	403	1 817
	352	1 831
	373	1 844

表（续）

	F_1	F_2
	402	1 799
	399	1 780
	405	1 836
	359	1 806
	354	1 812
	357	1 773
	364	1 816
	411	1 823
	420	1 758
	358	1 825
	376	1 820
	434	1 849
	415	1 803
	303	1 737
i	380	1 810
	326	1 797
	381	1 815
	329	1 742
	382	1 763
	323	1 769
	352	1 848
	350	1 787
	383	1 816
	433	1 827
	436	1 761
	354	1 788
	384	1 813
	302	1 752
	368	1 834
	334	1 829

表（续）

	F_1	F_2
	370	1 754
	403	1 781
	382	1 804
	363	1 795
	374	1 790
	377	1 740
	343	1 815
	302	1 822
	363	1 813
	338	1 808
	352	1 872
	372	1 846
	360	1 792
	395	1 767
i	389	1 799
	388	1 789
	326	1 814
	328	1 815
	441	1 771
	397	1 803
	320	1 810
	448	1 814
	364	1 855
	341	1 857
	335	1 792
	366	1 853
	387	1 844
	387	1 847
	415	1 842
	342	1 814

表（续）

	F₁	F₂
	369	1 858
	385	1 813
	337	1 803
	398	1 787
	354	1 829
	372	1 870
	363	1 861
	384	1 763
	344	1 857
	357	1 782
	370	1 845
	345	1 853
	418	1 802
	420	1 810
	428	1 874
i	417	1 838
	396	1 823
	405	1 815
	380	1 814
	413	1 863
	389	1 798
	364	1 821
	378	1 834
	421	1 756
	375	1 838
	413	1 823
	399	1 803
	368	1 779
	417	1 825
	402	1 756

表(续)

	F_1	F_2
	331	1 851
	388	1 805
	415	1 806
	417	1 776
	360	1 826
	414	1 738
	384	1 797
	345	1 764
	352	1 777
	361	1 788
	376	1 862
	420	1 767
	356	1 753
	383	1 795
	364	1 795
i	426	1 834
	387	1 830
	402	1 822
	388	1 789
	402	1 810
	338	1 808
	345	1 778
	325	1 782
	375	1 741
	340	1 749
	387	1 792
	353	1 812
	368	1 750
	377	1 814
	321	1 875

表（续）

	F_1	F_2
	372	1 838
	343	1 815
	333	1 756
	341	1 835
	329	1 760
	311	1 803
	374	1 790
	368	1 793
	394	1 816
	415	1 803
	386	1 781
	413	1 764
	356	1 754
	367	1 818
	396	1 827
i	346	1 756
	356	1 761
	321	1 752
	350	1 787
	351	1 770
	374	1 787
	364	1 816
	320	1 758
	310	1 753
	332	1 749
	346	1 758
	352	1 807
	351	1 778
	391	1 801
	371	1 776

表（续）

	F_1	F_2
	415	1 803
	399	1 810
	320	1 820
	327	1 764
	348	1 829
	403	1 737
	316	1 758
	352	1 852
	368	1 834
	434	1 829
	377	1 858
	370	1 854
	359	1 849
	364	1 915
	382	1 829
i	413	1 881
	360	1 873
	382	1 844
	363	1 895
	414	1 860
	374	1 890
	356	1 861
	351	1 851
	377	1 840
	363	1 835
	372	1 838
	379	1 928
	422	1 852
	363	1 913
	398	1 898

表（续）

	F₁	F₂
	352	1 872
	372	1 846
	360	1 892
	395	1 867
	399	1 868
	370	1 892
	382	1 863
	368	1 879
	373	1 869
	352	1 848
	356	1 834
	370	1 892
	382	1 863
	368	1 879
	382	1 869
i	352	1 848
	350	1 887
	383	1 866
	389	1 927
	358	1 861
	354	1 888
	384	1 853
	399	1 910
	356	1 854
	321	1 765
	434	1 785
	440	1 849
	441	1 835
	316	1 752
	421	1 852

表(续)

	F₁	F₂
i	385	1 841
	441	1 835
	429	1 760
	356	1 754
	346	1 856
	386	1 808
	356	1 854
	361	1 865
	364	1 885
	340	1 849
	341	1 835
	387	1 892
	351	1 844
	356	1 852
	368	1 852
	393	1 973
	374	1 890
	347	1 873
	397	1 869

单元音 u 的实验数据(单位:Hz)

	F₁	F₂
u	346	1 130
	411	1 098
	371	1 109
	360	1 127
	383	1 118
	426	1 162
	435	1 107
	419	1 129

表（续）

	F_1	F_2
	374	1 175
	386	1 162
	381	1 155
	394	1 158
	436	1 096
	396	1 150
	361	1 147
	416	1 164
	406	1 176
	439	1 149
	393	1 177
	365	1 129
	366	1 108
	389	1 127
	380	1 187
u	385	1 159
	410	1 187
	414	1 102
	384	1 110
	411	1 132
	368	1 160
	377	1 171
	417	1 139
	372	1 166
	356	1 181
	406	1 181
	408	1 162
	410	1 158
	390	1 129
	373	1 170

表（续）

	F_1	F_2
	420	1 143
	412	1 173
	385	1 146
	397	1 116
	381	1 168
	349	1 104
	359	1 131
	387	1 112
	346	1 161
	378	1 174
	381	1 164
	437	1 188
	382	1 092
	424	1 098
	351	1 089
u	389	1 179
	348	1 178
	352	1 176
	363	1 121
	399	1 182
	403	1 166
	354	1 097
	406	1 170
	379	1 092
	351	1 179
	423	1 151
	432	1 187
	405	1 149
	433	1 178
	383	1 133

表（续）

	F_1	F_2
	428	1 115
	348	1 089
	369	1 099
	377	1 153
	351	1 170
	375	1 141
	377	1 153
	389	1 137
	328	1 093
	398	1 157
	367	1 150
	434	1 133
	375	1 124
	354	1 138
	399	1 124
u	391	1 161
	348	1 133
	385	1 174
	425	1 144
	357	1 185
	432	1 104
	422	1 138
	350	1 106
	365	1 154
	341	1 134
	366	1 095
	393	1 172
	352	1 171
	393	1 175
	392	1 144

表（续）

	F_1	F_2
	338	1 157
	401	1 164
	349	1 138
	395	1 172
	397	1 180
	425	1 094
	381	1 207
	348	1 156
	426	1 174
	349	1 222
	386	1 195
	399	1 191
	336	1 147
	361	1 206
	364	1 170
u	417	1 154
	385	1 221
	369	1 150
	364	1 203
	394	1 123
	362	1 187
	403	1 194
	413	1 191
	389	1 156
	414	1 197
	398	1 132
	456	1 154
	386	1 151
	434	1 201
	439	1 152

表（续）

	F_1	F_2
	337	1 204
	380	1 173
	435	1 204
	380	1 142
	442	1 172
	462	1 153
	432	1 132
	397	1 185
	389	1 195
	333	1 089
	370	1 179
	346	1 134
	344	1 102
	375	1 151
u	421	1 121
	338	1 157
	339	1 149
	367	1 087
	407	1 116
	331	1 099
	382	1 152
	371	1 109
	375	1 141
	387	1 092
	339	1 088
	341	1 135
	329	1 160
	367	1 079
	337	1 162
	340	1 147

表（续）

	F₁	F₂
	368	1 160
	324	1 075
	324	1 108
	397	1 159
	336	1 096
	393	1 046
	396	1 090
	382	1 138
	361	1 147
	401	1 164
	395	1 096
	373	1 070
	357	1 089
	351	1 070
	367	1 150
u	342	1 166
	364	1 116
	405	1 149
	352	1 075
	385	1 159
	383	1 118
	368	1 160
	374	1 175
	348	1 129
	417	1 139
	389	1 091
	416	1 081
	421	1 082
	390	1 169
	362	1 189

表（续）

	F_1	F_2
	377	1 153
	389	1 137
	328	1 093
	398	1 157
	367	1 150
	434	1 133
	375	1 124
	354	1 138
	399	1 124
	391	1 161
	348	1 133
	385	1 174
	425	1 144
	357	1 085
	432	1 104
u	422	1 138
	350	1 106
	365	1 154
	341	1 134
	366	1 095
	393	1 172
	352	1 171
	393	1 175
	392	1 144
	338	1 157
	349	1 138
	395	1 172
	397	1 080
	425	1 094
	369	1 099

表（续）

	F₁	F₂
	377	1 153
	351	1 170
	346	1 130
	411	1 185
	371	1 209
	365	1 207
	389	1 120
	356	1 162
	355	1 130
	389	1 137
	423	1 127
	436	1 096
u	396	1 150
	361	1 147
	416	1 164
	406	1 176
	439	1 149
	381	1 121
	393	1 177
	365	1 129
	366	1 108
	389	1 127
	387	1 140
	417	1 108

单元音 e 的实验数据(单位：Hz)

	F₁	F₂
	440	1 765
e	486	1 812
	430	1 756

表（续）

	F_1	F_2
	423	1 712
	454	1 734
	447	1 728
	415	1 797
	426	1 741
	477	1 748
	474	1 789
	440	1 774
	469	1 738
	492	1 786
	477	1 784
	488	1 765
	453	1 805
	434	1 809
	455	1 801
e	432	1 803
	421	1 782
	498	1 794
	452	1 764
	475	1 717
	490	1 734
	452	1 766
	481	1 744
	423	1 761
	445	1 776
	437	1 762
	432	1 809
	402	1 717
	478	1 733
	419	1 750

表（续）

	F$_1$	F$_2$
	441	1 771
	459	1 790
	471	1 780
	447	1 769
	470	1 746
	477	1 778
	460	1 754
	437	1 790
	466	1 776
	483	1 717
	400	1 760
	479	1 756
	410	1 764
	452	1 775
	435	1 743
e	442	1 756
	417	1 711
	495	1 796
	487	1 718
	459	1 804
	458	1 735
	454	1 745
	489	1 718
	428	1 794
	477	1 782
	445	1 752
	486	1 774
	394	1 720
	457	1 756
	491	1 769

表（续）

	F₁	F₂
	450	1 726
	447	1 760
	458	1 781
	407	1 755
	476	1 798
	449	1 785
	480	1 745
	422	1 780
	442	1 749
	461	1 792
	414	1 770
	438	1 770
	497	1 803
	473	1 785
	471	1 729
e	428	1 715
	434	1 739
	456	1 797
	460	1 780
	464	1 745
	469	1 754
	463	1 776
	466	1 761
	407	1 773
	421	1 740
	435	1 793
	439	1 742
	445	1 783
	486	1 798
	438	1 795

表（续）

	F_1	F_2
	462	1 764
	402	1 782
	414	1 755
	407	1 784
	421	1 735
	461	1 755
	471	1 805
	477	1 756
	431	1 737
	493	1 769
	493	1 752
	408	1 757
	461	1 785
	479	1 786
	409	1 738
e	440	1 765
	486	1 812
	430	1 756
	423	1 712
	454	1 734
	447	1 728
	415	1 797
	426	1 741
	477	1 748
	474	1 789
	440	1 774
	469	1 738
	492	1 786
	477	1 784
	488	1 765

表（续）

	F_1	F_2
	453	1 805
	434	1 809
	455	1 801
	432	1 803
	421	1 782
	498	1 794
	452	1 764
	475	1 717
	452	1 766
	481	1 744
	423	1 761
	445	1 776
	437	1 762
	432	1 809
	402	1 717
e	478	1 733
	419	1 750
	441	1 771
	459	1 790
	471	1 780
	447	1 769
	470	1 746
	477	1 778
	437	1 790
	466	1 776
	483	1 717
	400	1 760
	479	1 756
	410	1 764
	451	1 766

表（续）

	F_1	F_2
	479	1 718
	493	1 698
	493	1 724
	438	1 721
	460	1 770
	415	1 746
	476	1 783
	420	1 725
	511	1 651
	377	1 710
	457	1 761
	427	1 786
	505	1 714
	453	1 784
e	472	1 747
	428	1 781
	454	1 798
	445	1 794
	475	1 749
	378	1 810
	452	1 801
	399	1 721
	459	1 723
	421	1 734
	421	1 715
	428	1 632
	501	1 738
	431	1 731
	507	1 711
	457	1 690

表（续）

	F₁	F₂
	443	1 651
	452	1 663
	491	1 696
	428	1 772
	489	1 750
	492	1 744
	549	1 778
	417	1 811
	369	1 738
	478	1 689
	377	1 684
	487	1 730
	482	1 682
	388	1 789
	540	1 815
e	413	1 756
	399	1 734
	402	1 727
	492	1 681
	553	1 812
	468	1 750
	378	1 733
	521	1 775
	392	1 786
	437	1 762
	428	1 750
	472	1 758
	409	1 738
	385	1 761
	467	1 718

表（续）

	F_1	F_2
	451	1 750
	424	1 773
	447	1 732
	478	1 769
	456	1 754
	438	1 749
	358	1 755
	401	1 764
	420	1 726
	466	1 761
	371	1 729
	401	1 805
	438	1 811
	469	1 748
	470	1 746
e	476	1 698
	447	1 760
	445	1 752
	439	1 742
	452	1 807
	486	1 808
	455	1 761
	432	1 683
	459	1 690
	477	1 755
	492	1 780
	449	1 725
	421	1 682
	482	1 744
	438	1 795

表（续）

	F_1	F_2
	462	1 764
	402	1 782
	414	1 755
	407	1 784
	421	1 735
	461	1 755
	471	1 805
	477	1 756
	431	1 737
	393	1 769
	393	1 752
	408	1 757
	461	1 785
	479	1 786
	409	1 738
e	459	1 804
	458	1 735
	454	1 745
	389	1 718
	428	1 794
	477	1 782
	445	1 752
	486	1 774
	394	1 720
	457	1 756
	391	1 769
	450	1 726
	447	1 760
	458	1 781
	407	1 755

表（续）

	F_1	F_2
	476	1 798
	449	1 785
	480	1 745
	422	1 780
	442	1 749
	461	1 792
	414	1 770
	438	1 770
	397	1 803
	473	1 785
	471	1 729
	428	1 815
	434	1 739
	456	1 797
	460	1 780
e	464	1 745
	469	1 754
	463	1 776
	466	1 761
	407	1 773
	421	1 740
	435	1 793
	439	1 742
	445	1 783
	486	1 798
	420	1 748
	436	1 774
	499	1 808
	398	1 753
	452	1 718

表(续)

	F_1	F_2
	446	1 756
	478	1 723
	432	1 776
	454	1 728
	447	1 752
	396	1 728
	450	1 737
	443	1 714
	438	1 804
	418	1 710
	470	1 703
	395	1 736
e	464	1 755
	457	1 737
	457	1 770
	469	1 746
	457	1 728
	415	1 776
	440	1 741
	480	1 694
	487	1 738
	467	1 681
	391	1 692
	451	1 778
	533	1 767

单元音 y 的实验数据(单位:Hz)

	F_1	F_2
y	358	1 785
	398	1 775

表(续)

	F_1	F_2
	344	1 778
	354	1 750
	347	1 772
	348	1 768
	381	1 815
	399	1 794
	359	1 784
	393	1 846
	345	1 778
	358	1 755
	420	1 769
	416	1 739
	345	1 789
	377	1 752
	406	1 781
y	369	1 771
	377	1 802
	413	1 794
	393	1 796
	320	1 769
	372	1 821
	345	1 786
	358	1 785
	416	1 778
	326	1 756
	338	1 789
	390	1 894
	356	1 820
	331	1 788
	323	1 779

单元音 o 的实验数据(单位:Hz)

	F₁	F₂
	488	1 027
	510	1 015
	487	1 033
	513	1 042
	512	1 013
	486	1 025
	489	1 040
	494	981
	520	987
	522	989
	515	1 045
	473	994
	493	992
	481	987
	558	990
o	495	1 064
	497	1 012
	494	1 017
	520	1 038
	521	1 049
	494	984
	494	1 046
	498	1 007
	492	1 047
	571	1 010
	497	1 008
	527	1 055
	519	999
	491	983
	559	1 010

表（续）

	F₁	F₂
	533	1 016
	486	1 026
	530	1 054
	563	1 020
	511	983
	566	987
	567	998
	482	1 044
	491	1 053
	489	1 031
	510	1 060
	499	1 057
	498	1 034
	517	1 022
	535	1 034
o	532	1 039
	507	1 018
	555	1 036
	481	1 065
	553	1 022
	526	1 047
	506	1 036
	480	1 015
	514	1 032
	516	987
	503	1 002
	514	1 007
	524	995
	512	1 058
	518	1 024

表（续）

	F_1	F_2
	524	1 025
	506	1 028
	528	1 039
	517	1 037
	565	1 049
	529	972
	532	1 047
	473	1 043
	521	1 054
	507	1 022
	534	1 021
	524	1 026
	521	1 012
	535	1 011
	524	1 023
o	510	1 058
	478	1 025
	512	1 038
	519	1 026
	538	989
	517	995
	522	992
	508	1 011
	528	1 056
	525	1 009
	501	1 059
	511	1 067
	530	1 012
	513	1 014
	514	1 051

表（续）

	F₁	F₂
	507	1 045
	517	1 058
	533	1 057
	509	1 026
	510	1 049
	554	1 002
	516	1 037
	512	1 034
	477	1 045
	517	1 014
	572	1 050
	551	1 011
	508	1 035
	479	1 025
o	517	1 028
	568	1 050
	525	1 022
	541	1 052
	482	1 024
	505	1 017
	513	1 042
	552	1 113
	496	1 125
	489	1 140
	549	1 085
	512	1 123
	550	1 005
	504	1 129
	521	1 119
	523	1 036

表（续）

	F_1	F_2
	515	1 015
	495	1 032
	540	1 129
	499	1 137
	496	1 083
	571	1 089
	580	1 015
	514	1 032
	516	1 087
	503	1 002
	514	1 007
	578	1 074
	523	1 134
	567	1 022
	538	1 058
o	515	1 024
	581	1 025
	508	1 082
	576	1 084
	492	1 028
	578	1 039
	489	1 087
	531	1 093
	503	1 070
	523	1 084
	529	1 119
	480	1 167
	550	1 106
	537	1 170
	437	1 154

表(续)

	F_1	F_2
	529	1 155
	549	1 166
	550	1 120
	489	1 150
	527	1 169
	539	1 125
	536	1 187
	489	1 169
	530	1 054
	474	1 080
	509	1 026
	510	1 060
	540	1 060
	516	1 023
	532	1 024
o	531	1 099
	487	1 121
	538	1 045
	515	1 085
	558	1 107
	482	1 044
	538	1 011
	488	1 089
	493	1 046
	478	1 085
	520	1 038
	462	1 030
	498	1 050
	492	1 080
	518	1 023

表（续）

	F_1	F_2
	559	1 090
	468	1 093
	496	1 039
	538	1 056
	558	1 082
	494	1 016
	525	1 068
	518	1 085
	547	1 029
	514	1 067
	481	1 023
	466	1 032
	471	1 076
	489	1 091
	525	1 049
o	487	1 080
	524	1 034
	534	1 046
	526	1 021
	547	1 067
	478	1 037
	533	1 048
	511	1 023
	492	1 044
	528	1 079
	535	1 068
	525	1 085
	534	1 059
	486	1 039
	553	1 047

表（续）

	F_1	F_2
	468	1 050
	537	1 025
	464	1 058
	489	1 040
	474	1 039
	467	1 022
	496	1 027
	524	1 073
	553	1 045
	535	1 048
	513	1 042
	547	1 185
	505	1 017
	478	1 018
	495	996
o	486	1 012
	469	1 018
	544	1 033
	491	1 023
	521	1 054
	507	1 022
	502	1 021
	524	1 026
	521	1 012
	535	1 011
	524	1 023
	510	1 058
	478	1 025
	512	1 038
	519	1 026

表（续）

	F_1	F_2
	538	1 089
	517	995
	522	992
	508	1 011
	528	1 056
	525	1 009
	501	1 059
	511	1 067
	530	1 012
	513	1 014
	514	1 051
	507	1 045
	517	1 058
	533	1 057
	509	1 026
o	510	1 049
	554	1 002
	516	1 037
	526	1 034
	477	1 045
	517	1 014
	472	1 050
	551	1 011
	508	1 035
	479	1 025
	517	1 028
	468	1 050
	525	1 022
	541	1 052
	482	1 024

表(续)

	F_1	F_2
	505	1 017
	520	1 026
	518	1 035
	474	1 030
	504	1 025
	528	1 041
	500	1 025
	554	997
	529	1 014
	496	1 003
	519	1 029
	518	1 005
	544	1 035
	507	1 051
	519	1 019
o	527	1 087
	516	1 032
	499	1 007
	529	1 024
	493	1 091
	531	999
	485	1 090
	498	1 136
	523	1 058
	552	1 027
	553	1 079
	515	1 053
	478	1 023
	482	1 065
	564	1 057

表（续）

	F_1	F_2
	520	1 049
	555	1 076
	575	1 010
	480	1 142
	495	1 123
	516	1 096
	489	1 049
	488	1 024
	566	1 042
	577	1 068
	575	1 041
	526	1 073
	533	1 096
	503	1 094
	524	1 083
o	516	1 021
	520	1 045
	486	1 067
	574	1 027
	489	1 065
	567	1 019
	497	1 112
	494	1 023
	512	1 028
	484	1 061
	495	1 036
	499	1 069
	514	1 012
	568	1 058
	491	1 021

表（续）

	F_1	F_2
	544	1 048
	496	1 100
	501	1 098
	535	1 121
	578	1 098
	510	1 045
	503	1 015
	510	1 019
	524	1 097
	494	1 038
	489	1 137
	552	1 213
	535	1 076
	578	1 121
	494	1 037
o	513	1 134
	540	1 140
	488	1 145
	498	1 120
	552	1 146
	479	1 182
	543	1 237
	482	1 140
	529	1 148
	553	1 219
	494	1 034
	519	1 099
	508	1 175
	480	1 215
	497	1 123

表（续）

	F₁	F₂
o	524	1 103
	482	1 104
	537	1 098

单元音 ε 的实验数据（单位：Hz）

	F₁	F₂
ε	594	1 742
	598	1 741
	597	1 730
	680	1 722
	692	1 701
	646	1 761
	641	1 745
	595	1 713
	596	1 716
	599	1 748
	651	1 798
	693	1 735
	683	1 788
	688	1 769
	690	1 710
	592	1 743
	598	1 753
	633	1 702
	593	1 798
	641	1 704
	641	1 796
	612	1 767
	652	1 732
	641	1 805

表（续）

	F₁	F₂
	610	1 715
	651	1 771
	613	1 756
	642	1 743
	617	1 730
	641	1 796
	669	1 748
	662	1 711
	652	1 773
	620	1 710
	640	1 722
	604	1 742
	598	1 741
	617	1 730
ɛ	640	1 722
	662	1 781
	636	1 761
	641	1 715
	685	1 713
	651	1 771
	646	1 735
	623	1 788
	678	1 769
	645	1 787
	646	1 756
	598	1 853
	552	1 873
	598	1 810
	652	1 873

单元音 ə 的实验数据(单位:Hz)

ə	F₁	F₂
	441	1 153
	480	1 204
	453	1 232
	505	1 129
	477	1 214
	464	1 141
	427	1 157
	516	1 138
	503	1 134
	513	1 168
	496	1 161
	519	1 217
	463	1 230
	514	1 226
	470	1 229
ə	443	1 217
	473	1 164
	455	1 204
	506	1 196
	479	1 225
	452	1 135
	503	1 193
	458	1 195
	492	1 189
	497	1 197
	528	1 192
	432	1 185
	442	1 205
	481	1 135
	455	1 232

表（续）

	F_1	F_2
	444	1 207
	461	1 172
	482	1 221
	482	1 169
	448	1 222
	432	1 214
	494	1 202
	454	1 203
	435	1 162
	460	1 214
	487	1 136
	509	1 138
	456	1 209
	472	1 205
	507	1 148
ə	438	1 141
	449	1 208
	448	1 132
	472	1 139
	436	1 154
	499	1 139
	508	1 213
	449	1 121
	503	1 140
	468	1 218
	466	1 164
	442	1 228
	482	1 171
	443	1 161
	504	1 230

表（续）

	F₁	F₂
	488	1 126
	489	1 115
	491	1 151
	490	1 125
	521	1 152
	430	1 137
	487	1 221
	529	1 207
	465	1 165
	476	1 225
	492	1 228
	520	1 148
	503	1 212
	475	1 210
	464	1 160
ə	505	1 223
	456	1 223
	495	1 134
	453	1 227
	445	1 160
	495	1 144
	486	1 220
	526	1 233
	490	1 174
	498	1 143
	437	1 147
	452	1 222
	509	1 210
	491	1 209
	477	1 234

表（续）

	F_1	F_2
	481	1 154
	473	1 144
	461	1 227
	500	1 145
	491	1 140
	465	1 150
	503	1 206
	497	1 189
	505	1 133
	461	1 186
	490	1 185
	517	1 227
	458	1 165
	432	1 148
	497	1 137
ə	478	1 209
	439	1 177
	507	1 175
	441	1 149
	441	1 159
	439	1 140
	480	1 190
	449	1 137
	502	1 208
	512	1 152
	489	1 194
	479	1 163
	469	1 148
	435	1 203
	509	1 217

表（续）

	F_1	F_2
	473	1 192
	489	1 191
	506	1 112
	465	1 152
	476	1 174
	437	1 133
	478	1 154
	447	1 173
	481	1 189
	505	1 192
	453	1 231
	485	1 186
	492	1 194
	465	1 184
	475	1 195
ə	498	1 138
	479	1 183
	419	1 167
	480	1 123
	446	1 174
	498	1 198
	488	1 141
	456	1 098
	435	1 082
	461	1 127
	505	1 083
	493	1097
	460	1 114
	472	1 075
	502	1 122

表（续）

	F_1	F_2
	509	1 078
	417	1 087
	440	1 115
	438	1 091
	452	1 122
	423	1 089
	408	1 113
	416	1 064
	477	1 074
	465	1 150
	489	1 140
	426	1 133
	491	1 140
	507	1 075
ə	477	1 114
	455	1 132
	490	1 085
	439	1 157
	397	1 110
	448	1 132
	381	1 125
	475	1 089
	458	1 156
	461	1 120
	432	1 172
	383	1 153
	488	1 170
	489	1 135
	413	1 076
	398	1 140

表（续）

	F_1	F_2
	461	1 152
	391	1 101
	441	1 153
	382	1 180
	475	1 128
	441	1 149
	462	1 170
	503	1 143
	397	1 159
	459	1 120
	390	1 169
	507	1 175
	441	1 149
	483	1 153
	429	1 169
ə	433	1 210
	435	1 233
	493	1 153
	479	1 212
	437	1 213
	500	1 135
	432	1 172
	472	1 218
	429	1 140
	441	1 213
	498	1 209
	489	1 135
	445	1 195
	488	1 169
	449	1 225

表（续）

	F_1	F_2
	438	1 125
	461	1 197
	465	1 145
	456	1 131
	475	1 216
	513	1 216
	491	1 201
	498	1 140
	480	1 222
	489	1 219
	490	1 169
	453	1 206
	485	1 216
	499	1 128
	503	1 206
ə	497	1 189
	505	1 133
	461	1 186
	490	1 185
	517	1 227
	458	1 165
	432	1 148
	497	1 137
	478	1 209
	439	1 177
	335	1 082
	360	1 114
	487	1 136
	509	1 178
	372	1 075

表（续）

	F_1	F_2
	438	1 091
	449	1 108
	448	1 132
	472	1 139
	408	1 113
	436	1 174
	437	1 189
	428	1 133
	413	1 186
	498	1 185
	364	1 129
	371	1 057
	409	1 057
	395	1 058
	423	1 089
ə	341	1 078
	456	1 135
	429	1 098
	465	1 050
	431	1 096
	456	1 156
	456	1 092
	401	1 146
	435	1 095
	471	1 089
	517	1 170
	456	1 122
	490	1 163
	456	1 089
	475	1 189

（二）黑河地区满语二合元音实验数据表（单位：Hz）

黑河地区满语二合元音实验数据表（单位：**Hz**）

		前一元音			后一元音	
		F_1	F_2		F_1	F_2
ɑi	ɑ(i)	684	1 382	(ɑ)i	542	1 746
		606	1 436		473	1 755
		789	1 470		561	1 726
		667	1 393		563	1 718
		734	1 431		521	1 720
		735	1 374		542	1 705
		699	1 452		536	1 749
		684	1 392		542	1 766
		916	1 442		552	1 741
		916	1 442		554	1 741
		867	1 389		497	1 757
		771	1 448		482	1 774
		867	1 412		502	1 693
		789	1 370		551	1 726
		601	1 395		488	1 739
ɑu	ɑ(u)	764	1 347	(ɑ)u	636	1 287
		724	1 328		597	1 190
		812	1 365		590	1 243
		737	1 362		561	1 217
		774	1 338		562	1 202
		746	1 327		559	1 177
		813	1 357		586	1 197
		745	1 322		566	1 203
		789	1 368		600	1 229
		767	1 346		584	1 216
iɑ	i(ɑ)	300	1 840	(i)ɑ	739	1 493
		326	1 782		766	1 471

表（续）

		前一元音			后一元音	
		F_1	F_2		F_1	F_2
		335	1 812		755	1 465
		481	1 832		765	1 497
		490	1 790		768	1 473
		347	1 867		747	1 445
		321	1 810		769	1 444
		321	1 781		738	1 466
		469	1 876		766	1 531
		348	1 817		712	1 491
		365	1 807		779	1 424
		343	1 819		732	1 423
		385	1 743		767	1 525
		321	1 810		719	1 444
		469	1 776		766	1 531
		300	1 841		789	1 523
iɑ	i(ɑ)	300	1 844	(i)ɑ	789	1 453
		326	1 782		766	1 478
		302	1 798		765	1 508
		490	1 790		768	1 473
		481	1 835		765	1 497
		348	1 817		712	1 501
		365	1 807		779	1 524
		396	1 761		742	1 452
		384	1 893		768	1 438
		489	1 777		691	1 498
		335	1 809		728	1 503
		302	1 772		736	1 528
		385	1 743		797	1 525
		302	1 798		765	1 508
		391	1 773		726	1 423

表(续)

		前一元音			后一元音	
		F_1	F_2		F_1	F_2
iɑ	i(ɑ)	481	1 835	(i)ɑ	766	1 411
		374	1 775		766	1 531
		369	1 878		741	1 463
		349	1 814		773	1 416
		328	1 803		701	1 460
		397	1 793		752	1 460
		406	1 781		753	1 478
yɑ	y(ɑ)	393	1 770	(y)ɑ	732	1 453
		425	1 740		681	1 510
		423	1 788		742	1 592
		384	1 746		742	1 663
		422	1 756		694	1 536
		423	1 785		731	1 545
		411	1 743		714	1 506
		416	1 776		685	1 572
		402	1 770		702	1 555
		423	1 756		728	1 539
uɑ	u(ɑ)	538	1 186	(u)ɑ	697	1 460
		534	1 197		710	1 364
		529	1 220		647	1 514
		532	1 165		633	1 411
		525	1 204		651	1 332
		546	1 194		627	1 404
		547	1 199		683	1 385
		498	1 187		643	1 340
		482	1 221		629	1 378
		451	1 247		627	1 495
		478	1 263		648	1 357
		541	1 172		758	1 354

表（续）

		前一元音			后一元音	
		F_1	F_2		F_1	F_2
uɑ	u(ɑ)	459	1 214	(u)ɑ	693	1 427
		526	1 162		786	1 373
		529	1 188		744	1 329
		496	1 219		649	1 494
		482	1 227		629	1 378
		486	1 219		649	1 494
		446	1 212		627	1 404
		523	1 172		758	1 354
		482	1 273		648	1 357
		534	1 197		710	1 364
		547	1 199		683	1 385
		499	1 156		810	1 396
		536	1 182		651	1 455
		492	1 183		728	1 414
ue	u(e)	415	1 338	(u)e	504	1 711
		445	1 340		516	1 709
		423	1 324		498	1 699
		435	1 347		507	1 714
		412	1 364		509	1 721
		456	1 321		512	1 713
		409	1 332		534	1 705
		417	1 320		521	1 714
		456	1 356		499	1 705
		433	1 351		501	1 709
uɛ	u(ɛ)	449	1 297	(u)ɛ	666	1 661
		469	1 281		607	1 651
		433	1 298		692	1 604
		482	1 277		623	1 643
		425	1 321		677	1 654

表（续）

		前一元音			后一元音	
		F₁	F₂		F₁	F₂
uɛ	u(ɛ)	424	1 287	(u)ɛ	600	1 650
		429	1 271		607	1 651
		419	1 277		623	1 643
		487	1 320		612	1 639
		443	1 282		616	1 674
uə	u(ə)	422	1 178	(u)ə	488	1 287
		411	1 174		476	1 275
		432	1 168		468	1 267
		419	1 193		477	1 276
		412	1 167		466	1 289
		423	1 172		479	1 275
		435	1 189		497	1 258
		410	1 176		484	1 249
		426	1 178		471	1 287
		421	1 189		467	1 298
iu	i(u)	392	1 715	(i)u	413	1 298
		384	1 714		380	1 289
		388	1 719		417	1 309
		424	1 752		366	1 300
		426	1 773		349	1 336
		393	1 742		353	1 314
		431	1 767		460	1 305
		398	1 797		385	1 340
		400	1 765		374	1 331
		382	1 780		361	1 360
		396	1 790		455	1 326
		417	1 730		425	1 332
		427	1 720		435	1 328
		445	1 767		460	1 305

表（续）

		前一元音			后一元音	
		F_1	F_2		F_1	F_2
iu	i(u)	407	1 792	(i)u	343	1 336
		404	1 792		349	1 342
		398	1 752		349	1 338
		388	1 704		376	1 296
		399	1 756		436	1 321
əu	ə(u)	455	1 152	(ə)u	446	1 230
		476	1 173		440	1 212
		480	1 179		468	1 210
		498	1 178		467	1 225
		435	1 197		466	1 213
		476	1 145		432	1 209
		452	1 167		452	1 211
		487	1 153		469	1 221
		479	1 176		445	1 223
		465	1 164		424	1 219
ui	u(i)	394	1 228	(u)i	419	1 650
		386	1 257		356	1 676
		378	1 225		445	1 671
		393	1 299		341	1 619
		435	1 265		387	1 644
		399	1 267		363	1 678
		434	1 285		391	1 621
		384	1 260		433	1 610
		376	1 224		394	1 650
		397	1 279		441	1 680
		386	1 229		494	1 650
		392	1 256		436	1 691
yɛ	y(ɛ)	447	1 747	(y)ɛ	574	1 805
		438	1771		587	1 812

表(续)

		前一元音			后一元音	
		F₁	F₂		F₁	F₂
yε	y(ε)	498	1 728	(y)ε	577	1 752
		447	1 737		579	1 775
		487	1 765		562	1 748
		478	1 774		567	1 772
		456	1 752		557	1 780
		496	1 735		527	1 767
		456	1 749		543	1 756
		479	1 753		589	1 795
ye	y(e)	409	1 809	(y)e	465	1 757
		429	1 829		445	1 787
		432	1 848		460	1 812
		419	1 793		458	1 752
		427	1 777		476	1 775
		423	1 872		467	1 748
		384	1 841		476	1 772
		420	1 836		427	1 780
		423	1 785		435	1 756
		431	1 843		473	1 788
		416	1 776		426	1 767
ie	i(e)	370	1 730	(i)e	554	1 751
		398	1 725		494	1 773
		377	1 689		412	1 807
		402	1 759		406	1 786
		373	1 730		454	1 751
		367	1 692		412	1 707
		382	1 689		483	1 720
		376	1 712		459	1 734
		398	1 723		462	1 759
		367	1 714		457	1 771

表(续)

		前一元音			后一元音	
		F_1	F_2		F_1	F_2
io	i(o)	425	1 613	(i)o	484	1 218
		452	1 621		491	1 228
		471	1 634		474	1 246
		431	1 604		542	1 185
		435	1 613		498	1 227
		431	1 607		496	1 185
		415	1 613		467	1 237
		432	1 604		570	1 223
		443	1 611		481	1 236
		421	1 607		502	1 204
		433	1 621		451	1 276
		461	1 607		502	1 204
		447	1 617		485	1 277
		414	1 610		499	1 229
		435	1 613		467	1 247
		427	1 623		481	1 236
		443	1 604		483	1 257
		398	1 621		510	1 199
		431	1 618		489	1 259
		437	1 608		492	1 235
əi	ə(i)	449	1 250	(ə)i	418	1 562
		460	1 275		395	1 571
		458	1 285		415	1 572
		476	1 229		426	1 577
		467	1 214		398	1 502
		476	1 229		426	1 577
		469	1 214		415	1 512
		485	1 220		384	1 515
		460	1 272		395	1 581

表(续)

		前一元音			后一元音	
		F_1	F_2		F_1	F_2
əi	ə(i)	462	1 250	(ə)i	418	1 562
		487	1 272		423	1 577
		478	1 281		415	1 572
		492	1 283		409	1 512
		439	1 214		434	1 556
		461	1 222		392	1 516
		472	1 247		382	1 574

(三)黑河地区满语三合元音主要共振峰数据表(单位 Hz)

黑河地区满语三合元音主要共振峰数据表(单位 Hz)

		前一元音		中间元音			后一元音	
iɑu	i(ɑu)	363	1 726	(i)ɑ(u)	788	1 352	(iɑ)u	597	1 280
		372	1 814		769	1 368		579	1 246
		376	1 402		791	1 394		585	1 256
		384	1 798		764	1 375		584	1 293
		364	1 775		754	1 393		587	1 268
		376	1 759		809	1 357		593	1 262
		421	1 762		787	1 401		617	1 232
		413	1 728		823	1 383		545	1 259
		367	1 721		823	1 322		561	1 238
		412	1 742		818	1 368		591	1 262
		401	1 762		787	1 391		620	1 291
		394	1 703		769	1 411		584	1 244
		389	1 801		725	1 413		591	1 250
uɑi	u(ɑi)	458	1 226	(u)ɑ(i)	806	1 486	(uɑ)i	578	1 637
		448	1 216		818	1 492		526	1 659
		458	1 243		732	1 444		561	1 651

表(续)

		前一元音			中间元音			后一元音	
uɑi	u(ɑi)	460	1 217	(u)ɑ(i)	781	1 531	(uɑ)i	563	1 624
		465	1 212		842	1 523		571	1 643
		474	1 221		812	1 463		542	1 654
		439	1 203		810	1 478		536	1 650
		435	1 224		831	1 503		542	1 651
		448	1 216		808	1 473		552	1 643
		457	1 225		835	1 497		554	1 658
		466	1 233		842	1 501		568	1 639
		432	1 219		828	1 478		533	1 672

二、实验字表附录

书面语	口语	汉语
abdaha	abdaɣa	叶子
abka	abga	天
afambi	avame	战斗,攻打,作战
aga	ɑʁɑ	雨
aha	ɑʁɑ	奴才,奴仆
aidagan	beɣan viŋgia	野猪
aise	çy	或是,或许
aisin	ɛjin	金,金子
ajige	ajige	小
ajigen	ɛdʑigən	小
akjin	ɑɣdʐ‚ən	雷
alambi	alame	告诉
alimbi	ɛliame	等,等候
alin	ɛlin	山
alixame	ali ʂame	愁,着急
ama	ɑma	父亲
amaka	amaga	公公

amargi	ɛmge	北
amba	amba	大,大的
amila coko	ɛmil	公鸡
angga	aŋŋa	口
aniya	ania	年
anja	andʐe	犁
axa	aʐa	嫂子
ba	ba	地方
bai	baime	白白地,求
baitalambi	bɛtələme	用(钱),使
baniha	banilame	道谢,谢谢
banuhvn	bonoɣoŋ	懒,懒蛋
baxa	badʐe	小姨子
bayan	bajin	富
becembi	bətʂənəme	拌嘴,吵架
bei	bəi	碑(文)
bele	bələ	米,稻米
benembi	bənəme	送(东西)
beri	bər	弓
bethe	bətgə	脚,腿
beye	bəjə	身体,自己,本人
bira	bira	河
bireku	birgo	擀面杖
bithe	bitgə	书,字,文化
biya	bia	月亮
biyangga efen	yebiŋ	月饼
bocihe	boŋtɕikian	丑,长相丑
bodokv	bandʐə	算盘
boigoji	boədʐən	家主,主人
boihon	biogon	土
bokson	boskoŋ	门槛
bolgo	bolɣoŋ	干净
boljon	dʐorboŋ	浪

bolori	borore	秋
bono	boŋ	雹子
boo	bo	房子
bosho	boskoŋ	腰子,肾
boso	bodzə	布,山阴
bucehe	butçe	死
buhv	boɣo	鹿
bulekusembi	dzauləme	照(镜子)
bulunku	burgu	镜子
bumbi	bome	给,发(工资)
burga	borɣa	柳条
cai abdaha	tʂ abdaɣa	茶叶
cakvran	tʂ okoro mo	桦树
ceku	gukumbɛ	秋千
cimaha	tʂ amaɣa	明天
cirku	tʂ urgo	枕头
cooha	tʂ uɣa	兵
coro	tʂ ore	后天
cu	tʂ u	醋
cuse	tʂ udzə	厨子
cuse moo	tʂ urmo	竹子
cuwan	tʂ ugŋ	床
da mafa	moɣan tɛje	高祖父
dabsun	dobsoŋ	盐
dabumbi	dovume	点(火、灯)
dahambi	daʁame	跟随,跟
dahvme	daɣumə	再,复
daifu	daifu	大夫,医生
dalbaki	dalba	旁边,旁
dambi	dame	管,干预
damjalambi	damdʑiləme	(肩)挑,担(着)
damjan	damdʑin	扁担
dara	dara	腰

dasambi	dadzəme	治(病),医(治),修理
dehema	dəɣmə	姨父
deheme	dəɣme	姨母
dehi	dəixe	四十
delihun	dilɣuŋ	脾
den	dən	高
dengjan	dəŋdʐian	灯
deo	do	弟弟
dere	dərə	脸
dere	dərəŋ	桌子
derhuwe	durɣu	苍蝇
deribumbi	dərebume	开始
dobi	dobe	狐狸
dobori	dovure	夜
dogo	doʁo	瞎子,盲人
doholon	doɣolo	瘸子
dolo	dolgi	内,里头
donjiha	dondʐime	听,听了
doolame	dulame	抄(写),倒(水)
dorgi	dorɣe	内,里头
dorolombi	dorolomɛ	行礼
doron	doroŋ	印,印章
dosimbi	dojime	进去,走进,往里走
dufu	du？do	聋子
duha	doʁa	肠子
duin	duin	四
duka	doka	院门
dulin	dulin	中(午),半,一半
dungga	doŋʁa	西瓜
dunggu	dʐuruŋ	洞
ebixemb	iəbʂəme	洗澡
ecike	eʂə	叔叔
efimbi	əivime	玩,玩耍

ehe	əʁɛ	坏,不好
eihen	lydzə	驴
elben	ərbin	茅草
elu	əlu	葱
emeke	əmgə	婆婆
emile coko	emi	母鸡
emke	əmkəŋ	一,一个
emu	ɛmkən	一
endurin	undure	神仙
enenggi	einiŋŋe	今天
enggemu	əməŋŋə	马鞍子
eniye	əniə	母亲
erde	ərdə	早
ergen	ərgən	气,生命
erimbi	erme	扫,打扫
erin	ərin	时间
etehe	ətəme	胜了,赢了
eye	dʐiau	窖
eyen	əjən	流
facuhvn	fatʂuɢoŋ	乱
fadu	forɢo	荷包
faha	faʁa	果仁
fahvn	foʁoŋ	肝
fakala	faŋkəle	矮
faksalambi	fakdʐime	分开
faksi	fakçe	巧匠,巧人
fakvri	fokore	裤子
fancambi	fantçime	生气
fatambi	fatəme	掐,摘
fe	fə	旧
fehi	fiʁə	脑子,脑髓
fejergi	fədʐiʁi	下(边)
fejiri	fejile	下头,下面

fekucembi	fiokdʑime	跳,蹦
fen	fən	粉
feniyen	fənie	(人,鸟)群
fere	fərə	底,(地)下
ficakv	fitɕioko	哨子
fio	fio	屁
fisa	fiʂɑ	背
fiyoo	fio	簸箕
foholon	foɢolin	短
fonjimbi	fondʑime	问
fua	uva	面粉
fucihiyambi	ficigiame	咳嗽
fudembi	fudume	送(人),送行
fufun	faitqu	锯子
fulehe	fulgo	(草木的)根
fulgiyan	fəlgian	红,红的
fulha	fulɣa	杨树
funiyehe	fəniɤə	头发
funtu	fondo	鹿茸
furgin	dʐvʂguŋ	酸,辣
fusumbi	fudzəme	喷洒,喷水
gabtambi	gavdəme	射(箭)
gacuha	gɑʂgɑ	嘎啦哈(小孩的玩具)
gahari	gaɣare	布衫
gala	gala	手,胳膊
gala weilen	səuji	手艺
galga	galəga	晴
galman	garmən	蚊子
gamambi	gɑmme	拿,拿去
gargan	garɣan	(树)枝
gargan	garɣan	单
gasha	gasɣa	飞禽
gecen	gətɕin	霜

gelembi	gələme	怕,吓
getile	gətçime	冻
getuken	gutukun	明白,明显
gio	gio	狍子
giranggi	giriŋŋi	骨头
giyabalambi	giavələme	夹(住),(用夹子)夹
giyan	gian	(有)理
giyangnambi	giaŋname	讲
giyanijiŋ	gai	应该
giyarimbi	gialəme	劈(柴)
gocishvn	gotçisgoŋ	谦虚
gohon	goɣoŋ	钩子
goiha	guɛɣa	中了
goimbi	guɛme	中(弹)
golmin	gorme	长
golo	golo	省
golombi	guatçigəlme	惊
gosihon	go ʂ goŋ	苦,辣
gosihon	go ʂ goŋ	艰苦
gucu	gut ʂ u	朋友
gurgu	gurɣo	兽
gurumbi	gume	采,摘,挖(野菜)
gurunboo	guruŋbo	国家
guwejihe	guədʑiɣə	胃
guwembi	guəme	响
habcihiyan	xɛdʑi	亲热
hadumbi	xodome	割(草,麦子)
hafan	havən	官员
hahan	naɣan	炕
haksan	xakdzən	悬崖,陡的
hala	xala	姓
halgun	xorɣoŋ	热
halhan	xalɣəŋ	犁铧

hamu	xomo	屎
hanci	xantɕe	近,附近
hangsi	xaŋʑe	清明节
hasaha	hasaɣa	剪子
hefeli	xəvələ	肚子
hele	xələ	哑巴
hengkilembi	xəŋkələme	磕头
heren	morin quan	马圈
hida	xida	帘子,蒸笼的箅子
hiyan	xian	香(炉)
hiyoosun	ɕioʐ̥uŋ	孝顺(名)
hodufun	xodoɣoŋ	镰刀
hojihon	xodʐoɣoŋ	女婿
holo	xolo	虚假
holtome	xoldome	撒谎
honin	xonio	羊,绵羊
hoosan	xuaʑən	纸
hoto	xoto	秃子
hujureku	xudʐurko	磨
hunio	xuniu	木桶
huthumbi	xuɛtime	绑,系,拴
hutu	xudo	鬼
huwa	muan	粗(的)
huwexeku	xu ʂ gu	烙铁
hvcin	xotɕin	井
hvda	xude	价值,价格
hvlambi	xolame	叫(醒),念(书)
hvlan	xolan	烟筒
hvmahan	xontogan	盅子,酒杯
hvwa	xua	院
hvwacarambi	kuɛtɕirme	打呼,打鼾
hvwasambi	xuaʑʃme	活(过来)
ibaha	ibaɣən	妖怪,鬼怪

ice	itɕe	新的
iehi	itɕie	方向
ihan	iɣan	牛,丑
ihanihorigan	iɣaguan	牛圈
ijifun	ijifoŋ	梳子
ilaci	ilatɕe	第三
ilan	ilan	三
ilha	ilɣa	花
ilimbi	ilime	站立,起来,排行(第几)
imiyambi	idzabume	聚集
inacumbi	mot ʂ əme	瘦(了)
indahvn	inoɣo	狗
injembi	indʑime	笑,快乐
inu	ina	是
isambi	idzame	编(筐,笼子)
isan neimbi	kaixuiləme	开会
isheliyen	iskelin	窄
isi	isi	落叶松
jabumbi	dʐʐovme	答应,回答
jajambi	dʑeʐʐɿme	背(枪,东西)
jalan	dʑʐalan	辈数,世,节
jalu	dʑʐlola	满
jampan	miakən	蚊帐
jancuhvn	dʑʐyantɕixoŋ	甜
jasigan	dʑʐɛʐʐxan	信
jecen	dʑʐətʂən	边,边沿,疆界
jiangnambi	tʂaŋŋələme	讲,争辩,唱歌
jibca	dʑʐiau	皮袄(无布面的)
jibehun	dʑʐuɣoŋ	被子
jiha	dʑʐiɣa	钱,工资
jilgan	dʑʐilɣhan	声音
jimbi	dʑʐime	来
jugvn	dʑʐoɣoŋ	路

juhe	dʒuɣu	冰
jui	xaɣadʑe	儿子,孩子
julərgi	dʒulgi	（山）前,南
juru	dʐ̩uro	（一）双（鞋）
juse	dʐ̩udzə	孩子
juwan	dʒ̩uan	十
juwari	dzuɛre	夏
juwe	dʑivɛre	二
juyen	tʂamtɕe	袄（衣服）
karmambi	karməme	保护,保卫
kesike	kəʂgə	猫
kiru	kiuro	旗子
komso	komdzo	少
korombi	korome	伤心
kubun	kuɣuŋ	棉花
kuwecihe	kutʂko	鸽子
kvwacarambi	kuatɕirame	打呼噜
labdu	lobdu	多,博
lauji	ləu	楼
lefu	luvo	熊,狗熊
liyoo	liau	料（喂马的料）
loho	lauɣo	腰刀
mabulambi	movlome	擦（桌子）
madagan	madaɣən	利息
mahala	maʁala	帽子
maikan	maikən	蚊帐
maise	maidzə	小麦
manda	manda	慢
marimbi	mɛrme	回
me	mai	脉
meifen	məivən	颈,脖子
meihe	əiɣə	蛇
meijembi	məidʑime	碎

meiren	məirən	肩膀,肩
mektembi	mukdəme	打赌,斗富
menggun	moŋŋon	银子
mere	mərə	荞麦
mergen	mərɣən	聪明,智,能手
merhe	mərɣe	篦子(梳头用品)
micihiyan	mit ʂ an	浅,枪
mihan	miɣan	猪仔
mingga	miŋŋa	千
misun	midzuŋ	酱
miyalimbi	mialəme	量,丈量
miyoo	miau	寺庙
miyoocan	miauʈsan	枪,鸟枪
monio	muniu	猴子
monjimbi	mondʑime	揉
morin	morin	马,马匹
moro	moro	碗
mucen	mitɕin	锅
mudalime	mudaləme	绕,拐弯
mudangga	mudan	弯
muduri	mudəre	龙
muhaliyambi	moɣalme	堆
muheliyen	moɣulin	圆
muji	mudʑe	大麦
mujilen	xiabsa	夹板子
muke	mugə	水
murimbi	murime	拧,扭
mursa	mursa	萝卜
muse	modʑə	咱们,碾子
muse	mədz	我们
muwa	muan	粗俗,粗
na	na	地,土地
nadan	nadən	七,七个

nantuhvn	nesxuŋ	脏
narhvn	nerɣoŋ	细
nasɑn hengke	xəŋkə	黄瓜
necin	nitɕin	平
nei	nəi	汗
neimbi	nəime	开（门、锁），（睁）开
nekcu	dʑiumə	舅母
nekeliyen	nikilin	薄
nijarambi	nidʑeme	研（碎），捻（碎）
nimaha	nimaɣa	鱼
nimanggi	nimiŋŋe	雪
nimeku	nioŋkoŋ	病（名）
nimembi	niməme	病了,得病
ninggun	nyŋŋun	六
ninju	nyŋŋundʑo	六十
niohe	niuɣo	狼
niongniyaha	nyniaɣa	鹅
niowanggiyan	nioŋŋen	绿
nirugan	niurɣan	画（名）
nirumbi	niurume	画（画）
niyaki	neke	鼻涕,脓
niyakvrambi	niokorome	跪
niyalma	niama	人
niyaman	niamən	心
niyaniombi	nyɛnyme	嚼（东西）
niyehe	nieɣə	鸭子
niyeng	niyeriniŋnire	春
nocu	ondʑo	宽
non	non	妹妹
nonggimbi	noŋŋime	增加,添（草）
nothori	notgo	壳子
nujalambi	kyaŋdoləme	（拳）打
nujan	kyaŋ？do	拳头

nunggele	nuŋŋue	椴树
nure	nuro	米酒,黄酒
obokv	dərəko	脸盆
obombi	ovme	洗(衣服)
oforo	ovuro	鼻子
oho	oɣo	胳肢窝
ojombi	odzime	亲嘴,接吻
okcin	oktɕin	盖
okdombi	oɣodome	迎接
oksimbi	okɕime	吐
oksombi	ogsome	迈步(动)
olhombi	olɣome	(水)干(了)
olon	dudai	肚带(马的)
omolo	omol	孙子
onggombi	oŋŋome	忘
orho	orɣo	草
oyonggonmbi	ojoŋŋo	要,重要
pei	pəi	呸(叹词)
poo	pau	炮,大炮
puseli	ɕiupu	商店,铺子
reiku	urku	笤帚
sabka	sabga	筷子,箸
sacikv	paufu	镢头
sacimbi	sat ʂ əme	砍,铲(地)
sadun	sodoŋ	亲家
saha	saɣa	知道了
sahaliyan	saɣale	黑
saikan	sakən	美丽,漂亮
saimbi	səme	咬
sain	sɛn	好
saisaha	sɛdzga	提筐
sakda	saɣad	老头
sakda	saɣd mama	老太太

saksaha	saɡsaʁa	喜鹊
salu	solo	胡须
sasambi	çynləme	熏
sebielembi	səabz̦ələme	快乐
sefu	səvu	老师,夫子
seise	dz̦ua	砖(瓦)
sejen	sədz̦en	车
sekiyeku	saumau	草帽
sele	sələ	铁
selgiyebumbi	səlgime	传播,散布
semken	ş əmkə	镯子
senggi	sɛŋɛn	血
sengkule	səmkələ	韭菜
serguwen	surkoŋ	凉快
seri	sere	稀疏
seyembi	səjime	怀恨
si	çi	你
sibkelembi	çygulme	抬
sike	çikə	尿
sikse	sikəsə	昨天
silhi	çilʁə	胆
singgeri	çiŋŋəre	鼠
sirembi	çirəme	搓,挤(奶)
siseku	çisgo	笊子,笊(面)
sishe	çi ş gu	褥子
solimbi	solime	请
solohi	solʁe	黄鼠狼
son	son	橡子
soncoho	soɳ ş ɭgo	辫子
songgombi	soŋŋume	哭
sonjohon	sondz̦ime	选,捡,拾
sufan	sɻvan	象
suhe	suʁo	斧子

suiha	suiɣe	蒿子草,(庄稼)穗子
suimbi	sueme	和面
sujumbi	sudʐime	跑
suksaha	suksaɣa	大腿
sukv	soʔ go soko	皮肤,皮
sumbi	sume	脱
sunja	sundʐɑ	五
susai	susɛ	五十
susiha	ʂ orka	鞭子
susihe	baidze	牌子,匾
suwanda	suanda	蒜
suwayan	suajin	黄
suwe	so	你们
tacibumbi	atɕibume	教训,教(课)
tacikv	ɕiotaŋ	学校,学堂
tacisi	tatɕi	学生
tafumbi	tavəme	上
takvrxambi	tokurəme	使,派遣
talman	talmən	露
tarhvn	tarɣaŋ	肥,肥胖
tarimbi	tɛleme	种(庄稼),耕(地)
tasha	tasxa	虎
tatakv	tsəuçar	抽屉
tebeliyembi	tiveleme	抱(东西)
tebumbi	tovume	栽(树)
teherxembi	ɛjimame	相等
teisu	tuidzu	相对(两人对面)
teixun	tuizən	铜
tembi	time	做(官),坐,住
temen	təmən	骆驼
temxembi	təmʐəme	争,争夺
terkin	tərkən	台阶
tob	dzʐəŋ	正

tobgiya	tuɡian	膝盖
tofohon	tokoŋ	十五
tokombi	tokome	扎(针)
tondo	toŋdo	直的
toodambi	tudame	还(东西),赔偿
tookanha	tukame	耽误
tubihe	turviɣe	果子
tucimbi	ukɑbume	逃(跑)
tugi	tuiɣe	云,云彩
tukxan	tok ʂ ɑn	牛犊
tulergi	turgi	外,外面
tulhun	turɣuŋ	阴
tumen	tumən	万
tumin	tumin	深,稠
tunggen	tuŋŋu	胸
tungken	guŋkuŋ	鼓
tura	tura	柱子
turga	tolɣa torɣa	瘦
turi	tuire	豆,豆子
turimbi	turme	租
tuwa	jaɣa	火
tuwambi	tuame	看,瞧
tuweri	tyɛre	冬
tuweri	tuire	冬天,冬
uculembiu	t ʂ ləme	唱
ucun	ut ʂ un	歌
udambi	udɑme	买
ufuhu	u？ ɡo	肺
uheri	uɣəri	全部,共计
uhume	uɣəmə	婶婶
uihe	çyɡia	(牛)角
ujen	udʑian	重
uju	udʐu	首,第一(名)

ulebumbi	ubume	喂
ulenggu	uluŋŋu	肚脐,果子脐
ulha	ulɣa	牲口
ulhi	ulɣe	袖子
ulhimbi	ulgime	懂得,晓得
ulhv	voloɣo	芦苇
umbumbi	uŋbume	埋藏
umgan	muɣan	骨髓
umhan	moɣan	蛋
uncambi	vənt ʂ ame	卖
uniyen	uniu iɣan	母牛
untuhun	untukun	空的
ura	ura	臀
urehe	urəɣə	熟
urgun	urgun	喜
use	udzə	种子
usihin	uɕigən	湿(形)
usin	ujin	田
uyan	ujan	稀,软的
uyun	ujyn	九
uyunju	uyndʐe	九十
waiku	vaiku	歪
wajihiyambi	uɛlame	结成(冰)
waka	vaga	非,不是
waliyambi	vɛləme	丢,扔掉,翻
wan	van	梯子
wargi	dirɣi	西
wasihalambi	va ʂ ɿkalme	挠(痒)
wasihvn	vaʐɿaəguŋ	下
wecembi	vət ʂ əme	祭神,祭祀
weihe	vəiɣə	牙齿
weihuken	wekoŋ	轻的,轻(重)
wesimbi	vəɯʐɛɿ	升,晋升

xahvrun	ʂoɣoroŋ	冷
xan	xan	耳朵
xusiha	ʂaɣka	鞭子
yacin	jetɕin	青,青黑
yadahvn	jadəre	穷,贫穷
yali	jelie	(肥)肉
yamji	jamdʑi	晚上,晚
yarga	jarɣa	豹
yargiyan	jɛgin	实,真的
yarumbi	jɛrume	引(路)
yocambi	ytʂame	痒
yombi	jovume	走
yoose	judzə	锁
yuwansuwai	yanʂuai	元帅
	dalba	旁边
	vaja	下马场
	saχalin	黑河
	am toqoro	大桦树林子
gvsin	ɢozʐən	三十
nadanju	nadəndʐo	七十
tuhe	efen əvən	饼
hehe	xəɣə	女人
yeye	jəjə	爷爷
bolori	borori	秋
cihakv	tɕiχaqʋ	不愿意
emile coko	emi	母鸡
	ɛdʑi toqoro	小桦林
orin	orin	二十
tanggv	taŋŋo	(一)百
goro	ɢoro	远
hvdun	xodoŋ	快
boco	botʂo	颜色
	torɢadza	四季屯

jakvn	dʐʅotoŋ	八
jakvnju	dʐʅotoŋdʐʅo	八十
	xuxur	大五家子
	ɛxoto	爱辉
	ɛdʑi toqoro	小桦林
heni tani	çyvəi	稍微
ninggun	nyŋŋun	六
	daibiau	代表
neimbi	kailəme	开(船、汽车)
	madaizə	麻袋
dehi	dəixe	四十
jaci	tui	太(大),很(快)
suihe	suixə	穗
	dʑiolaudzə	绞篓子(抓鱼用具)
	dʐauləme	照相
	lantçio	篮球
	çiŋfujyan	幸福院
	dʑiŋlauyan	敬老院
sonjohon	çyannəme	选(举)
	ʂəyan	社员
uyembi	tçyɛləme	揣(面)
	yɛndʐyɤ	烟卷(香烟)
	kuar	击掌声
sence	xuar muɣu	蘑菇
juwe tanggv	dʐʅuə taŋŋo	二百
	duɛli	益处
	guɛbume	败了,失败
biyoo	biau	表
	miaudzɑ	红缨枪
fundesi	daibiau	代表
	bupiau	布票
fuseri	xuadʑiau	花椒
	suaiçian	甩弦(捕鱼的用具)

三、实验程序附录

G1 – 国际音标声学图程序：

```
x1 = [277,420,623,846,694,520,407,310,291,404,556,667,598,455,334,525;
     2278,2149,1848,1371,984,784,684,647,2032,1705,1517,898,1097,1112,
1209,1502];x2 = [277,420,623,846,694,520,407,310,291,404,566,667,598,455,
334,525;
     2278,2149,1848,1371,984,784,684,647,2032,1705,1517,898,1097,1112,
1209,1502];m1 = 1/8 * sum(x1,2);
m2 = 1/8 * sum(x2,2);
y1 = x1 - m1 * ones(1,size(x1,2));
y2 = x2 - m2 * ones(1,size(x2,2));
c1 = zeros(2,2);
c2 = zeros(2,2);
for i = 1:size(y1,2)
    c1 = c1 + y1(:,i) * y1(:,i)';
    c2 = c2 + y2(:,i) * y2(:,i)';
end
c1 = 1/8 * c1;
c2 = 1/8 * c2;
E1 = eig(c1)
E2 = eig(c2)
M1 = mean(x2,2) * ones(1,size(x2,2));
XM1 = x1 - M1;
M2 = mean(x2,2) * ones(1,size(x2,2));
XM2 = x2 - M2;
F₁ = sqrt(E2./E2);
T1 = F₁ * ones(1,size(x2,2));
XT1 = T1 .* XM1;
XT2 = XM2;
Y1 = round(XT1 + M2)
Y2 = round(XT2 + M2)
x11 = -[Y1(2,4),Y1(2,1),Y1(2,8),Y1(2,4)];
y11 = -[Y1(1,4),Y1(1,1),Y1(1,8),Y1(1,4)];
plot(x11,y11,'b');
hold on
```

```
scatter( -Y2(2,:), -Y2(1,:),'b')
axis([ -3000 0 -1400 0])
grid on
```

D1 - 大五家子相关程序：

```
x1 =[369,452,665,810,515,387,358,481;
    1792,1767,1729,1302,1025,1121,1785,1192];
x11 = -[x1(2,4),x1(2,1),x1(2,6),x1(2,4)];
y11 = -[x1(1,4),x1(1,1),x1(1,6),x1(1,4)];
plot(x11,y11,'b');
hold on
scatter( -x1(2,:), -x1(1,:),'b')
axis([ -3000 0 -1400 0])
grid on
x2 =[277,420,623,846,407,310,291,525;
    2278,2149,1848,1371,684,647,2032,1502];
m1 =1/8 * sum(x1,2);
m2 =1/8 * sum(x2,2);
y1 =x1 -m1 * ones(1,size(x1,2));
y2 =x2 -m2 * ones(1,size(x2,2));
c1 =zeros(2,2);
c2 =zeros(2,2);
for i =1:size(y1,2)
    c1 =c1 +y1(:,i) * y1(:,i)';
    c2 =c2 +y2(:,i) * y2(:,i)';
end
c1 =1/8 * c1;
c2 =1/8 * c2;
E1 =eig(c1)
E2 =eig(c2)
M1 =mean(x1,2) * ones(1,size(x1,2));
M2 =mean(x2,2) * ones(1,size(x2,2));
XM1 =x1 -M1;
XM2 =x2 -M2;
F1 = sqrt(E2 ./E1);
T1 =F1 * ones(1,size(x1,2));
```

```
XT1 = T1. * XM1;
XT2 = XM2;
Y1 = round( XT1 + M2 )
Y2 = round( XT2 + M2 )
x1 = -[Y1(2,4),Y1(2,1),Y1(2,6),Y1(2,4)];
y1 = -[Y1(1,4),Y1(1,1),Y1(1,6),Y1(1,4)];
x2 = -[Y2(2,4),Y2(2,1),Y2(2,6),Y2(2,4)];
y2 = -[Y2(1,4),Y2(1,1),Y2(1,6),Y2(1,4)];
a = -[Y1(2,2),Y1(1,2)];
b = -[Y1(2,3),Y1(1,3)];
c = -[Y1(2,5),Y1(1,5)];
d = -[Y1(2,7),Y1(1,7)];
e = -[Y1(2,8),Y1(1,8)];
plot(x1,y1);
hold on
plot(x1,y1,'o');
plot(x2,y2);
plot(x2,y2,'.');
plot(a(1),a(2),'o');
plot(b(1),b(2),'o');
plot(c(1),c(2),'o');
plot(d(1),d(2),'o');
plot(e(1),e(2),'o');
x20 = [277,420,623,846,694,520,407,310,291,404,566,667,598,455,334,
525;
    2278,2149,1848,1371,984,784,684,647,2032,1705,1517,898,1097,1112,
1209,1502];    scatter( -x20(2,:), -x20(1,:),'b.')
axis([ -3000 0 -1400 0])
grid on
```

L1 - 蓝旗村相关程序：

```
x1 = [378,448,569,854,527,380,400,440;
    1844,1759,1833,1318,1069,1136,1820,1120];
x11 = -[x1(2,4),x1(2,1),x1(2,6),x1(2,4)];
y11 = -[x1(1,4),x1(1,1),x1(1,6),x1(1,4)];
plot(x11,y11,'b');
```

```
hold on
scatter( -x1(2,:), -x1(1,:)) % 元音分布图
axis([ -3000 0 -1400 0])
grid on
x2 =[277,420,623,846,407,310,291,525;
    2278,2149,1848,1371,684,647,2032,1502];
m1 =1/8 * sum(x1,2);
m2 =1/8 * sum(x2,2);
y1 =x1 -m1 * ones(1,size(x1,2));
y2 =x2 -m2 * ones(1,size(x2,2));
c1 =zeros(2,2);
c2 =zeros(2,2);
for i =1:size(y1,2)
    c1 =c1 +y1(:,i) * y1(:,i)';
    c2 =c2 +y2(:,i) * y2(:,i)';
end
c1 =1/8 * c1;
c2 =1/8 * c2;
E1 =eig(c1)
E2 =eig(c2)
M1 =mean(x1,2) * ones(1,size(x1,2));
M2 =mean(x2,2) * ones(1,size(x2,2));
XM1 =x1 -M1;
XM2 =x2 -M2;
F₁ =sqrt(E2 ./E1);
T1 =F₁ * ones(1,size(x1,2));
XT1 =T1 .* XM1;
XT2 =XM2;
Y1 =round(XT1 +M2)
Y2 =round(XT2 +M2)
x1 =-[Y1(2,4),Y1(2,1),Y1(2,6),Y1(2,4)];
y1 =-[Y1(1,4),Y1(1,1),Y1(1,6),Y1(1,4)];
x2 =-[Y2(2,4),Y2(2,1),Y2(2,6),Y2(2,4)];
y2 =-[Y2(1,4),Y2(1,1),Y2(1,6),Y2(1,4)];
a =-[Y1(2,2),Y1(1,2)];
b =-[Y1(2,3),Y1(1,3)];
```

```
c = -[Y1(2,5),Y1(1,5)];
d = -[Y1(2,7),Y1(1,7)];
e = -[Y1(2,8),Y1(1,8)];
plot(x1,y1);
hold on
plot(x1,y1,'o');
plot(x2,y2);
plot(x2,y2,'.');
plot(a(1),a(2),'o');
plot(b(1),b(2),'o');
plot(c(1),c(2),'o');
plot(d(1),d(2),'o');
plot(e(1),e(2),'o');
x20 = [277,420,623,846,694,520,407,310,291,404,566,667,598,455,334,
525;
    2278,2149,1848,1371,984,784,684,647,2032,1705,1517,898,1097,1112,
1209,1502];    scatter( -x20(2,:), -x20(1,:),'b.')
axis([ -3000 0 -1400 0])
grid on
```

S1 - 四季屯相关程序：

```
1 = [368,443,679,833,512,369,347,465;
    1821,1763,1720,1313,1052,1119,1772,1150];    x11 = -[x1(2,4),x1(2,1),
x1(2,6),x1(2,4)];
    y11 = -[x1(1,4),x1(1,1),x1(1,6),x1(1,4)];
    plot(x11,y11,'b');
    hold on
    scatter( -x1(2,:), -x1(1,:))
    axis([ -3000 0 -1400 0])
    hold on
    grid on
    x2 = [277,420,623,846,407,310,291,525;
        2278,2149,1848,1371,684,647,2032,1502];
    m1 = 1/8 * sum(x1,2);
    m2 = 1/8 * sum(x2,2);
    y1 = x1 -m1 * ones(1,size(x1,2));
```

```
y2 = x2 - m2 * ones(1,size(x2,2));
c1 = zeros(2,2);
c2 = zeros(2,2);
for i = 1:size(y1,2)
    c1 = c1 + y1(:,i) * y1(:,i)';
    c2 = c2 + y2(:,i) * y2(:,i)';
end
c1 = 1/8 * c1;
c2 = 1/8 * c2;
E1 = eig(c1)
E2 = eig(c2)
M1 = mean(x1,2) * ones(1,size(x1,2));
M2 = mean(x2,2) * ones(1,size(x2,2));
XM1 = x1 - M1;
XM2 = x2 - M2;
F₁ = sqrt(E2 ./E1);
T1 = F₁ * ones(1,size(x1,2));
XT1 = T1 .* XM1;
XT2 = XM2;
Y1 = round(XT1 + M2)
Y2 = round(XT2 + M2)
x1 = - [Y1(2,4),Y1(2,1),Y1(2,6),Y1(2,4)];
y1 = - [Y1(1,4),Y1(1,1),Y1(1,6),Y1(1,4)];
x2 = - [Y2(2,4),Y2(2,1),Y2(2,6),Y2(2,4)];
y2 = - [Y2(1,4),Y2(1,1),Y2(1,6),Y2(1,4)];
a = - [Y1(2,2),Y1(1,2)];
b = - [Y1(2,3),Y1(1,3)];
c = - [Y1(2,5),Y1(1,5)];
d = - [Y1(2,7),Y1(1,7)];
e = - [Y1(2,8),Y1(1,8)];
plot(x1,y1);
hold on
plot(x1,y1,'o');
plot(x2,y2);
plot(x2,y2,'.');
plot(a(1),a(2),'o');
```

```
plot(b(1),b(2),'o');
plot(c(1),c(2),'o');
plot(d(1),d(2),'o');
plot(e(1),e(2),'o');
x20 = [277,420,623,846,694,520,407,310,291,404,566,667,598,455,334,
525;
      2278,2149,1848,1371,984,784,684,647,2032,1705,1517,898,1097,1112,
1209,1502];    scatter( -x20(2,:), -x20(1,:),'b.')
axis([ -3000 0 -1400 0])
grid on
```

H1 - 宏伟村相关程序:

```
x1 = [384,452,628,845,519,394,367,475;
      1811,1737,1739,1293,1086,1194,1765,1182];
x11 = -[x1(2,4),x1(2,1),x1(2,6),x1(2,4)];
y11 = -[x1(1,4),x1(1,1),x1(1,6),x1(1,4)];
plot(x11,y11,'b');
hold on
scatter( -x1(2,:), -x1(1,:))
axis([ -3000 0 -1400 0])
hold on
grid on
x2 = [277,420,623,846,407,310,291,525;
      2278,2149,1848,1371,684,647,2032,1502];
m1 = 1/8 * sum(x1,2);
m2 = 1/8 * sum(x2,2);
y1 = x1 -m1 * ones(1,size(x1,2));
y2 = x2 -m2 * ones(1,size(x2,2));
c1 = zeros(2,2);
c2 = zeros(2,2);
for i =1:size(y1,2)
    c1 = c1 +y1(:,i) * y1(:,i)';
    c2 = c2 +y2(:,i) * y2(:,i)';
end
c1 = 1/8 * c1;
c2 = 1/8 * c2;
```

```
E1 = eig(c1)
E2 = eig(c2)
M1 = mean(x1,2) * ones(1,size(x1,2));
M2 = mean(x2,2) * ones(1,size(x2,2));
XM1 = x1 - M1;
XM2 = x2 - M2;
F₁ = sqrt(E2./E1);
T1 = F₁ * ones(1,size(x1,2));
XT1 = T1.* XM1;
XT2 = XM2;
Y1 = round(XT1 + M2)
Y2 = round(XT2 + M2)
x1 = -[Y1(2,4),Y1(2,1),Y1(2,6),Y1(2,4)];
y1 = -[Y1(1,4),Y1(1,1),Y1(1,6),Y1(1,4)];
x2 = -[Y2(2,4),Y2(2,1),Y2(2,6),Y2(2,4)];
y2 = -[Y2(1,4),Y2(1,1),Y2(1,6),Y2(1,4)];
a = -[Y1(2,2),Y1(1,2)];
b = -[Y1(2,3),Y1(1,3)];
c = -[Y1(2,5),Y1(1,5)];
d = -[Y1(2,7),Y1(1,7)];
e = -[Y1(2,8),Y1(1,8)];
plot(x1,y1);
hold on
plot(x1,y1,'o');
plot(x2,y2);
plot(x2,y2,'.');
plot(a(1),a(2),'o');
plot(b(1),b(2),'o');
plot(c(1),c(2),'o');
plot(d(1),d(2),'o');
plot(e(1),e(2),'o');
x20 = [277,420,623,846,694,520,407,310,291,404,566,667,598,455,334,
525;
      2278,2149,1848,1371,984,784,684,647,2032,1705,1517,898,1097,1112,
1209,1502];  scatter( -x20(2,:), -x20(1,:),'b.')
axis([ -3000 0 -1400 0])
```

```
grid on
```

P1 – 四个满语点比较程序：

```
x1 = [369,452,665,810,515,387,358,481;
      1792,1767,1729,1302,1025,1121,1785,1192];
x2 = [378,448,569,854,527,380,400,440;
      1844,1759,1833,1318,1069,1136,1820,1120];
x3 = [368,443,679,833,512,369,347,465;
      1821,1763,1720,1313,1052,1119,1772,1150];
x4 = [384,452,628,845,519,394,367,475;
      1811,1737,1739,1293,1086,1194,1765,1182];
x11 = -[x1(2,4),x1(2,1),x1(2,6),x1(2,4)];
y11 = -[x1(1,4),x1(1,1),x1(1,6),x1(1,4)];
plot(x11,y11,'b');
hold on
x22 = -[x2(2,4),x2(2,1),x2(2,6),x2(2,4)];
y22 = -[x2(1,4),x2(1,1),x2(1,6),x2(1,4)];
plot(x22,y22,'b');
hold on
x33 = -[x3(2,4),x3(2,1),x3(2,6),x3(2,4)];
y33 = -[x3(1,4),x3(1,1),x3(1,6),x3(1,4)];
plot(x33,y33,'b');
hold on
x44 = -[x4(2,4),x4(2,1),x4(2,6),x4(2,4)];
y44 = -[x4(1,4),x4(1,1),x4(1,6),x4(1,4)];
plot(x44,y44,'b');
hold on
scatter( -x1(2,:), -x1(1,:),'bo')
hold on
scatter( -x2(2,:), -x2(1,:),'b * ')
hold on
scatter( -x3(2,:), -x3(1,:),'b + ')
hold on
scatter( -x4(2,:), -x4(1,:),'bx')
axis([ -3000 0 -1400 0])
grid on
```

```
x5 =[277,420,623,846,407,310,291,525;
    2278,2149,1848,1371,684,647,2032,1502];
m1 =1 /8 * sum(x1,2);
m2 =1 /8 * sum(x2,2);
m3 =1 /8 * sum(x3,2);
m4 =1 /8 * sum(x4,2);
m5 =1 /8 * sum(x5,2);
y1 =x1 -m1 * ones(1,size(x1,2));
y2 =x2 -m2 * ones(1,size(x2,2));
y3 =x3 -m3 * ones(1,size(x3,2));
y4 =x4 -m4 * ones(1,size(x4,2));
y5 =x5 -m5 * ones(1,size(x5,2));
c1 =zeros(2,2);
c2 =zeros(2,2);
c3 =zeros(2,2);
c4 =zeros(2,2);
c5 =zeros(2,2);
for i =1:size(y1,2)
    c1 =c1 +y1(:,i) * y1(:,i)';
    c2 =c2 +y2(:,i) * y2(:,i)';
    c3 =c3 +y3(:,i) * y3(:,i)';
    c4 =c4 +y4(:,i) * y4(:,i)';
    c5 =c5 +y5(:,i) * y5(:,i)';
end
c1 =1 /8 * c1;
c2 =1 /8 * c2;
c3 =1 /8 * c3;
c4 =1 /8 * c4;
c5 =1 /8 * c5;
E1 =eig(c1)
E2 =eig(c2)
E3 =eig(c3)
E4 =eig(c4)
E5 =eig(c5)
M1 =mean(x1,2) * ones(1,size(x1,2));
M2 =mean(x2,2) * ones(1,size(x2,2));
```

```
M3 = mean(x3,2) * ones(1,size(x3,2));
M4 = mean(x4,2) * ones(1,size(x4,2));
M5 = mean(x5,2) * ones(1,size(x5,2));
XM1 = x1 - M1;
XM2 = x2 - M2;
XM3 = x3 - M3;
XM4 = x4 - M4;
XM5 = x5 - M5;
F₁ = sqrt(E5./E1);
F₂ = sqrt(E5./E2);
F3 = sqrt(E5./E3);
F4 = sqrt(E5./E4);
T1 = F₁ * ones(1,size(x1,2));
T2 = F₂ * ones(1,size(x2,2));
T3 = F3 * ones(1,size(x3,2));
T4 = F4 * ones(1,size(x4,2));
XT1 = T1.* XM1;
XT2 = T2.* XM2;
XT3 = T3.* XM3;
XT4 = T4.* XM4;
XT5 = XM5;
Y1 = round(XT1 + M5)
Y2 = round(XT2 + M5)
Y3 = round(XT3 + M5)
Y4 = round(XT4 + M5)
Y5 = round(XT5 + M5)
x1 = -[Y1(2,4),Y1(2,1),Y1(2,6),Y1(2,4)];
y1 = -[Y1(1,4),Y1(1,1),Y1(1,6),Y1(1,4)];
x2 = -[Y2(2,4),Y2(2,1),Y2(2,6),Y2(2,4)];
y2 = -[Y2(1,4),Y2(1,1),Y2(1,6),Y2(1,4)];
x3 = -[Y3(2,4),Y3(2,1),Y3(2,6),Y3(2,4)];
y3 = -[Y3(1,4),Y3(1,1),Y3(1,6),Y3(1,4)];
x4 = -[Y4(2,4),Y4(2,1),Y4(2,6),Y4(2,4)];
y4 = -[Y4(1,4),Y4(1,1),Y4(1,6),Y4(1,4)];
x5 = -[Y5(2,4),Y5(2,1),Y5(2,6),Y5(2,4)];
y5 = -[Y5(1,4),Y5(1,1),Y5(1,6),Y5(1,4)];
```

```
a1 = -[Y1(2,2),Y1(1,2)];
b1 = -[Y1(2,3),Y1(1,3)];
c1 = -[Y1(2,5),Y1(1,5)];
d1 = -[Y1(2,7),Y1(1,7)];
e1 = -[Y1(2,8),Y1(1,8)];
a2 = -[Y2(2,2),Y2(1,2)];
b2 = -[Y2(2,3),Y2(1,3)];
c2 = -[Y2(2,5),Y2(1,5)];
d2 = -[Y2(2,7),Y2(1,7)];
e2 = -[Y2(2,8),Y2(1,8)];
a3 = -[Y3(2,2),Y3(1,2)];
b3 = -[Y3(2,3),Y3(1,3)];
c3 = -[Y3(2,5),Y3(1,5)];
d3 = -[Y3(2,7),Y3(1,7)];
e3 = -[Y3(2,8),Y3(1,8)];
a4 = -[Y4(2,2),Y4(1,2)];
b4 = -[Y4(2,3),Y4(1,3)];
c4 = -[Y4(2,5),Y4(1,5)];
d4 = -[Y4(2,7),Y4(1,7)];
e4 = -[Y4(2,8),Y4(1,8)];
a5 = -[Y5(2,2),Y5(1,2)];
b5 = -[Y5(2,3),Y5(1,3)];
c5 = -[Y5(2,5),Y5(1,5)];
d5 = -[Y5(2,7),Y5(1,7)];
e5 = -[Y5(2,8),Y5(1,8)];
plot(x1,y1,'b');
hold on
plot(x1,y1,'bo');
plot(x2,y2,'b');
plot(x2,y2,'b*');
plot(x3,y3,'b');
plot(x3,y3,'b+');
plot(x4,y4,'b');
plot(x4,y4,'bx');
plot(x5,y5);
plot(x5,y5,'b.');
```

```
plot(a1(1),a1(2),'bo');
plot(b1(1),b1(2),'bo');
plot(c1(1),c1(2),'bo');
plot(d1(1),d1(2),'bo');
plot(e1(1),e1(2),'bo');
plot(a2(1),a2(2),'b*');
plot(b2(1),b2(2),'b*');
plot(c2(1),c2(2),'b*');
plot(d2(1),d2(2),'b*');
plot(e2(1),e2(2),'b*');
plot(a3(1),a3(2),'b+');
plot(b3(1),b3(2),'b+');
plot(c3(1),c3(2),'b+');
plot(d3(1),d3(2),'b+');
plot(e3(1),e3(2),'b+');
plot(a4(1),a4(2),'bx');
plot(b4(1),b4(2),'bx');
plot(c4(1),c4(2),'bx');
plot(d4(1),d4(2),'bx');
plot(e4(1),e4(2),'bx');
plot(a5(1),a5(2),'b.');
plot(b5(1),b5(2),'b.');
plot(c5(1),c5(2),'b.');
plot(d5(1),d5(2),'b.');
plot(e5(1),e5(2),'b.');
x20 = [277,420,623,846,694,520,407,310,291,404,566,667,598,455,334,
525;
    2278,2149,1848,1371,984,784,684,647,2032,1705,1517,898,1097,1112,
1209,1502];    scatter(-x20(2,:),-x20(1,:),'b.') % 元音分布图
axis([-3000 0 -1400 0])
grid on
```

R1 - 黑河地区相关程序:

```
x11 = [369,452,665,810,515,387,358,481;
    1792,1767,1729,1302,1025,1121,1785,1192];
x21 = [378,448,569,854,527,380,400,440;
```

```
        1844,1759,1833,1318,1069,1136,1820,1120];
x31 = [368,443,679,833,512,369,347,465;
        1821,1763,1720,1313,1052,1119,1772,1150];
x41 = [384,452,628,845,519,394,367,475;
        1811,1737,1739,1293,1086,1194,1765,1182];
x1 = 0.25 * (x11 + x21 + x31 + x41);
x11 = -[x1(2,4),x1(2,1),x1(2,6),x1(2,4)];
y11 = -[x1(1,4),x1(1,1),x1(1,6),x1(1,4)];
plot(x11,y11,'b');
hold on
scatter( -x1(2,:), -x1(1,:),'bo')
hold on
axis([ -3000 0 -1400 0])
grid on
x2 = [277,420,623,846,407,310,291,525;
      2278,2149,1848,1371,684,647,2032,1502];
m1 = 1/8 * sum(x1,2);
m2 = 1/8 * sum(x2,2);
y1 = x1 - m1 * ones(1,size(x1,2));
y2 = x2 - m2 * ones(1,size(x2,2));
c1 = zeros(2,2);
c2 = zeros(2,2);
for i = 1:size(y1,2)
    c1 = c1 + y1(:,i) * y1(:,i)';
    c2 = c2 + y2(:,i) * y2(:,i)';
end
c1 = 1/8 * c1;
c2 = 1/8 * c2;
E1 = eig(c1)
E2 = eig(c2)
M1 = mean(x1,2) * ones(1,size(x1,2));
M2 = mean(x2,2) * ones(1,size(x2,2));
XM1 = x1 - M1;
XM2 = x2 - M2;
F1 = sqrt(E2 ./E1);
T1 = F1 * ones(1,size(x1,2));
```

```
XT1 = T1 . * XM1;
XT2 = XM2;
Y1 = round( XT1 + M2)
Y2 = round( XT2 + M2)
x1 = -[Y1(2,4),Y1(2,1),Y1(2,6),Y1(2,4)];
y1 = -[Y1(1,4),Y1(1,1),Y1(1,6),Y1(1,4)];
x2 = -[Y2(2,4),Y2(2,1),Y2(2,6),Y2(2,4)];标
y2 = -[Y2(1,4),Y2(1,1),Y2(1,6),Y2(1,4)];
a = -[Y1(2,2),Y1(1,2)];
b = -[Y1(2,3),Y1(1,3)];
c = -[Y1(2,5),Y1(1,5)];
d = -[Y1(2,7),Y1(1,7)];
e = -[Y1(2,8),Y1(1,8)];
plot(x1,y1,'b');
hold on
plot(x1,y1,'bo');
plot(x2,y2);
plot(x2,y2,'.');
plot(a(1),a(2),'bo');
plot(b(1),b(2),'bo');
plot(c(1),c(2),'bo');
plot(d(1),d(2),'bo');
plot(e(1),e(2),'bo');
x20 = [277,420,623,846,694,520,407,310,291,404,566,667,598,455,334,
525;
    2278,2149,1848,1371,984,784,684,647,2032,1705,1517,898,1097,1112,
1209,1502];   scatter( -x20(2,:), -x20(1,:),'b.')
axis([ -3000 0 -1400 0])
grid on
```

后　记

　　满语作为清代"国语",具有丰富的历史、文化内涵,随着时代的变迁及文化、语言环境等因素的影响,目前仅有黑龙江省部分村屯极少数满族老人尚能使用。关于满语口语的研究,特别是采用语音实验的方式,科学审辩确定音值,探讨相关声学规律的难度较大,相关研究尚处于起步阶段。在满语濒临消亡的严峻态势下,运用现代科技手段及信息成果,加强满语,特别是口语的抢救性研究与保护,是一项有重要意义的实践与探索。

　　"艰难困苦,玉汝于成。"为了完成本书,笔者在认真梳理满族历史文化,特别是语言文化发展变迁的基础上,多次深入黑龙江省富裕县的三家子、孙吴县的四季屯、逊克县的宏伟村,以及新疆察布查尔锡伯自治县等地,对满语使用情况开展"地毯式"田野调查,搜集整理语料,反复实验,分析论证,历时两年,三易其稿,披沙拣金,精雕细琢,终成此书。

　　"工欲善其事,必先利其器。"对濒危满语进行语音实验是一项复杂的工程,本书运用语音实验的理论和方法,对满语元音进行系统研究和定量分析,目前国内外无人专擅,尚属首次。由于经验不足,可参考借鉴的成果缺乏,为保证研究顺利开展,笔者对丰富的汉语及维吾尔语、蒙古语、藏语等其他少数民族语言语音实验成果进行了梳理研究,理清实验思路,完善实验设想,丰富实验手段,但能力和水平有限,书中肯定存在不少疏漏和错误,诚望各位专家学者批评指导,以便改进提升。

　　"锦上添花可悦怡,雪中送炭暖人心。"本书在出版过程中,黑龙江省社会科学院的周峰书记,刘欣、余哲两位处长,历史所梁玉多所长以及哈工程大学出版社的邹德萍、王雨石老师对出版事宜给予了大力的支持、帮助和协调;开展满语田野调查时,富裕、孙吴县人大和沿江乡有关领导给予了热情关照,满语母语者何世环奶奶和孟宪孝、陶青兰、陶淑琴、季福庆等老人给予了积极的配合……深情厚谊,感激莫名。

　　"只争朝夕不负韶华,以梦为马驰骋流年。"勤劳和奋斗是通向幸福的终南捷径,师长、家人、好友无私的爱与支持,使我充满了奋斗的动力,懂得了奋斗的意义,更使我坚信美好的事情永远都会发生。新时代新梦想,不忘初心,砥砺前行,长路漫漫,未来可期。

王　娣

2021 年 9 月